重庆工商大学经济学院"重庆市经济学拔尖人才培养示范基地"与国家一流专业建设点系列成果

经济学拔尖人才培养示范基地(61011600107)资助

消费与流通现代化问题调研报告

XIAOFEI YU LIUTONG XIANDAIHUA WENTI
DIAOYAN BAOGAO

杨海丽　罗越月　邱韵桦　邹剑涛 ○ 编著

西南财经大学出版社
Southwestern University of Finance & Economics Press
中国·成都

图书在版编目(CIP)数据

消费与流通现代化问题调研报告/杨海丽等编著.—成都:西南财经大学出版社,2025.1
ISBN 978-7-5504-5833-8

Ⅰ.①消…　Ⅱ.①杨…　Ⅲ.①消费—研究②商品流通—研究
Ⅳ.①F014.5②F713

中国国家版本馆 CIP 数据核字(2023)第 123172 号

消费与流通现代化问题调研报告
XIAOFEI YU LIUTONG XIANDAIHUA WENTI DIAOYAN BAOGAO

杨海丽 等编著

责任编辑:李晓嵩

责任校对:杨婧颖

封面供图:董潇枫

封面设计:何东琳设计工作室

责任印制:朱曼丽

出版发行	西南财经大学出版社(四川省成都市光华村街 55 号)
网　　址	http://cbs.swufe.edu.cn
电子邮件	bookcj@swufe.edu.cn
邮政编码	610074
电　　话	028-87353785
照　　排	四川胜翔数码印务设计有限公司
印　　刷	成都国图广告印务有限公司
成品尺寸	185 mm×260 mm
印　　张	22
字　　数	510 千字
版　　次	2025 年 1 月第 1 版
印　　次	2025 年 1 月第 1 次印刷
书　　号	ISBN 978-7-5504-5833-8
定　　价	98.00 元

前　言

本科人才培养是国家人才战略的关键。重庆工商大学经济学院贸易经济专业始终将本科人才培养放在重要位置，形成了一套符合学生特点的人才培养模式，包括"扎根中国"的学生暑期专业调研活动、学术论文活动、认知实习活动、学科竞赛活动、"互联网+创业"活动等。每项活动之间紧密联系、有机结合，培养了一批又一批优秀人才。尤其是暑期调研大赛，至今已经举办了八年。"扎根中国"的学生暑期专业调研的选题是连贯的，形成了不少专题调研报告集。近四年，学生主要对新零售、新消费和流通现代化主题展开了调研，形成了一批优秀的调研报告，经过严格筛选和深度修改，计划出版，作为本科人才培养的阶段性成果留念，旨在激励师生共同进步。

新零售和新消费是流通现代化的核心内容，也是贸易经济专业学习的重点。新零售被称为"第四次零售革命"，其内涵和外延都很广泛，有人说新零售是"互联网+零售"，也有人说新零售是数字零售，还有人说新零售最重要的代表性业态是社区团购。新零售是相对传统实体店零售而言的，是融合互联网工具的零售，是以"消费体验"为核心的全新零售，是具有典型的女性特征的零售。新零售通过持续更新消费场景、大数据赋能和精准会员营销三维叠加提升终端用户体验。互联网、数字化赋能给零售企业提供了更加精准的采购和销售方案。

新消费是由互联网、大数据、人工智能等新技术赋能的消费，是依托数字技术兴起的消费，与传统消费的"买什么"和"如何买"相比，新消费强调的是"买得好"和"有品质"。新消费更强调线上和线下的购买渠道融合，更强调物质与文化并存，品牌、口碑、保障、体验是新消费的基础。新消费是伴随着新的消费结构、新的消费方式、新的消费热点而出现的，形成了以新的消费热点和新的消费模式导引的消费增长。新消费的消费支出呈现爆发式增长，并且增长态势显著，不断促进零售企业创新渠道、培育品牌和采取新的营销手段。新消费在消费者与零售企业之间构建新的沟通方式，满足新消费人群的新需求。

新零售和新消费均是一种宽泛的表达，是基于数字技术和高质量发展而生的，是随着新消费群体逐渐形成而发展壮大的。新零售和新消费突破了原有的实体模式的局限性，借助新技术不断发展。

新零售和新消费是贸易经济、国际贸易、市场营销等专业的必修课。为了更好地让贸易经济专业的学生理解新零售和新消费的快速发展，重庆工商大学经济学院贸易经济专业连续多年组织了相关主题的暑期调研活动。大学生深入城乡，通过发放问卷和访谈，与消费者、零售企业的管理者和基层员工进行交流，发现新零售、新消费的特性和问题，并对不同类型的新零售企业经营中的具体问题进行思考。通过调研活动，大学生实现了知识应用与素质提升，增进了对企业经营的理解和对消费者选择的认识。通过调研活动，大学生形成了一批生动形象的案例，既可以用于学习讨论，又为企业经营发现了问题，形成了来自一线的案例库。

几名 2016 级的本科毕业生对笔者说："杨老师，您一定要坚持把'扎根中国'的学生暑期专业调研活动组织下去，这是我们在大学受益最大的一个活动。在调研活动中，我们知道了想解决一个现实问题该怎么做，思路和方法都是在调研过程和调研报告撰写中学会的。我们从调研报告中可以学到很多课堂上学不到的知识，锻炼了自己的综合能力和素质。""扎根中国"的学生暑期专业调研活动作为人才培养的一项内容，一直在持续进行，虽然有时推动很艰难，但是总是有收获的。其中的一个困难在于大一学生没有什么科研基础，需要老师教他们如何选题、如何做问卷调查。笔者记得2019级的丁方伟同学所在的调研队伍去重庆石柱、酉阳、秀山调研，他们跋山涉水，走进农户家庭，到乡镇政府、医院和农村乡镇企业，想法设法让村民和镇政府工作人员为他们填问卷。他们起初被质疑、误解，但他们最终用自己的智慧和能力解决了在调研过程中遇到的困难。他们解决问题的能力提高了。

十年树木，百年树人。坚持把本科人才培养质量放在第一位，是重庆工商大学经济学院一直以来的办学方针。坚持了八年的调研，形成了十几本调研报告。每次调研报告的形成，都包括了动员、选题、问题设定、问卷设计、问卷测试、发放问卷、访谈、撰写报告、修改到定稿等工作。这是指导教师不断坚持的体现，是一代又一代贸易经济专业师生持续努力的结果。本书是由2019级、2020级、2021级本科学生完成的，调研主题包括消费对新零售接受度、社区团购、生鲜农产品购买渠道、新消费产品选择、线上线下购买特征等。指导教师对调研报告的结构和内容做过多次修改和完善。

本书的出版受到重庆工商大学经济学拔尖人才培养示范基地、重庆市普通本科高校基础学科人才培养示范基地和重庆工商大学贸易经济专业国家一流专业资助，在此表示感谢。

杨海丽

2023 年 6 月

目　录

关于消费者对新零售接受度的调研报告

丁方伟　熊一帆　李才帅

（重庆工商大学经济学院贸易经济专业，2019级）

摘　要： 近年来，随着数字经济的飞速发展，新零售在零售行业占据越来越重要的地位。在此背景下，消费者的消费行为也随之改变。据此，我们开始调查消费者对新零售的接受程度。我们通过问卷调查等调查方法，探寻不同人群对新零售的接受程度及影响消费者选择的因素。我们发现，过半数的消费者对新零售都有初步的了解，并且对新零售的接受程度存在差异。通过消费者对新零售接受度的调查，我们可以初步了解新零售在消费者群体中的影响力，可以使新零售学习者和决策者更好地了解新零售在当前的发展情况。

关键词： 消费者；新零售；接受度；调查

一、引言

传统线上电商从诞生之日起就存在着难以补齐的明显短板，线上购物的体验始终不及线下购物是不争的事实。相对于线下实体店给顾客提供商品或服务时所具备的可视性、可听性、可触性、可感性、可用性等直观属性，线上电商始终没有找到能够提供真实场景和良好购物体验的现实路径。因此，传统线上电商在用户的消费体验方面远不及线下实体店。不能满足人们日益增长的对高品质、体验式消费的需求成为阻碍传统线上电商实现可持续发展的"硬伤"。特别是在我国居民人均可支配收入不断提高的情况下，人们对购物的关注点已经不再仅仅局限于价格低廉等线上电商曾经引以为傲的优势方面，而是愈发注重对消费过程的体验和感受。同时，伴随着网络人口红利的消失、消费需求的升级，电商平台之间以及电商平台内部的竞争越来越激烈，获客成本越来越高。互联网的普及带来的用户增长和流量红利正逐渐萎缩。

国家统计局的数据显示，2014—2016年全国网上零售额的增速连续下滑。2014年1~9月的全国网上零售额为18 238亿元，同比增长49.9%；2015年1~9月的全国网上零售额为25 914亿元，同比增长42.1%；2016年1~9月，全国网上零售额为34 651亿元，同比增长33.7%。此外，从2016年天猫、淘宝的"双11"总成交额1 207亿元来看，商品交易总额（GMV）增速也从 2013 年超过 60% 下降到了 2016 年的 24%。根据艾瑞咨询的预测：国内网购增速的放缓仍将以每年下降 8~10 个百分点的趋势延续。线上电商零售面临新的增长瓶颈。

对于传统线下零售行业而言，胡永仕（2020）研究认为，在互联网力量的冲击下，由于顾客购买转移及商店租金攀升等原因，传统实体零售渠道的经营举步维艰，大量实体商店遭遇关闭浪潮。以 A 股上市企业新华都购物广场股份有限公司（股票代码：002264）为例，其 2019 年度报告显示，该公司仅 2019 年就在全国范围内由于经营不善、合约到期等各种原因关闭各类门店 56 家。从国家统计局 2011—2017 年数据分析结果可以看出，我国传统零售企业销售增速明显放慢，甚至中途出现负增长现象，直至 2017 年才开始有回暖。尽管传统零售呈现回暖态势，但仍有许多小规模企业、门店在新零售的冲击和严峻的市场竞争形势下纷纷关闭，"关店潮"仍在继续。

中国互联网信息中心（CNNIC）第 34 次《中国互联网发展状况统计报告》显示：截至 2014 年 6 月底，我国网民规模达 6.32 亿人，其中手机网民达 5.27 亿人，且手机网民规模首次超过个人计算机（PC）网民规模。梁莹莹（2017）认为，当前零售业已从传统的"以产品为主导"开始向"以消费者为主导"转移，并步入"消费主导"时期。还有学者认为，零售企业开始进入线下到移动端或线上到移动端（offline to mobile / online to mobile，O2M）的时代。信息技术的快速发展使得消费者从定期购物转变为全天候购物，从定点购物转变为全空间（任何地点）购物，从被动参与购物转变为主动参与购物。

郭燕等（2015）研究认为，线上消费或者线下消费对消费者已无差异，因此如果消费者在线上购买不到该产品，将转向线下购买；如果在线下购买不到该产品，将转向线上购买。消费者从大众化购物转变为个性化购物，从被动接受商家单维度信息转变为主动搜寻商家多维立体信息，消费者开始不再忠诚于单一渠道，而是交替出现在实体店、网店、社交商店、移动商店等渠道中，并希望各渠道之间无缝衔接，也希望能够在不同渠道获得一致的购物体验。在此背景下，传统零售企业必须重新整合，新零售也就应运而生了。

因此，探索运用新零售模式来启动消费购物体验的升级，推进消费购物方式的变革，构建零售业的全渠道生态格局，必将令传统电子商务企业和传统线下零售企业实现新的自我变革与创新发展。笔者本次关于消费者对新零售接受度的调查研究就是在此背景下产生的。通过对不同层次的消费者对新零售的接受度的调查，我们可以进一步了解新零售在当前社会的现实普及情况和在消费者群体中的影响力，进而为在新零售领域的学习者和决策者提供便利。

二、调查概况

调查概况如表 1 所示。

表 1   调查概况

调查阶段	调查时间	调查内容
准备阶段	2022 年 6 月 3 日至 6 月 26 日	查阅文献资料
		开展小组讨论
		设计调查方案
		设计调查问卷
调查数据处理阶段	2022 年 6 月 27 日至 7 月 14 日	发放调查问卷
		收回调查问卷
		处理调查数据
		评估数据质量
资料整理和总结阶段	2022 年 7 月 15 日至 8 月 1 日	整理调查资料
		分析研究资料
		得出调查结论
		调查总结过程
收尾阶段	2022 年 9 月 2 日至 9 月 15 日	修改细节，完成报告

由于受新型冠状病毒感染疫情（以下简称"新冠疫情"）影响和经费有限，我们主要利用微信、微博、腾讯 QQ 等各大社交平台进行调查问卷的初步统计，同时我们向较为知名的问卷调查平台如见数（Credamo）进行了问卷咨询，向信誉度高的问卷调查商家购买了部分问卷服务，以满足我们对样本数量的总体需求。我们对不同年龄段、不同学历、不同职业、不同收入的消费者人群进行了新零售接受度调研，以满足调查的全面性。为了弥补我们在知识水平和素养方面的不足，我们查阅了大量券商和基金研究所撰写的行业研究报告、公司研究报告，并在中国知网上下载相关学术论文进行阅读和学习。此次调研的目标主要是，了解消费者对新零售的接受程度、影响人们购物选择的因素以及消费者对新零售未来前景的看法。

本次调研活动于 2022 年 6 月 5 日启动，样本涵盖了全国各城市不同职业、学历、收入的各类人群，共回收新零售接受度调查问卷 1 005 份，最终保留 988 份有效问卷，回收率为 98.3%。

三、调研内容

本文以新零售接受度为研究对象，主要通过查阅文献资料，围绕消费者新零售接受度状况设计调查问卷。本文选择了重庆、湖南、广东、福建等地各年龄段、各收入阶层的人群作为调研对象，重点调查了人口统计的基本信息情况、人们对新零售的认知情况、人们对新零售的体验情况、新零售的主要表现形式、影响人们是否选择新零售的主要因素、人们对新零售未来发展前景的看法。

（一）信效度检验

1. 设计新零售接受度的调查问卷

本文主要采用问卷调查的方式进行研究，旨在深入了解消费者群体对新零售的接受情况。调查内容主要包括三个方面：消费者对新零售的认知程度和体验程度、消费者购物选择的影响因素、消费者对新零售未来发展前景的看法。在题型设计上，本文采用单选题和多选题相结合的方式，以多选题为主。调查对象及范围综合考虑了消费者的不同学历、不同收入和不同年龄等多方面因素。在问卷调查的实施阶段，我们首先小范围地发放调查问卷，对问卷不合理之处及时进行修改，最终调查问卷共计26道题目。

2. 测试对象

我们随机选取全国各地的各年龄、学历、收入的消费者作为测试对象。在正式调查阶段，受新冠疫情影响，我们采用线上发放问卷的方式，共发放问卷1 005份，收回全部问卷，调查历时三个月。为保证数据质量，我们对回收的问卷进行了认真核实，剔除了填写时间过短、有缺项和有明显逻辑错误的问卷17份，最终获得有效问卷988份，回收率为98.3%。

3. 统计处理

本文的探索性因素分析采用主成分分析法，统计工具为SPSS 22.0。

4. 信度检验

一般而言，如果 α 系数 <0.6，则认为内部一致信度不足；如果 α 系数达到0.7~0.8，表示量表具有相当的信度；如果 α 系数达到0.9，说明量表信度非常好。经检测，本次量表的克隆巴赫（Cronbach α）系数为0.987，说明量表信度非常好（见表2）。

表2　可靠性统计

克隆巴赫 α	项数
0.989	73

5. 效度检验

一般而言，KMO 值>0.6，通过巴特利特（Bartlett）球形检验，意味着数据具有效度。经检测，本量表 KMO 值为 0.989，近似卡方大，显著性为 0，通过效度检测（见表 3）。

表 3　效度检验统计

KMO 取样适切性量数		0.989
巴特利特球形度检验	近似卡方	114 807.737
	自由度	2 628
	显著性	0

（二）新零售接受度问卷统计分析

1. 人口结构统计分析

（1）地域、年龄和性别。此次调查对象为重庆、湖南、广东、辽宁等地各收入水平、年龄段的消费者。此次调查共回收 1 005 份问卷，有效问卷 988 份。其中，人口地域分布为重庆市 85 人，广东省 75 人，湖南省 66 人，河南省 62 人，辽宁省 53 人，广西壮族自治区 48 人，安徽省 45 人，内蒙古自治区 43 人，黑龙江省 39 人，浙江省 39 人等。

同时，在接受调查的 988 位消费者中：男性消费者为 456 人，占比 46.15%；女性消费者为 532 人，占比 53.85%。男女比例虽有些许差距，但在总体上相对平衡。

在年龄方面，20 岁及以下的消费者为 282 人，占比 28.54%；21~30 岁的消费者为 293 人，占比 29.66%；31~40 岁的消费者为 179 人，占比 18.12%；41~50 岁的消费者为 167 人，占比 16.90%；51~60 岁的消费者为 67 人，占比 6.78%（见表 4）。

表 4　年龄分布情况

年龄	人数/人	占比/%
20 岁及以下	282	28.54
21~30 岁	293	29.66
31~40 岁	179	18.12
41~50 岁	167	16.90
51~60 岁	67	6.78

（2）收入、学历和职业。收入、学历统计见表5。

表5 收入、学历统计　　　　　　单位：人

学历	收入						
	暂无收入	10万元及以下	10万~20万元（含20万元）	20万~30万元（含30万元）	30万~50万元（含50万元）	50万~100万元（含100万元）	100万元以上
初中及以下	15	17	34	13	0	0	0
高中	20	25	9	10	1	3	2
中专	23	38	28	12	1	2	1
大专	63	73	64	20	2	1	1
本科	219	84	76	15	5	4	3
硕士研究生及以上	2	34	40	13	3	1	1

由表5可知，受调查的988位消费者中，初中及以下学历者为79人，占比约8%；高中学历者为80人，占比约8.1%；中专学历者为105人，占比约10.63%；大专学历者为224人，占比约22.67%；本科学历者为406人，占比约41.1%；硕士研究生及以上学历者为94人，占比约9.51%。

职业分布方面（见表6），国家机关党群组织、事业单位人员40人，占比4.05%；专业技术人员（教师、医生、工程技术人员、作家等）65人，占比6.58%；商业、服务业人员192人，占比19.43%；农林牧渔相关从业人员30人，占比3.04%；生产、运输设备操作人员及有关人员120人，占比12.15%；私营企业主31人，占比3.14%，军人75人，占比7.59%；学生359人，占比36.34%；离退休人员24人，占比2.43%；失业人员52人，占比5.26%。

表6 职业统计情况

职业	人数/人	占比/%
国家机关党群组织、事业单位人员	40	4.05
专业技术人员（教师、医生、工程技术人员、作家等）	65	6.58
商业、服务业人员	192	19.43
农林牧渔相关从业人员	30	3.04
生产、运输设备操作人员及有关人员	120	12.15
私营企业主	31	3.14
军人	75	7.59
学生	359	36.34
离退休人员	24	2.43
失业人员	52	5.26

2. 消费者对新零售认知程度分析

（1）消费者对新零售的了解程度的自我认知。问卷调查在消费者对新零售认知程度方面询问消费者自我认为是否了解新零售，以期与后面让消费者选择新零售商业模式能互相印证，以确认消费者是否真正了解新零售的商业模式。表7、表8、表9、表10是关于学历、年龄、收入、职业与消费者对新零售自我认知的交叉统计表。

我们将非常了解和比较了解划归为了解一类，由表7可知，在988位消费者中，初中及以下学历中，认为了解新零售的人数占比为55.70%；高中学历中，认为了解新零售的人数占比为61.25%；中专学历中，认为了解新零售的人数占比为52.38%；大专学历中，认为了解新零售的人数占比为54.91%；本科学历中，认为了解新零售的人数占比为45.57%；硕士研究生及以上学历中，认为了解新零售的人数占比为56.38%。整体上，高中学历中，认为了解新零售的人数占比最高；本科学历中，认为了解新零售的人数占比最低；硕士研究生及以上学历、初中学历、大专学历、中专学历中，认为了解新零售的人数占比从高到低依次排列，但四者整体相差不大。完全没听说过新零售的人数占比又以本科学历占比最高，初中及以下学历占比最低。

表7　学历与消费者对新零售自我认知交叉统计　　　　　单位：人

学历	非常了解	比较了解	只是听说过	完全没有听说过	小计
初中及以下	16	28	33	2	79
高中	14	35	26	5	80
中专	21	34	42	8	105
大专	37	86	88	13	224
本科	52	133	151	70	406
硕士研究生及以上	19	34	35	6	94

同样，我们将非常了解与比较了解划归为了解一类，由表8可知，在988位消费者中，20岁及以下认为了解新零售的人数占比为43.26%，21~30岁认为了解新零售的人数占比为51.88%，31~40岁认为了解新零售的人数占比为58.66%，41~50岁认为了解新零售的人数占比53.29%，51~60岁认为了解新零售的人数占比61.2%。认为了解新零售的人中，51~60岁的人群占比最高，20岁及以下的人群占比最低。完全没听说过新零售的人群中，20岁及以下的人群占比最高，31~40岁的人群占比最低。

表8　年龄与消费者对新零售自我认知交叉统计　　　　　单位：人

年龄	非常了解	比较了解	只是听说过	完全没有听说过	小计
20岁及以下	39	83	116	44	282
21~30岁	34	118	101	40	293

表8（续）

年龄	非常了解	比较了解	只是听说过	完全没有听说过	小计
31~40 岁	38	67	67	7	179
41~50 岁	34	55	69	9	167
51~60 岁	14	27	22	4	67

同上，在认为了解新零售的人群中，暂无收入者占比 41.23%，收入在 10 万元及以下者占比 52.77%，收入在 10 万~20 万元（含 20 万元）者占比 61.3%，收入在 20 万~30 万元（含 30 万元）者占比 57.83%，收入在 30 万~50 万元（含 50 万元）者占比 50%，收入在 50 万~100 万元（含 50 万元）者占比 63.64%，收入在 100 万元以上者占比 50%。其中，暂无收入者占比最低，收入在 50 万~100 万元（含 100 万元）者占比最高。

表9　收入与消费者对新零售自我认知交叉统计　　单位：人

收入	非常了解	比较了解	只是听说过	完全没有听说过	小计
暂无收入	38	103	134	67	342
10 万元及以下	53	90	103	25	271
10 万~20 万元（含 20 万元）	46	114	96	5	261
20 万~30 万元（含 30 万元）	19	29	35	0	83
30 万~50 万元（含 50 万元）	1	5	3	3	12
50 万~100 万元（含 100 万元）	1	6	3	1	11
100 万元以上	1	3	1	3	8

在职业与消费者对新零售自我认知交叉统计表中（见表10），我们可以发现，认为了解新零售占比前三位的分别是离退休人员，生产、运输设备操作人员及有关人员，私营企业主；认为了解新零售占比最低的分别为学生，国家机关党群组织、事业单位人员，专业技术人员（教师、医生、工程技术人员、作家等）。

表 10　职业与消费者对新零售自我认知交叉统计　　　　　单位：人

职业	非常了解	比较了解	只是听说过	完全没有听说过	小计
国家机关党群组织、事业单位人员	7	13	19	1	40
专业技术人员（教师、医生、工程技术人员、作家等）	7	26	26	6	65
商业、服务业人员	43	72	73	4	192
农林牧渔相关从业人员	9	8	13	0	30
生产、运输设备操作人员及有关人员	21	54	43	2	120
私营企业主	2	17	10	2	31
军人	17	25	30	3	75
学生	39	105	140	75	359
离退休人员	7	9	4	4	24
失业人员	7	21	17	7	52

　　我们将学历和年龄做成交叉统计表（见表11），我们发现，此次填写调查问卷的消费者中，20岁及以下的本科生占比高达42.36%。

表 11　学历与年龄交叉统计　　　　　单位：人

学历	20 岁及以下	21~30 岁	31~40 岁	41~50 岁	51~60 岁	小计
初中及以下	13	20	24	16	6	79
高中	19	17	16	20	8	80
中专	20	33	27	17	8	105
大专	58	62	41	48	15	224
本科	172	120	50	42	22	406
硕士研究生及以上	0	41	21	24	8	94

　　（2）消费者对新零售现存商业模式的认知。为调查消费者对新零售的认知程度，我们设置了关于新零售商业模式的多选题，试图探求消费者对现实中的新零售商业模式的了解程度。同样，我们设置了交叉统计表以探求不同因素与新零售商业模式认知的相关度。在我们设置的选项中，淘宝、天猫、永辉超级物种、美团饿了么、拼多多、盒马鲜生、京东到家、菜鸟物流为新零售商业模式。

　　由表12可知，在20岁及以下的人群中，认为淘宝、天猫、京东到家是新零售商业模式的人数较多；在21~30岁的人群中，认为淘宝和京东到家是新零售商业模式的较多；在31~40岁的人群中，认为京东到家是新零售商业模式的人数最多；在41~50岁和51~60岁的人群中，认为京东到家是新零售商业模式的人数最多。整体而言，认为永辉超级物种是新零售商业模式的人数在所有年龄层次中占比均较低。

表12　年龄与现存商业模式交叉统计　　　　　　单位：人

年龄	淘宝	天猫	永辉超级物种	美团饿了么	拼多多	盒马鲜生	京东到家	菜鸟物流	其他
20岁及以下	104	101	64	85	67	77	101	65	54
21~30岁	90	80	58	77	80	82	92	75	59
31~40岁	52	53	50	50	51	45	59	46	33
41~50岁	41	38	44	46	47	42	62	37	48
51~60岁	18	23	12	17	22	21	23	14	13

由表13可知，在初中及以下学历人群中，认为淘宝、天猫、美团饿了么、菜鸟物流是新零售商业模式的人数较多；在高中学历人群中，认为盒马鲜生是新零售商业模式的人数最多；在中专学历人群中，认为拼多多和京东到家是新零售商业模式的人数较多；在大专学历人群中，认为淘宝和京东到家是新零售商业模式的人数较多；在本科学历中人群中，认为淘宝和京东到家是新零售商业模式的人数较多；在硕士及以上学历人群中，认为盒马鲜生和京东到家是新零售商业模式的人数较多。整体而言，认为永辉超级物种是新零售商业模式的人群在所有学历层次中占比均较低。

表13　学历与现存商业模式交叉统计　　　　　　单位：人

学历	淘宝	天猫	永辉超级物种	美团饿了么	拼多多	盒马鲜生	京东到家	菜鸟物流	其他
初中及以下	24	26	18	24	23	18	21	27	17
高中	16	23	23	19	18	29	22	21	17
中专	23	27	18	27	34	26	37	27	26
大专	77	62	62	64	60	53	79	55	53
本科	139	131	89	121	107	114	147	87	68
硕士研究生及以上	26	26	18	20	25	27	31	20	26

就收入而言（见表 14），由于 30 万元以上收入人群样本数量较少，因此暂不做讨论。在暂无收入人群中，认为淘宝、天猫、京东到家是新零售商业模式的人数较多，在 30 万元收入以下人群中，认为京东到家是新零售商业模式的人数较多。

表 14　收入与现存商业模式交叉统计　　　　单位：人

收入	淘宝	天猫	永辉超级物种	美团饿了么	拼多多	盒马鲜生	京东到家	菜鸟物流	其他
暂无收入	129	125	73	101	80	94	118	77	59
10 万元及以下	77	73	67	71	73	64	93	66	54
10 万~20 万元（含 20 万元）	72	73	64	70	79	75	87	68	67
20 万~30 万元（含 30 万元）	17	18	19	22	28	26	28	21	20
30 万~50 万元（含 50 万元）	3	4	3	4	3	4	4	4	3
50 万~100 万元（含 100 万元）	5	2	1	5	1	4	6	1	1
100 万元以上	2	0	1	2	3	0	1	0	3

在消费者对现存新零售商业模式的认知分析中，认为京东到家是新零售商业模式的人数较多，其次是淘宝和天猫；认为永辉超级物种是新零售商业模式的人数较少。整体而言，除占比最高和占比最低的选项外，其他选项无论是在整体上还是在各个交叉统计表中都没有特别明显的差别。我们可以初步推论，消费者对身边较为熟悉的现存新零售商业模式有初步的认识，但是认识并不深刻。

3. 消费者对新零售体验程度的分析

在消费者对新零售体验程度方面，我们以目前很火热的盒马鲜生、无人零售等为例，询问消费者是否有听说并体验过此类消费方式。在有效填写调查问卷的 988 位消费者中，听说并且经历过的人为 416 人，占比 42.11%；听说但没经历过的人为 461 人，占比为 46.66%；听说过的人为 877 人，占比为 88.77%；没听说过的人为 111 人，占比 11.23%。近九成的消费者都对新零售或有耳闻，超过四成的消费者体验过新零售模式，只有约一成的消费者没有听说过新零售（见表 15）。

表 15　新零售模式经历统计

选项	小计/人	比例/%
听说过并且经历过	416	42.11
听说过但没经历过	461	46.66
没听说过	111	11.23

我们将年龄与消费者新零售体验进行交叉分析。听说并且经历过的人群中以31~40岁的人群占比最高，达到44.13%；占比最低的人群为20岁及以下，占比为37.23%。听说但没经历过的人群中以41~50岁的人群占比最高，达到50.90%；以21~30岁的人群占比最低，为40.27%。没听说过的人群中以51~60岁的人群占比最高，为16.42%。

我们发现，新零售体验渗透程度最高的年龄群体为31~40岁，多为已参加工作的人群；程度最低的年龄群体为20岁及以下，多为在校读书人群（见表16）。

表16 年龄与新零售模式经历交叉统计

年龄	听说并且经历过	听说但没经历过	没听说过	小计
20岁及以下	105	139	38	282
21~30岁	128	118	47	293
31~40岁	79	74	26	179
41~50岁	65	85	17	167
51~60岁	26	30	11	67

整体而言，绝大多数消费者都知道、听说过新零售，但是真正体验过新零售的人群却不到一半。这说明新零售的市场占有速度慢于新零售的宣传速度，并且可以进一步说明我国新零售仍处于发展阶段，尚未完全成熟。从年龄上看，各年龄段听说但没经历过的人数大多高于听说并且经历过的人数。20岁及以下的群体在听说并且经历过和没听说过的人群中均占比最低，可初步推断原因为20岁及以下的群体多为在校学生群体，大部分时间都在校学习，但是接受信息的速度快于其他年龄群体。

4. 影响消费者购物选择的因素分析

在影响消费者购物选择方面，我们设置了多道多选题，试图探求影响消费者购物方式选择的因素，通过明确消费者在消费时更在意什么，以期进一步提高新零售在消费者心中的认知度。

（1）时间成本与经济成本因素。时间与金钱往往是消费者在选择商品和购物方式时的重要因素。

由表17可知，47.27%的消费者认为"新零售企业对商品品质把关严格，带来了更多便利，愿意支付相对市场稍高的价格"。32.69%的消费者认为"新零售的商品价格低，完全可以接受"。20.04%的消费者认为"新零售商品的价格高，不划算"。

表 17　消费者经济成本统计

选项	小计/人	比例/%
新零售商品的价格高，不划算	198	20.04
新零售企业对商品品质把关严格，带来更多便利，愿意支付相对市场稍高的价格	467	47.27
新零售商品价格低，完全可以接受	323	32.69

由表 18 可知，50.00% 的消费者认为"相较于单纯线上线下购物，新零售帮我节约了时间"。38.56% 的消费者认为"时间方面无所谓，价格便宜就好"。11.44% 的消费者认为"新零售并没有帮我节约时间"。

表 18　消费者时间成本统计

选项	小计/人	比例/%
相比于单纯线上线下购物，新零售帮我节约了时间	494	50.00
新零售并没有帮我节约时间	113	11.44
时间方面无所谓，价格便宜就好	381	38.56

整体而言，从新零售的经济成本来看，约 80% 的消费者认为新零售模式下的零售价格处于可接受范围内。但我们仍要注意到的是，约 20% 的消费者认为新零售商品的价格高。在接受新零售价格的约 80% 的消费者中，47.27% 的消费者也认为新零售的价格要高于市场平均价格。

从新零售的时间成本来看，虽然 50% 的消费者认为新零售有助于节约时间，但是在时间方面并不在意的消费者和认为新零售并没有帮助节约时间的消费者占比也有 50%。

（2）消费安全因素。针对快递破损和遗失、消费者个人信息被泄露、网上看不到商品质量如何等问题，我们设置了关于消费安全因素的题目，以探求消费者对消费安全方面的关注程度。

由表 19 可知，74.60% 的消费者关心商品质量安全问题，66.70% 的消费者关心消费者隐私安全问题，56.68% 的消费者关心配送安全问题，30.26% 的消费者关心支付环境安全问题。这说明，在支付方面，各电商平台的保护制度落实良好，消费者对支付安全并无大的担忧。商品质量安全、消费者隐私安全、配送安全则是消费者主要担忧的问题。

表 19 消费安全因素统计

选项	小计/人	比例/%
支付环境安全	299	30.26
商品质量安全	737	74.60
消费者隐私安全	659	66.70
配送安全（贵重、易碎物品）	560	56.68

（3）消费者看重的新零售在产品方面的优势。由表 20 可知，对于消费者来说，如果选择新零售模式进行消费，看重"质量把控更加严格"和"货物种类更加齐全"的消费者占比均高达 74%，看重"产品更加真实可信"的消费者占比为 58.50%。相比之下，看重"性价比更高"的消费者只有 19.74%。这与前面关于经济成本的统计一致，即在大部分消费者心中，新零售的性价比其实并不高。

表 20 产品优势统计

选项	小计/人	比例/%
质量把控更加严格	739	74.80
货物种类更加齐全	736	74.49
性价比更高	195	19.74
产品更加真实可信	578	58.50

（4）与单一线上线下消费模式相比，消费者更看重新零售的优势。在新零售线上线下相结合的消费模式兴起之前，消费者往往一次只有一种消费方式可供选择（线上电商或线下门店）。线下门店更高的价格、更多的时间成本，线上电商质量参差不齐的商品，对于消费者而言都是并不十分满意的消费体验。将新零售模式与单一的线下线上模式进行对比，有助于我们了解相较于线上线下单一模式购物，消费者为什么选择新零售。

由表 21 可知，消费者认为新零售可以"解决网上交易时对物品质量的顾虑"占比最高，达 65.59%；认为新零售可以"提供线下购物的体验"占比为 53.24%，认为新零售"可以更准确选择适合自己的商品""解决贵重物品、易碎品在运输过程中损坏的问题"占比分别为 45.75% 和 38.77%，认为新零售可以"更有效解决售后服务问题"占比最低，为 26.11%。其中"解决网上交易时对商品质量的顾虑"与前文消费者对商品质量更加担忧和重视具有一致性。

表 21　新零售与线上对比统计

选项	小计/人	比例/%
解决网上交易时对物品质量的顾虑问题	648	65.59
可以更准确选择适合自己的商品	452	45.75
解决贵重物品、易碎品在运输过程中损坏的问题	383	38.77
更有效解决售后服务问题	258	26.11
提供线下购物的体验	526	53.24

由表 22 可知，与单一线下购物相比，看重新零售"线上线下均可提货"的消费者占比最高，达 65.59%。认为新零售"购物场景个性化、多样化""购物流程简单高效""支付方式选择更多""商品信息直观"的消费者占比分别为 50.61%、45.65%、38.46%、32.69%。

表 22　新零售与线下对比统计

选项	小计/人	比例/%
购物流程简单高效	451	45.65
商品信息直观	323	32.69
线上线下均可提货	648	65.59
购物场景个性化、多样化	500	50.61
支付方式选择更多	380	38.46

（5）如果新零售成为主流，消费者看重的购物因素。通过前文对时间成本、经济成本、消费安全、产品优势以及与单一线上线下消费模式相比，新零售的优势分析，我们可以初步了解消费者在乎的影响购物的因素有哪些。为了更加直观地确认影响消费者购物的因素，我们做了进一步研究。

由表 23 可知，在消费者心中，如果新零售在未来占主流地位，其更加关心商品价格，占比达 61.34%；其次是商品种类，占比达 46.36%。在所有的购物因素中，占比最低的是购买流程操作，占比为 14.37%。

表 23　消费者看重的购物因素统计

选项	小计/人	比例/%
商品价格	606	61.34
商品种类	458	46.36
商品质量	221	22.37
购买流程操作	142	14.37

表23（续）

选项	小计/人	比例/%
支付方式	338	34.21
物流配送	314	31.78
售后服务	261	26.42
信息安全	257	26.01

（6）消费者对新零售发展前景的看法。在当今的零售关系中，消费者逐渐占据主导地位。了解消费者对新零售未来发展前景的看法有助于我们更好地探知新零售的发展方向。基于此，我们设置了以下三个问题：

①消费者认为新零售发展存在的困难。由表24可知，55.97%的消费者认为无论是线上企业开设更多线下门店，还是线下企业开放线上应用程序和购物平台，企业都将投入更多的成本和费用，运营成本将会提高；认为"传统线下零售企业转型困难"的消费者占比达到50.81%；认为"无人零售发展较差，效益低"的消费者占比达到44.74%；认为新零售企业"扩张速度较快导致管理不善"和"技术创新力不足"的消费者分别占比38.66%和38.26%。

表24 新零售发展存在的困难统计

选项	小计/人	比例/%
无人零售发展较差，效益低	442	44.74
企业运营成本高	553	55.97
技术创新力不足	378	38.26
传统线下零售企业转型困难	502	50.81
扩张速度快导致管理不善	382	38.66

②企业管理者是否愿意采用新零售模式。由表25可知，36.03%的管理者因为效率提高，愿意采用新零售模式；30.97%的管理者因为建设成本太大，不愿意采用新零售模式；22.47%的管理者对是否采用新零售表示无所谓。

表25 管理者采用新零售意愿统计

选项	小计/人	比例/%
效率提高，愿意	356	36.03
建设成本太大，不愿意	306	30.97
无所谓	222	22.47

③新零售未来普及程度。由表 26 可知，43.12% 的消费者认为新零售模式很方便，不久后应该会大范围普及；35.43% 的消费者认为新零售可能会小范围普及；10.93% 的消费者认为新零售模式不实用，不会普及。整体而言，认为新零售会普及的消费者占总样本数量的 78.55%。

表 26　消费者对新零售未来普及程度统计

选项	小计/人	比例/%
很方便，不久后应该会大范围普及	426	43.12
可能会小范围普及	350	35.43
不实用，不会普及	108	10.93

四、调查结论

（一）消费者基本情况统计结果

第一，通过调查我们可以了解到，完全没有听说过新零售的消费者占总样本的 10.53%，只是听说过新零售的消费者占总样本的 37.96%，比较了解新零售和非常了解新零售的消费者占总样本的 51.52%，有超过半数的消费者对新零售有了初步或深刻的了解。这说明，近年来，随着新零售不断被公开提及和媒体宣传，京东到家、盒马鲜生等新零售企业的崛起，新零售或多或少走进了人们的生活。但就整体而言，新零售在行业和消费者群体中仍属于成长期，尚未完全普及。

第二，通过对年龄、职业、学历、收入等因素的交叉分析，我们可以得知，不同的群体对新零售的了解程度是不一样的。就学历而言，初中及以下学历者认为了解新零售的占比最高，本科学历者认为了解新零售的占比最低。就年龄而言，20 岁及以下的人群认为了解新零售的占比最低。就收入而言，暂无收入者认为了解新零售的占比最低，年收入 50 万~100 万元（含 100 万元）者占比最高。就职业而言，认为了解新零售占比前三位的职业分别是离退休人员，生产、运输设备操作人员及有关人员，私营企业主；占比后三位的职业分别是学生，国家机关党群组织、事业单位人员，专业技术人员。综合来看，对新零售认知程度的高低与学历、职业、收入尚未发现直接的联系，但需要指出的是，对新零售的了解程度或许与社会阅历有关。我们发现，就年龄而言，20 岁及以下的消费者认为了解新零售的占比最低；就学历而言，本科学历者认为了解新零售的占比最低；就职业而言，学生群体认为了解新零售的占比最低，因此，20 岁及以下的在校学生群体认为在了解新零售的所有群体中占比最低。

第三，在消费者对现存新零售商业模式的认知分析中，各个群体普遍认为京东到家是新零售企业，其次是淘宝和天猫；认为永辉超级物种是新零售企业的人群占比最低。

（二）影响消费者购物选择的因素

第一，商品质量和商品价格是影响消费者购物选择的重要因素。无论是在探讨"消费安全因素""消费者看重的新零售在产品方面的优势"，还是在新零售与单一线上线下消费模式比较优势中，我们可以很明显地看到，关于商品质量的占比位居第一，占比分别为 74.60%、74.49%、65.59%。在"如果新零售成为主流，消费者看重的购物因素"中，消费者对商品价格的看重位居第一，占比 61.34%。在关于新零售经济成本与时间成本的探讨中，虽然约 80% 的消费者表示可以接受新零售的价格，但同时也有 47.27% 的消费者认为新零售的价格偏高。因此，新零售的体验提升应着重商品质量的提升、成本的控制和销售价格的降低。

第二，除商品质量和商品价格外，消费者隐私保护、配送安全、商品种类是否齐全、线下线上相结合的购物体验如何、购物场景是否多元都是影响消费者进行购物选择的重要因素。

（三）新零售未来发展前景与方向

通过问卷调查，我们得知虽然消费者认为新零售企业在构建的过程中或传统零售企业在向新零售转型的过程中存在许多困难，但是整体而言消费者对新零售的发展前景呈乐观态度。未来，随着数字化改革的不断推进，新零售的发展值得期待。

总体上，就影响消费者购物选择的因素而言，新零售未来的发展主要应从以下四个方面寻求突破：

第一，新零售应利用"互联网+"时代的新技术优势，与产品制造商和渠道内利益相关者、消费者之间实现无缝连接，确保产品的质量。

第二，新零售应真正形成线上线下的消费体验和场景化，不断加强新零售的开放式服务创新。很多电商和实体店都比较注重与消费者互动，关注消费者的极致体验，营造消费场景化氛围，走在前面的商家都得到了相应的回报。

第三，新零售应促使线上线下以及物流加速融合，积极开展全渠道、无边界的物流配送及管理工作，以实体店就近物流配送破解节假日物流不畅难题。

第四，新零售应加速与新金融、新技术、新资源的融合，同时积极配合相关部门，保障消费者的信息安全及其他权益。

附件：调查问卷

您好！非常感谢您在百忙之中填写关于新零售商业模式的调查问卷。

新零售商业模式是一种将线上服务、线下体验以及现代物流进行深度融合的零售新模式。目前，新零售中比较有代表性的包括以盒马鲜生为代表的生鲜电商，以亚马逊为代表的先进无人便利店等。这些都是典型的线上线下结合型新零售商业模式。本次调查主要是想更加全面了解新零售的接受度情况。问卷结果仅用于学习讨论，您的信息绝对保密，请放心填写，谢谢！

1. 年龄

　　A. 20 岁及以下

　　B. 21~30 岁

　　C. 31~40 岁

　　D. 41~50 岁

　　E. 51~60 岁

　　F. 60 岁及以上

2. 性别

　　A. 男

　　B. 女

3. 学历

　　A. 初中及以下

　　B. 高中

　　C. 中专

　　D. 大专

　　E. 本科

　　F. 硕士研究生及以上

4. 地区（省份+农村/城市）：＿＿＿＿＿＿

5. 年收入

　　A. 暂无收入

　　B. 10 万元以下

　　C. 10 万~20 万元（含 20 万元）

　　D. 21 万~30 万元（含 30 万元）

　　E. 31 万~50 万元（含 50 万元）

　　F. 51 万~100 万元（含 100 万元）

6. 职业：＿＿＿＿＿＿

7. 您平常购物的方式

　　A. 网购为主

　　B. 实体店购物为主

　　C. 线上线下都有

8. 您每周网络购物的频次

　　A. 1~2 次

　　B. 3~4 次

　　C. 5~6 次

　　D. 7 次及以上

9. 在购物时，您最常用的支付方式是（请选择1~3项）

    A. 支付宝支付

    B. 微信支付

    C. 网银支付

    D. 银行卡/信用卡支付

    E. 现金支付

10. 如果有一种新的模式，可以让您在线下体验喜欢的物品，在线上进行购买；或者网上商城提供线下实体店体验，您是否愿意尝试

    A. 非常乐意

    B. 乐意

    C. 一般

    D. 不乐意

11. 您了解新零售吗

    A. 非常了解

    B. 比较了解

    C. 只是听说过

    D. 完全没有听说过（选此项则直接提交问卷）

12. 结合您对新零售的了解，您认为新零售的模式有哪些

    A. 淘宝

    B. 天猫

    C. 美团饿了么

    D. 永辉超级物种

    E. 拼多多

    F. 盒马鲜生

    G. 京东到家

    H. 菜鸟物流

    I. 其他

13. 您觉得新零售的显著特征是什么（传统电商零售不具备的）

    A. 线上线下相结合

    B. 全渠道营销

    C. 供应链数字化

    D. 超级物流

    E. 不受时间地域限制

    F. 大量商品可供选择

    G. 线上支付　价格便宜

14. 目前很火热的生鲜电商盒马鲜生以及无人超市、无人便利店（线下购物、线上自动结算）就是新零售模式的典型代表，请问您听说过或经历过这种购物体验吗

    A. 听说并且经历过

    B. 听说但没经历过

    C. 没听说过

15. 您觉得新零售模式下物流配送如何

    A. 骑手统一管理，实现规范化

    B. 物流网络庞大，覆盖范围广

    C. 店、仓设置离家近，配送速度快

    D. 配送距离短，安全性高

16. 新零售模式下，您关于经济成本的看法是

    A. 新零售商品的价格高，不划算

    B. 新零售对商品品质把关严格，带来更多便利，愿意支付相对市场稍高的价格

    C. 新零售商品价格低，完全可以接受

17. 新零售模式下，您关于时间成本的看法是

    A. 相较于单纯线上线下购物，新零售帮我节约了时间

    B. 新零售并没有帮我节约时间

    C. 时间方面无所谓，价格便宜就好

18. 如果您选择新零售，您更看重新零售对哪种安全性的提升

    A. 支付环境安全

    B. 商品质量安全

    C. 消费者隐私安全

    D. 配送安全（贵重、易碎物品）

19. 如果您选择新零售，您更看重新零售在产品方面的哪些优势

    A. 质量把控更加严格

    B. 货物种类更加齐全

    C. 性价比更高

    D. 产品更加真实可信

20. 关于新零售模式与直接在网络上交易相比，您看重新零售模式的哪一项优势（多选）

    A. 解决网上交易时对物品质量的顾虑

    B. 可以更准确选择适合自己的商品

    C. 解决贵重物品、易碎品在运输过程中损坏的问题

    D. 更有效解决售后服务问题

E. 提供线下购物的体验

21. 关于新零售模式与直接在线下门店交易相比，您看重新零售模式的哪一项优势（多选）

    A. 购物流程简单高效

    B. 商品信息直观

    C. 线上线下均可提货

    D. 购物场景个性化、多样化

    E. 支付方式选择更多

22. 对线上和线下结合起来的这种购物模式，您作为消费者的看法是

    A. 非常好，值得期待

    B. 可以试试看

    C. 太冒险，不愿尝试

23. 如果您是零售企业管理者，您愿意采用新零售模式吗

    A. 效率提高，愿意

    B. 建设成本太高，不愿意

    C. 无所谓

24. 如果将来新零售成为购物主流模式，您在乎的购物因素是

    A. 商品价格

    B. 商品种类

    C. 商品质量

    D. 购买流程操作

    E. 支付方式

    F. 物流配送

    G. 售后服务

    H. 信息安全

25. 您觉得新零售的发展存在的困难是

    A. 无人零售发展较差，效益低

    B. 企业运营成本高

    C. 技术创新力不足

    D. 传统线下零售企业转型困难

    E. 扩张速度快导致管理不善

26. 您认为未来新零售模式的普及程度如何

    A. 很方便，不久后应该会大范围普及

    B. 可能会小范围普及

    C. 不实用，不会普及

参考文献

［1］胡永仕. 实体零售与网络零售融合发展：研究现状与展望［J］. 中国流通经济，2020（7）：25-33.

［2］梁莹莹. 基于"新零售之轮"理论的中国"新零售"产生与发展研究［J］. 当代经济管理，2017（9）：6-11.

［3］郭燕，王凯，陈国华. 基于线上线下融合的传统零售商转型升级研究［J］. 中国管理科学，2015（A1）：726-731.

［4］赵树梅，徐晓红. "新零售"的含义、模式及发展路径［J］. 中国流通经济，2017（5）：12-20.

指导老师：杨海丽、王辉

数字技术对农户增收影响的调研报告

——以赶水镇为研究对象

余明　成淑琴　雷茜

（重庆工商大学经济学院贸易经济专业，2020级）

摘　要： 近年来，互联网、大数据、云计算等技术日益融入经济社会各领域，人工智能、区块链、元宇宙等技术和业态也加速创新。数字经济的影响延伸到农业农村领域，与农业农村经济深度融合，尤其是对农产品交易的形态、模式和价值实现产生了深刻影响。2022年中央一号文件提出，实施"数商兴农"工程。这是顺应从脱贫攻坚到全面推进乡村振兴转变的重要选择，也是推进数字经济在农业农村健康发展的重要举措。"数商兴农"顺应了农业农村高质量发展的要求，有利于在乡村推进构建现代化的产业体系、生产体系和经营体系，进而提高农户的数字素养、促进农户增收，提升农户幸福感。本调研报告以重庆市綦江区赶水镇村落为研究对象，研究数字技术对农户增收的影响。

关键词： 数字技术；数商兴农；高质量发展；农户；深度融合

一、调研背景

（一）研究的背景与意义

2022年7月，国务院办公厅正式批复，设立数字经济部际联席会议制度（以下简称"数字经济部际联席会"），落实《"十四五"数字经济发展规划》（以下简称《规划》）部署，加强统筹协调，不断做强做优做大我国数字经济。近年来，我国数字经济快速发展，在经济结构中的比重不断上升。到"十三五"期末，数字经济核心产业增加值占国内生产总值（GDP）的比重达到7.8%。根据《规划》提出的目标，到2025年，数字经济核心产业增加值占GDP的比重将达到10%。这对政策制定和监管的协同性、科学性提出了更高的要求。2022年1月，《求是》杂志发表习近平总书记题为《不断做强做优做大我国数字经济》的文章指出，当前我国数字经济还存在大而不强、快而不优的问题，快速发展的同时也出现了一些不健康、不规范的苗头和趋势。

《规划》明确提出："探索建立与数字经济持续健康发展相适应的治理方式，制定更加灵活有效的政策措施，创新协同治理模式。明晰主管部门、监管机构职责，强化跨部门、跨层级、跨区域协同监管，明确监管范围和统一规则，加强分工合作与协调配合。"近年来，重庆市綦江区赶水镇依托辖区资源优势，把发展特色产业与乡村振兴有机结合起来，引导典型村引进数字技术，推进数字经济在农业农村健康发展，做大做强农业强镇这块"金字招牌"，有效带动村民增收，群众日子越过越红火。实施"数商兴农"工程是顺应从脱贫攻坚到全面推进乡村振兴转变的重要选择，也是推进数字经济在农业农村健康发展的重要举措。我们以重庆市綦江区赶水镇典型村为研究对象展开调研，以进一步研究数字技术对农户增收情况的影响。

（二）数字农业发展现状 PEST 分析

数字农业的发展现状离不升我国政治、经济、社会、技术四大环境的发展形势。政治和经济环境是决定着我国数字农业发展的关键因素，技术和社会环境是数字农业发展的辅助因素。好的政策是数字农业发展的基础，良好的经济环境对数字农业的发展起到推动作用，数字技术的发展支撑着整个数字农业不断创新优化，社会环境决定人民群众对数字农业的认可度和接受度。我们通过 PEST 宏观环境分析法（见图 1）对数字农业的四大影响因素进行分析，总结我国数字农业发展现状。

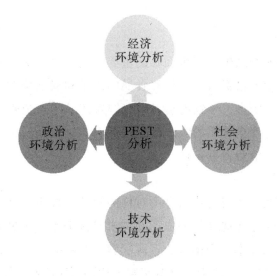

图 1 PEST 宏观环境分析法

1. 政治环境分析

中国信息通信研究院发布的《中国数字经济发展报告（2022 年）》显示，2021年，我国产业数字化规模达到 37.2 万亿元，占 GDP 的比重为 32.5%。各行业已充分认识到发展数字经济的重要性，农业向数字化发展已是大势所趋。2019 年 5 月，中共中央办公厅、国务院办公厅印发《数字乡村发展战略纲要》，明确提出要大力发展农村数字经济，夯实数字农业基础，推动农业数字化转型，整体提升和带动农业农村现代化发展。2020 年 1 月，农业农村部、中央网信办联合印发了《数字农业农村发展规划》，强调要以数字技术与农业农村经济深度融合为主攻方向，用数字化引领驱动农业农村现代化，为实现乡村全面振兴提供有力支撑。2021 年 3 月发布的《中华人民共和国国民经济和社会发展第十四个五年规划和 2035 年远景目标纲要》中提出了加快数字化发展，建设数字中国的新要求，强调要加快发展智慧农业，推进农业生产经营和管理服务的数字化改造。习近平总书记在党的二十大报告中强调："全面推进乡村振兴……坚持农业农村优先发展，坚持城乡融合发展，畅通城乡要素流动。加快建设农业强国，扎实推动乡村产业、人才、文化、生态、组织振兴。"数字农业的高质量发展是支撑新时代我国农业农村现代化的坚实基础，也是实现乡村全面振兴的重要抓手。

2. 经济环境分析

近年来，我国经济持续保持较高增长率，城乡居民消费水平不断提高。国家统计局数据显示，我国城镇居民人均可支配收入为由 2017 年的 36 396 元增长到 2019 年的 47 412 元。可以看出，我国居民消费能力正在不断提升，同时人们对高品质生活的追求将随着社会的发展和生活水平的提高而不断深化。在消费升级的驱动下，消费者越来越注重生活品质的提升。农产品在不断提升用户体验、满足消费者对产品质量安全的基础上，还可以从产品设计方面和产品购买体验方面狠下功夫，利用数字技术增强自身竞争力。

3. 社会环境分析

食品安全是我国农产品生产销售面临的重要问题。食品安全影响着每个人的日常生活和健康。随着生活质量提升，人们对食品的质量和安全越发关注。个别食品安全事件在消费者心中留下阴影，导致消费者对我国农产品的安全质量问题产生了一定程度上的信任危机。打造安全优质的农产品是发展农业的根基。农产品利用数字技术可以实现的安全优质，使消费者更安心。

4. 技术环境分析

传统农业经常存在生产与消费信息不对称的问题。数字农业利用信息化手段为农业生产者和消费者搭建起便捷高效的农产品供求对接平台，减少了中间环节。数字农业通过区块链等智能化技术，协调农业资源配置，促进绿色有机农产品生长，进一步提升农产品质量安全水平。数字技术还凭借第五代移动通信网络技术（5G），促进农业生产向标准化、专业化发展。同时，数字农业利用大数据等技术，可以追溯农产品从生产到"摆上餐桌"的信息，使农产品的生产、销售和认证全程透明化，提升农产品安全水平。

（三）研究思路

本文的研究思路框架如图 2 所示。

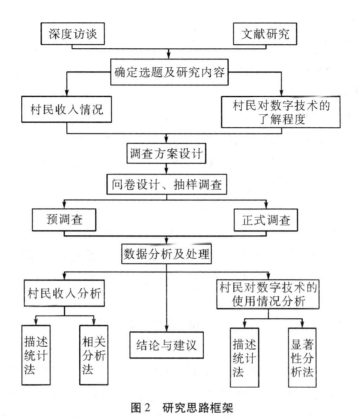

图2　研究思路框架

二、调查概况

（一）调查时间

准备阶段：2022年6月25日至6月30日，我们查阅文献资料，进行小组讨论，设计调查方案，进行问卷设计，准备行程物资并开展实地调研。

调查数据处理阶段：2022年7月1日至7月16日，我们对綦江区赶水镇典型村进行实地调研，发放和收回调查问卷，进行数据处理、数据质量评估。

资料整理和总结阶段：2022年7月16日至9月1日，我们整理调查资料，进行分析研究，得出结论，并进行过程总结。

收尾阶段：2022年9月1日至9月15日，我们进行细节修改，完成调研报告。

（二）调查对象

我们以重庆市綦江区赶水镇典型村农户为主要调查对象。

（三）调研地点

綦江区赶水镇官田村、石房村、双龙村、麻柳村、南坪村、盐河村以及微信、微博、腾讯QQ等各大社交平台。

（四）调研情况

本次调研活动于 2022 年 7 月 1 日启动，收集相关资料；于 2022 年 7 月 8 日至 7 月 13 日在綦江区赶水镇典型村进行实地考察，于 2022 年 7 月 16 日整理完全部资料。

（五）调查目的

我们的调查目的如下：

（1）了解数字技术对农户收入量的影响。

（2）了解数字技术对农户收入模式的影响。

（3）了解不同农户技术方式对农户增收的影响。

（六）调查方法

（1）问卷调查法——方便实施与分析、方便进行数据挖掘。

（2）面对面交流访问法——与受访人员深入沟通、灵活提问，深层次了解问题。

（3）文献法——查阅资料，弥补小组专业知识的不足。

三、调研内容

我们以重庆市綦江区赶水镇典型村为研究对象，主要通过实地考察调研、查阅相关文献资料、问卷调查的形式，以国家"数商兴农"政策为基础，围绕数字技术、数字经济与农业农村经济相结合设计问卷，了解数字技术对农户收入量的影响、数字技术对农户收入模式的影响以及不同农户技术方式对农户增收的影响。调研对象为重庆市綦江区赶水镇典型村。我们重点调查典型村农户，了解相关农户引进数字技术的情况、数字技术引进后在使用中的问题、引进技术的主要来源以及农户在收入量、收入模式上的影响。我们希望能从构成要素、接受程度和困难顾虑层面准确把握目标群体对数字乡村概念的理解和情绪导向，从农业生产、人居环境和乡村旅游领域全面了解目标群体对数字乡村建设内容和认知，从使用场景、市场前景和应用成果角度综合研究数字技术对乡村建设的兴趣点和切入点。

（一）典型村及农户访问情况

1. 官田村、麻柳村实地调研情况

对官田村的调研围绕官田黑猪全产业链开展。我们访谈养殖大户并走访乡村振兴中的优秀企业，如沁淼农业厂、麻柳泡菜厂。我们参观考察麻柳村农村人居环境情况，以思政学习教育活动等实地走访学习为主，感受新农村建设中的惠民措施。

2. 石房村、南坪村实地调研情况

我们走访参观石房村萝卜公园，走访萝卜种植大户，调研电商站点网络销售情况；走访参观南坪村蔬菜基地，实地感受数字经济助力"数字乡村"建设。

3. 盐河村实地调研情况

我们在盐河村调研"电商+"扶贫助农新模式，并调研綦江区新农村电商示范站点。

4. 双龙村实地调研情况

我们在双龙村调研集体经济与抖音田间直播间发展模式。

5. 问卷设计思维导图

问卷设计思维导图如图3所示。

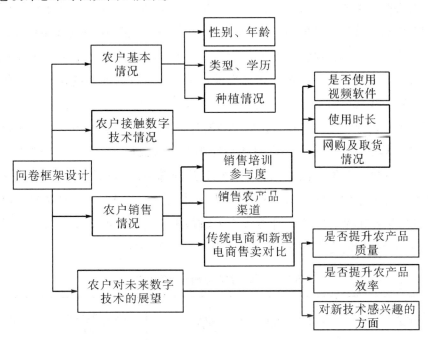

图3　问卷设计思维导图

由表1可知，受调查的236位农户中女性有103位，占受调查总人数的43.6%；男性有133位，占受调查总人数的56.4%。这说明，本次调查对象的性别相对均衡。受调查的236位农户中年龄在25岁及以下的有29位，占受调查总人数的12.3%；年龄在26~35岁的农户有36位，占受调查总人数的15.3%；年龄在36~45岁的农户有54位，占受调查总人数的22.9%；年龄在46~60岁的农户有87位，占受调查总人数的36.9%，占比最高（初步估计是因为目前农村人口老龄化问题较为普遍，务农人口平均年龄在40~50岁，我们所调研的綦江区赶水镇也符合这一情况）；60岁以上的农户有30位，占受调查总人数的12.7%。总体来看，受调查农户普遍年龄偏大，这也符合我国农村人口老龄化的基本情况。

表1　被调查农户年龄分布基本情况　　　　　　　　单位：人

性别	25岁及以下	26~35岁	36~45岁	46~60岁	60岁以上	合计
男	12	16	40	50	15	133
女	17	20	14	37	15	103
合计	29	36	54	87	30	236

6. 受调查农户的相关类型

受调查农户的类型分为普通小农户、种养大户、其他新型农业经营主体三种类型。普通小农户是指务农的小户人家，其个体经营的生产资料归个人所有，以个人劳动为主，劳动所得归劳动者个人所有。种养大户是指从事种植业和养殖业生产经营达到一定规模和条件的经营户（含农业户、城镇居民户），但不包括注册登记的农民合作社、公司等经营主体。新型农业经营主体是指在完善家庭联产承包经营制度的基础上，有文化、懂技术、会经营的职业农民和大规模经营、具有较高的集约化程度和较强的市场竞争力的农业经营组织。

由表 2 可知，受调查的 236 名农户中类型为普通小农户的有 96 人，占受调查总人数的 40.7%。其中，年龄在 46~60 岁的普通小农户人数最多。我们可以推断，46~60 岁的农户大多接触互联网、大数据较晚，比较适应简单的市场售卖，因此大多农户是普通小农户。受调查的 236 名农户中类型为种养大户的有 50 人，占受调查总人数的 21.2%。其中年龄在 36~45 岁的种养大户人数最多。受调查的 236 名农户中类型为其他新型农业经营主体的有 90 人，占受调查总人数的 38.1%。

表 2　受调查农户年龄与类型情况　　　　单位：人

年龄	普通小农户	种养大户	其他新型农业经营主体	合计
25 岁及以下	15	2	12	29
26~35 岁	9	5	22	36
36~45 岁	17	22	15	54
46~60 岁	40	15	32	87
60 岁以上	15	6	9	30
合计	96	50	90	236

根据表 2 数据制作的受调查农户年龄与类型情况雷达图如图 4 所示。

如图 4 所示，在 46~60 岁年龄层次的农户中，普通小农户和其他新型农业经营主体占比较高。在 36~45 岁年龄层次的农户中，种养大户的占比最高。

（二）农户农产品种植售卖情况

1. 种植蔬菜情况

根据实地调研、访谈以及问卷调查，草兜萝卜、玉米、番茄、黄瓜、丝瓜、高粱、小麦等蔬菜粮食类，黑猪、羊、牛等家畜类，鸡、鸭、鹅等家禽类，布朗李、布朗桃等果品类是被调查农户主要的种植或饲养品种。农户种植或饲养基本情况表如表 3 所示。

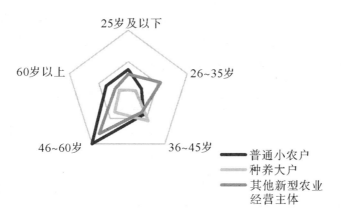

图4 受调查农户年龄与类型情况雷达图

表3 农户种植或饲养基本情况

人数比例	蔬菜粮食类	家畜类	家禽类	果品类
农户人数/人	201	179	211	158
比例/%	85.2	75.8	89.4	66.9
种植大户占比/%	75.6	66.4	52.2	87.2

由表3知，在236名农户中，涉及种植蔬菜粮食类农产品的农户有201人，占比85.2%，这表明受调查的农户中绝大部分都种植蔬菜粮食类农产品。这一方面可能是因为国家的惠民政策，鼓励农民积极种植粮食，实行"谁种地谁受益"的原则。粮食直补是国家根据农民种植粮食作物的面积来衡量给予的补贴。另一方面可能是因为农户意识到绿色农产品的重要性。涉及饲养家畜的农户有179人，占比75.8%，这表明受调查的农户中有较多的人饲养家畜。涉及饲养家禽的农户有211人，占比89.4%，比饲养家畜的占比高13.6%。这可能是因为受调查农户的年龄普遍偏大，而饲养家畜需要花很大的精力，年龄偏大的农户仅能将精力放在饲养家禽上。还有一个可能是我们在走访綦江区官田村的时候发现，官田村黑猪实行的是规模化、专业化的养殖，村里找的专门的养殖人员在进行养殖。因此，饲养家畜的农户会少一些。涉及种植果品的农户有158人，占比66.9%，比例相对来说较低。但是，从种植大户的农产品来看，最多的是果品。据调研，很多农户都集中起来在大规模种植果品，并精品包装销往各地。

2. 农户售卖农产品情况

如今各种平台丰富多样、层出不穷，农户售卖农产品的渠道可谓五花八门，不仅有传统市场售卖形式、渠道对接售卖形式，还有线上平台售卖形式，如"短视频+"销售模式等。为了能够更好了解农户售卖农产品情况，我们进行了调研。

由表4可知，占总数64.83%的农户会在各类平台上售卖农产品，说明大部分农户会适应新时代网络销售的潮流，主动在各类平台销售农产品，增加销售渠道、拓宽销售市场，以求实现更大的销量。35.17%的农户不会在各类网络平台售卖农产品，非平台上售卖的农户从年龄段来看，主要为年龄偏高的农民群体。

表4　农户网络、视频平台售卖农产品基本情况　　　　单位：人

年龄	平台售卖	非平台售卖
25 岁及以下	13	16
26~35 岁	33	3
36~45 岁	35	19
46~60 岁	61	26
60 岁以上	11	19
合计	153	83

根据表4数据作出的农户利用网络平台售卖情况玫瑰图如图5所示。

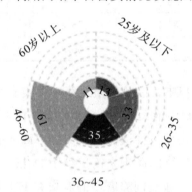

图 5　农户利用网络平台售卖情况玫瑰图

从图5可以清晰地看出：46~60岁年龄段的农户利用平台售卖的"花瓣"是最大的，表明46~60岁年龄的农户愿意尝试电商平台进行售卖。年龄在26~45岁的农户在平台售卖的人数远多于不在平台上售卖的人数，表明这部分农户是主要的网络销售群体，他们愿意去适应新时代网络电商平台发展潮流，在各类平台上销售农产品，争取更多收益。年龄段在25岁及以下和60岁以上的农户的"花瓣"最小，年龄段偏低的农户不在平台上售卖可能是因为在农产品的售卖上没有主导权；年龄段偏高的农户可能是因为接触网络不多，对未知的网络平台有一定的畏惧，从而不敢在网络平台上售卖农产品。此外，也有可能年龄较高的农户的学习能力较弱，因此仅在传统市场上售卖农产品。

3. 农户网络平台销售主要渠道

随着科技的发展，电子商务的发展日趋成熟，各类网络销售平台层出不穷。为了更好了解使用电商平台的农户更倾向于传统线上售卖形式，还是更倾向于短视频平台电商直播带货销售方式，我们进行了专门调研（见表5和图6）。

表5　网络平台使用农户中销售主要渠道情况

人数和比例	京东	淘宝	拼多多	抖音	快手	小红书
农户数/人	48	85	117	106	48	31
比例/%	20.3	36.0	49.6	44.9	20.3	13.1

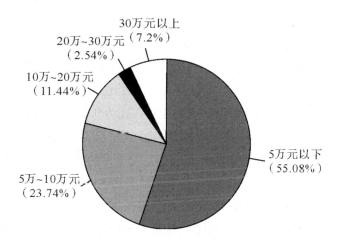

图6　受调查农户未在平台上售卖的收入情况

根据表5，我们可以看到网络平台使用农户中注册京东的有48人，注册淘宝的有85人，注册拼多多的有117人，部分农户拥有两个及以上的专业电商平台账号。此外，我们可以看到使用抖音售卖农产品的农户有106人，使用快手售卖农产品的农户有48人，使用小红书售卖的农户有31人，部分农户拥有两个及以上的短视频平台账号。专业电商平台账号注册量大于短视频平台账号注册量，我们可以由此得知虽然短视频发展很快，但是农户们依然愿意使用专业的电商平台。但不可否认的是，短视频发展迅速，其集创作门槛低、碎片化和社交属性等特点于一体，加之精准的算法推荐方式受到大众青睐。短视频的内容丰富性、强交互性与低门槛性，使得其便于大众参与，由此提高了用户注册量。我们通过调查发现，使用短视频平台直播带货的农户不在少数。近年来，以短视频、直播为主的内容型电子商务因其具有直观性、互动性和趣味性等优势得到了迅速发展，并加速与农村电子商务相融合，进而产生了"短视频+""直播+"形态的新型电子商务扶贫模式——农产品直播带货。按照所属平台的不同，农产品带货主要有娱乐型平台直播带货和交易型平台直播带货两种类型。前者主要是通过在抖音、快手这类具有社交娱乐属性的短视频平台上分享趣味故事，聚集粉丝，成为直播网红，再植入农产品销售的短视频，吸引消费者在享受娱乐和社交的过程中下单购买农产品；后者则是通过淘宝、拼多多等电商交易型平台，以销售农产品为目的，采用现场直播或拍摄农产品生产过程、品质等介绍性的小视频，加入一些趣味性的游戏等娱乐内容，吸引流量，实现农产品的线上销售。

4. 农户实体售卖农产品收入情况

农产品销售收入是农牧企业、合作经济组织销售各类农副产品的收入以及提供劳务和留用产品视同销售的作价收入，即以货币体现的生产周期内已经实现的农业劳动成果。农产品销售收入是补偿生产经营支出及扩大再生产和为国家提供积累的主要经济源泉。为了对比农户传统线下售卖的收入和利用网络平台进行线上售卖的收入，我们进行了调研。

由图6可知，非平台售卖获得收入20万元以下的农户占比为90.26%，这表明绝大多数的农户的收入还相对偏低。其中，受调查农户非平台售卖获得收入5万元以下的占比达到了55.08%；5万~10万元收入的农户占比为23.74%；10万~20万元收入的农户占比为11.44%；20万元以上收入的农户占比为9.74%。这说明大多数农户的收入偏低。一方面可能是因为种地的成本越来越高，并且农产品售价较低；另一方面可能是因为农产品销路不畅，收购价格并不理想。非平台售卖收入在20万元以上的是极少数，这可能有以下原因：第一，城乡经济体制不完善，城乡二元经济结构是我国农村经济问题的主要症结所在，也是农民收入渠道拓展的最大障碍；第二，农村产业结构不合理，产业化水平低；第三，农民思想观念老旧，素质较低；第四，农村剩余劳动力转移困难；第五，农业科研体制不合理，农产品科技含量低，而农业科研及其推广体制又不能适应农业和农村经济发展的需要。

5. 农户实体及线上销售所售卖农产品情况

近年来，赶水镇政府围绕如何让特色农产品卖得出、卖得快、卖上好价钱提出了"政府搭台、企业唱戏"的工作思路，从基础设施建设、农产品网络销售平台建设、农产品可追溯体系建设、农产品品种选择、种植技术指导、产品销售方面做了大量的工作，帮助农户打通网上销售渠道，实现线上线下同步融合销售，让农产品走出去、卖得好，带动村民增收致富，助力乡村振兴。赶水镇政府通过线上线下相结合，让农民接触网络时代营销，让大山深处的优质农产品走出大山、走进都市，飞入更多的寻常百姓家，实现助农增收。

由图7可知，受调查农户中线上线下融合销售后，年收入30万元以上的占比20.92%。农户通过线上线下融合销售，年收入大幅度增长，年收入80万元以上的占比11.11%。年收入5万元以下的农户占比由55.08%下降到38.56%，大部分农户因为线上线下融合销售年收入普遍呈上涨趋势。

2020—2022年，受新冠疫情影响，赶水镇农村地区农产品出现滞销，相关部门必须采取得力措施，"线上+线下"解决农户"卖难"问题。

一是做好扶贫产品认定工作。相关部门应认真落实《国务院扶贫办 中央网信办 教育部 农业农村部 商务部 国务院国资委 全国工商联关于开展消费扶贫行动的通知》精神，准确认定并及时上报扶贫农产品，组织动员社会各界积极采购，全面精准助销滞销扶贫产品，切实解决涉贫农产品"卖难"问题。

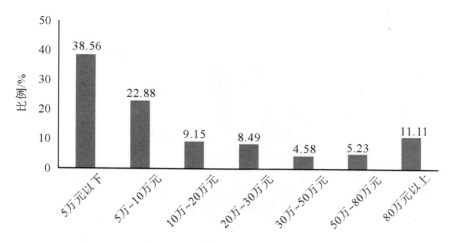

图7　受调查农户线上线下融合销售收入情况

二是积极搭建扶贫产品销售平台。相关部门应通过组织扶贫产品供应商入驻中国社会扶贫网和贫困地区农产品网络销售平台、有序推进消费扶贫专柜专馆布点、探索建立消费扶贫集散交易中心、积极开设商超扶贫产品销售专区专柜、广泛拓宽扶贫产品电商销售渠道等举措，搭建消费扶贫平台，畅通消费扶贫渠道。

三是广泛动员社会各界力量采购。定点扶贫单位要广泛宣传动员，积极解决农产品"卖难"问题。相关部门应通过企业电商平台，组织线上采购促销、发放消费券促销、企业团购、爱心收购、个人认购等活动，为农户助销滞销的农产品，减少农户因产品滞销带来的损失。

（三）农户与数字技术相关情况

1. 农户使用移动支付情况

近年来，我国移动支付业务在城市范围的应用已较为广泛，但在我国农村地区的发展仍缺乏活力。推动农村地区移动支付健康有序发展，对促进我国农村金融普惠、协调城乡发展具有重要意义。

由图8可知，在受调查的236位农户中，有59.33%的农户经常使用移动支付，占受调查农户的大部分。96.19%的农户均使用过移动支付，表明移动支付在农户中的使用还是较为普遍的，移动支付不仅能够满足人们多样化的支付需求、切实提高人们的生活水平，同时蕴含着巨大的经济价值。这种方便快捷的新型业务不仅在城市有着广阔的发展前景，在我国金融服务供给相对不足、支付结算基础设施相对落后的农村地区也具有很大的发展潜力。推动农村地区移动支付健康有序发展，对促进我国农村金融普惠、协调城乡发展以及建设数字乡村具有极其重要的意义。

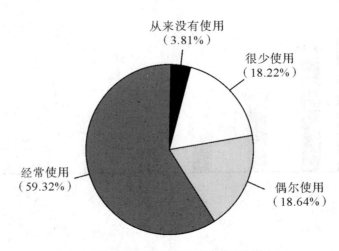

图 8　受调查农户对移动支付的使用情况

2. 农户接受短视频培训情况

近年来，数字化已经逐步融入我们的生活，互联网带来了万物互联，移动终端使得信息传播速度更快、传播面更广。微博、微信、抖音等新媒体平台发展迅速，成为用户获取信息的重要途径。新媒体凭借其强大的便捷性、社交性，改变了信息传播方式、人类生活方式。短视频平台作为日活跃用户增速最快的新媒体平台，吸引了资本大量涌入，各大品牌、企业纷纷调整广告媒介投放策略，布局短视频平台。因此，农户可以考虑聚焦新媒体平台，调整广告媒介投放策略。短视频平台的使用培训尤为重要。

由图 9 可知，受调查农户参加了短视频平台等的销售培训的占比为 60.17%，多于没有参加培训的农户，这表明大部分农户愿意尝试新的销售模式、销售渠道。根据我们的实地调研，大规模种植"赶水李"和大规模种植蔬菜的农户中有较高比例的农户都会选择在短视频平台及其他线上平台等进行售卖，这反映了当今大部分农户愿意尝试新技术，愿意通过更多的销售渠道获取更高的收入。"短视频正在成为乡村振兴的'新农具'"，业界对此已有普遍共识。短视频在传播乡村文化、农技知识方面展现出惊人的传播力和影响力。《抖音农技知识数据报告》显示，截至 2022 年 6 月 30 日，"农业技术万粉创作者"年增长率为 66.85%，农业种植、养殖、农业机械内容投稿量年增长率为 50.4%，平均每天抖音上的农技内容播放量高达 10 亿次。"90 后"是农技创作者的主力军。2021 年，通过抖音电商实现农资转化的创作者超过 10 万名，这足以表明短视频平台的培训对农户来说具有重要作用。短视频平台有责任积极参与到传统农业数字化转型升级的进程中来，而这一过程离不开平台经验丰富和专业信息技术人员对农户的培训、多彩的乡村文化展示以及大量专业农技科普创作者的培养。随着校企合作的开启，短视频平台对乡村振兴的助力作用将会更加明显。在"互联网+"的数字化红利中，乡村振兴的数字化发展会出现更多可能性。

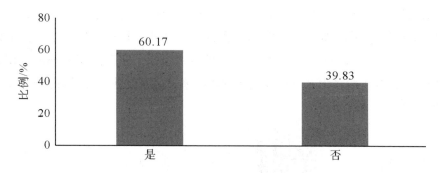

图9　受调查农户是否参加了短视频平台等的销售培训情况

3. 农户对新技术感知程度情况

在农业推广中，新技术对其发展起着举足轻重的作用。提高新兴技术水平，可以取得更好的推广效果，促进农村经济的快速发展。为了促进农业经济的发展，赶水镇有必要提高农业技术的发展水平。在农业推广过程中，推广人员可以对农民进行正确引导，使农民愿意主动使用新技术。增加农民收入可以有效提高农民使用新技术的积极性，从而促进地区农村经济的发展。

由图10至图12可知，受调查农户中认为新技术可以提高农产品质量的有205人，远多于认为不能提高农产品质量的农户；受调查农户中认为数字技术能够提高农产品销售效率的有204人，远多于认为不能提高农产品销售效率的农户。农户对操作方式、知识内容、智能装备、应用场景、未来前景等方面的感兴趣程度大致差不多，其中对操作方式感兴趣的农户占比最高，表明农户需要更多技术上的培训，比较看重动手能力；关于未来前景，农户感兴趣的程度相对来说比较低，通常小农户更注重当下产品的销售问题，普遍无暇估计未来发展。总体来说，"数商兴农"是实施创新驱动发展战略的重要实践举措。随着以互联网技术为代表的新一轮科技革命的开展，创新驱动的数字化变革改变了人们的生活和消费方式，重塑了农村大市场。电商为乡村带来了要素自生激活、技术贯穿渗透、市场互联互通、主体创业创新、业态跨界融合，农业生产和农村消费的巨大潜力得到更大程度的释放，成为乡村建设发展巨大推动力和坚实基础。数字化已经成为乡村发展的重要引擎之一，数据要素则越来越成为驱动发展引擎的"新能源"。我国乡村自然条件和资源禀赋差异较大，"数商兴农"激发城乡发展新动能，让乡村发展更有活力。

总体来看，受调查农户对数字技术持一种积极乐观的态度。"数商兴农"这一政策着眼于改善农村电商的基础设施、物流配送和农产品电商交易标准化，与多项国家战略紧密衔接。"数商兴农"是我国实施创新驱动发展战略的重要实践举措，是推进乡村产业振兴的重要途径，是实施数字乡村战略的重要载体，是实现巩固拓展脱贫攻坚成果与乡村振兴有效衔接的重要举措。自2015年出台的《中共中央 国务院关于打赢脱贫攻坚战的决定》明确提出加大"互联网+"扶贫力度之后，电商企业不断拓展农村业务，加强贫困地区网销平台建设，解决产品产销对接中的信息不对称问题，帮助贫困地区居民降低生产生活成本，发挥对贫困人口的扶智、扶志作用，让贫困地区实现"注意力经济"。"数商兴农"作为电商扶贫的升级举措，在商品流通环节实现有效衔接，以数字经济为手段，为巩固拓展脱贫攻坚成果、全面促进乡村振兴注入强大动力。

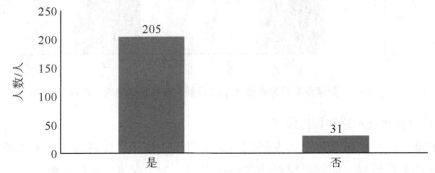

图 10　受调查农户是否认为新技术可以提高农产品质量情况

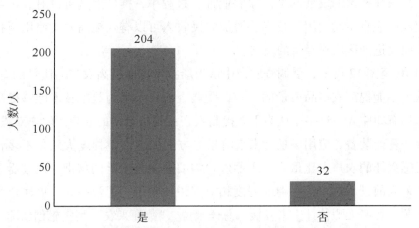

图 11　受调查农户是否认为数字技术可以提高农产品销售效率情况

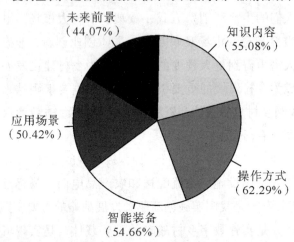

图 12　受调查农户对数字技术的哪些方面感兴趣情况

四、调查分析

(一) 数字技术对农户收入的影响

1. 线上销售农产品年销售额

据了解,赶水镇南坪村依托丰富的土地资源,调整农村生产结构,于 2021 年 10 月建成蔬菜基地,建设投入达 70 万元,建成科学灌溉系统,开垦的高标准农田已达 200 多亩。高标准农田的形成和科学灌溉系统的依托就是数字技术。

在调查对象中,有 153 名农户在电商平台销售农产品(见表 6),其中 38.56% 的农户收入在 50 000 元及以下,22.88% 的农户收入在 5001~10 000 元,9.15% 的农户收入在 100 001~200 000 元,8.50% 的农户收入在 200 001~300 000 元,4.58% 的农户收入在 300 001~500 000 元,5.23% 的农户收入在 500 000~800 000 元,11.11% 的农户收入高于 800 000 元。通过以上数据能够很明显地看出该村农户收入相差较大。

表 6   线上销售农产品年销售额分布

线上平台销售产品的销售额以及 其他渠道销售产品的年销售总额	数量/户	比例/%
50 000 元以下	59	38.56
50 001~100 000 元	35	22.88
100 001~200 000 元	14	9.15
200 001~300 000 元	13	8.50
300 001~500 000 元	7	4.58
500 001~800 000 元	8	5.23
800 000 元及以上	17	11.11

綦江区的"赶谢李"是当地颇为著名的农产品。据直播平台工作人员介绍,在綦江电商节和萤火虫直播工程的带动下,"赶谢李"的每场直播点击量均上万次,半年时间平台销量已高达近 5 万千克。相较于没有引进电商时,大量的李子会因为无处销售而浪费,数字技术的引进增加了农产品的销售渠道,对农产品销售量有很好的促进作用,进而增加了农户的收入。电商的加入,不仅助力村民增收致富,还能够促进数字乡村的建设。

在政策的帮助下,南坪村形成"业主+农户"的模式,即业主公司提供技术支持和销售渠道,农户发挥自身的劳动力,双方合作,达到共赢。业主公司帮助农户更好地销售生产出来的农产品,并提供更多的技术帮助生产。

2. 参与线上培训对收入的影响

从表7可以看出，60%的村民参加了线上平台的销售培训，40%的村民没有参加过线上平台销售培训。没参加线上平台销售培训的人数比例相对来说较高，这是影响村民收入的一个重要因素，积极引导村民参加线上平台销售培训是促进村民收入不断增长的必要措施。在各年龄段没有参加线上平台销售培训的人群中，25岁及以下和60岁以上的村民占比较高，前一个年龄段的人群对网络很了解，后一个年龄段的人群难以学习新的知识，不同的原因造成了两者没接受线上平台销售培训的比例较高。

表7 线上平台销售培训与数字技术对农产品影响

年龄	销售培训	人数/人	比例/%	是否提高农产品质量	人数/人	比例/%	是否提高农产品销售效率	人数/人	比例/%
25岁及以下	是	9	31	是	23	79	是	27	93
	否	20	69	否	6	21	否	2	07
26~35岁	是	29	81	是	31	86	是	30	83
	否	7	19	否	5	14	否	6	17
36~45岁	是	33	61	是	44	83	是	46	85
	否	21	39	否	10	19	否	8	15
46~60岁	是	60	69	是	82	94	是	75	86
	否	27	31	否	5	06	否	12	14
60岁以上	是	11	37	是	24	80	是	24	80
	否	19	63	否	6	20	否	6	20
合计	是	142	60	是	204	86	是	202	86
	否	93	40	否	32	14	否	34	13

86%的村民认为数字技术能够提高农产品质量，14%的村民认为数字技术不能提高农产品质量；86%的村民认为数字技术能提高农产品销售效率，13%的村民认为数字技术不能提高农产品销售效率。不难发现，农户的数字意识逐渐增强，绝大部分认为数字技术有利于农产品销售，但线上平台销售培训还要扩大普及范围。对数字技术提高农产品质量持否定意见比例最高的为25岁及以下，其次是60岁以上，对数字技术提高农产品销售效率持否定意见比例最高的为60岁以上。60岁以上的村民普遍知识水平较低，对网络的接触较晚，思想比较陈旧，对新事物的接受度比较低。由此可以看出，数字技术对年龄较大的村民的影响程度小于对年龄偏小和中等的村民的影响程度。

从表8可以看出，是否参与线上平台销售培训（简称"线上培训"）与收入多少是有相关关系的。在各个收入水平，参加培训的村民的人数远比没有参加培训的村民的人数多。没有参加培训的村民收入有约50%在50 000元及以下，而参加了培训的村民收入在 50 000 元及以下的只有约 35%，比没有参加培训的村民的占比低很多。

表 8 线上平台销售培训与收入分布情况

参与线上平台 销售培训	每年在线上平台销售产品的销售额 以及其他渠道销售产品的年销售总额	人数/人	小计/人
是	50 000 元及以下	43	122
	50 001~100 000 元	33	
	100 001~200 000 元	12	
	200 001~300 000 元	13	
	300 001~500 000 元	6	
	500 001~800 000 元	5	
	800 000 元以上	10	
否	50 000 元及以下	16	32
	50 001~100 000 元	2	
	100 001~200 000 元	2	
	200 001~300 000 元	1	
	300 001~500 000 元	1	
	500 001~800 000 元	3	
	800 000 元以上	7	

3. Stata 分析

我们将文字数据全部数字化，通过 Stata 15 软件统计分析，将仅在市场上售卖每年收入、线上平台上卖产品的总销售额、线上平台销售培训、数字技术提高农产品质量、数字技术提高农产品销售的效率五个方面进行相关分析。分析结果如表 9 所示。

表 9 相关结果

变量	市场上售卖 每年收入	线上平台上 卖产品的 总销售额	线上平台 销售培训	数字技术 提高农产品 质量	数字技术 提高农产品 销售的效率
市场上售卖每年收入	1				
线上平台上卖产品的总销售额	0.253	1			
线上平台销售培训	−0.020 6	0.122	1		
数字技术提高农产品质量	−0.086 9	0.012 6	0.132	1	
数字技术提高农产品销售的效率	0.040 4	0.17	0.082 5	0.161	1

仅在市场上售卖每年收入与线上平台销售培训数字技术提高农产品质量呈负相关关系。这表明，在线下市场的销售总额越高的村民对数字技术的渴求程度越低，参加线上平台销售培训的可能性越小。这可能是因为，他们对现阶段的收入已经比较满意，

已经形成自己的销售市场和渠道，无需担心销售渠道问题。线上平台卖产品的总销售额与线上平台销售培训和数字技术提高农产品质量呈正相关关系。这表明，在线上市场的销售总额越多的村民对数字技术的渴求程度越高，参加线上平台销售培训的可能性越大。这可能是因为，他们已经享受到数字红利，想要获得更多的收益。

同时，参加线上销售培训与数字技术提高农产品质量和数字技术提高农产品销售的效率呈正相关关系。这表明，参加线上销售培训促进村民对数字技术的认识，能够提高村民认识到技术对农产品质量和销售效率的作用。

4. Spss 分析

（1）现有群体基本信息。描述性统计分析是将研究中所得的数据加以整理、归类、简化或绘制成图表，以此描述和归纳数据的特征及变量之间关系的一种最基本的统计方法。我们在调查中运用条形图、柱状图和饼图等图形简单直观地描述基本情况。受访者年龄分布如图 13 所示，受访者学历分布如图 14 所示。

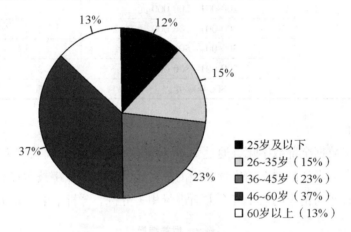

图 13　受访者年龄分布

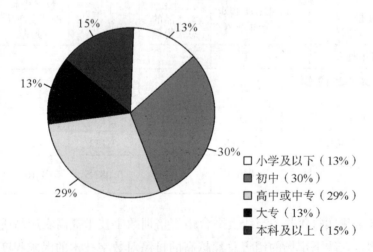

图 14　受访者学历分布

在受访的农户中，小学及以下学历的村民占比为 15%，初中学历的村民占比为 30%，高中或中专学历的村民占比为 29%，大专学历的村民占比为 13%，本科及以上学历的村民占比为 15%。这说明，初中学历、高中或中专学历人群是农村种植业主要人群，而小学及以下学历、大专学历和本科及以上学历的人群占比较低。

（2）不同年龄对线上培训的意愿差异性分析。克鲁斯卡尔、沃利斯检验（Kruskal-Wallis 检验）用于检验来自多组样本的多个总体的分布是否存在显著差异。其基本思想是：首先，将多组样本数据混合并按升序排序，求出各变量值的秩；其次，考察各组秩的均值是否存在显著差异。

我们用 Kruskal-Wallis 检验探究不同年龄的村民对线上培训的意愿是否有差别。

原假设：不同年龄的村民对线上培训的意愿相同。

备择假设：不同年龄的村民对线上培训的意愿不同。

由表 10 可知，在 Kruskal-Wallis 检验中，P = 0.000<0.05，不能拒绝原假设，不能认为不同年龄的村民对线上培训的意愿不同。

表 10　年龄对线上培训的意愿检验情况

项目	总体评价
卡方	50.426
df	4
渐近显著性	0.000

（3）不同学历对于线上培训的意愿差异性分析。我们利用 Kruskal-Wallis 检验探究不同学历的村民对线上培训的意愿是否有差别。

原假设：不同学历的村民对线上培训的意愿相同。

备择假设：不同学历的村民对线上培训的意愿不同。

由表 11 可知，在 Kruskal-Wallis 检验中，P = 0.001 <0.05，不能拒绝原假设，于是不能认为不同学历的村民对线上培训的意愿不同。

表 11　学历对线上培训的意愿检验情况

项目	总体评价
卡方	10.217
df	1
渐近显著性	0.001

（二）数字技术对农户收入模式的影响

1. 农村电商、农村物流等新业态融合发展

商务部数据显示，2021 年，我国农村网民数量已经达到 2.84 亿人，农村网商、网

店有 1 632.5 万家，全国农村网络零售额达 2.05 万亿元，比上年增长 11.3%，增速增加 2.4 个百分点，占全国网上零售额的 15.6%。2021 年，全国农产品网络零售额达 4 221 亿元，同比增长 2.8%。我国运用数字技术打通农产品市场营销网络，通过推动传统销售渠道向线上网络拓展，进一步实现农产品生产、线上交易、仓储物流、终端配送一体化经营。我国采用数字技术对产品运输、储存、结算等各环节进行数字化赋能，实现流通体系与数字技术、农业与服务业的融合。同时，我国依托各大平台的配送分配系统，大幅度提升农产品的分配处理效率，大幅度降低农产品流通成本，进而促使农民的工资性收入和经营性收入不断增加。根据城乡住户一体化调查，2021 年，綦江区农村常住居民人均可支配收入为 19 223 元，比上年增长 10.0%（见表 12）。其中，工资性收入 6 968 元，比上年增长 9.0%；经营净收入 5 812 元，比上年增长 13.2%；财产净收入 379 元，比上年增长 6.2%；转移净收入 6 064 元，比上年增长 8.5%。农村居民人均生活消费支出为 14 894 元，比上年增长 8.0%。农村居民恩格尔系数为 35.29%，比上年下降 1.86 个百分点。农村居民人均住房面积为 51.70 平方米，比上年增加 0.44 平方米。农村电商、农村物流等新业态蓬勃发展，构建起了立体式、复合型的现代农业经营体系，很大程度上辐射带动农民增收。

表 12　綦江区 2017—2021 年农村常住居民人均可支配收入情况

年份	农村常住居民人均可支配收入/元	与上年相比增速/%
2017 年	13 822	—
2018 年	14 955	8.20
2019 年	16 241	8.60
2020 年	17 475	7.60
2021 年	19 223	10.00

2. 多层次营销渠道推动多重增收

调查显示，通过互联网将农产品以文字、图片、视频甚至直播等多种形式，对农产品的质量、口味以及农产品本身蕴含的故事进行说明，实现了较低边际成本的传播。我们通过对收集的 236 份有效问卷的分析发现，其中近 65% 的农户不仅将眼光聚焦传统销售渠道，还通过抖音、快手、淘宝以及小红书等各大电商平台"上架销售+直播+社群销售"等"一对多"的方式，建立了线上销售的长效机制，使农产品产业链由线下延伸至线上，有利于推动农产品销售渠道多样化，帮助农产品提升知名度，提高其品牌价值，持续拓展农民经营净收入空间。多维度的电商平台，对接生产者与消费者不同层次的供需，实现农产品与消费者的对接，打通"最后一公里"。同时，"产品测评""好物推荐"等短视频模式鼓励农户创作优质内容，帮助平台用户发现好产品，为商家引流，促进农民增收致富。

（三）不同技术方式对农户增收的影响

1. 数字化生产打造智能农业

农户通过全程数字化生产，严格控制生产原料质量、作业环境与生产资料投入标准，把关农产品品质。"数据+算力+算法"等技术帮助传统农业生产实现要素优化配置，让农作物的基本数据成为新的生产要素。农户基于农场云端数据综合集成与优化资源配置，推动农作物、数据、人的全面互联互通。在赶水镇官田村，农户们利用"互联网+"技术监测养猪场温湿度等环境，配备实现自动饲喂、远程管理等多功能一体化的自动饲养系统、水肥一体化系统等自动化设备和技术开展高效农业种养殖生产，极大减轻了养殖户的负担，节约了农药和化肥的消耗，减少了农业污染物排放，促进了养猪场的标准化、数字化、绿色化。数字技术改变了农业传统生产和销售模式，"官田黑猪"通过数字化生产的方式提升了黑猪产业的品牌影响力，助力官田村走上了脱贫致富的道路。

2. 电商平台连接供需双方

电商平台对接生产者与消费者，连接供需双方。电商平台中的消费者来自全国各地，超越了地域限制。作为一种营销推广工具，直播电商平台加强信息技术的运用，提升农产品的推送能力，为消费者提供更加丰富具体的农产品信息，将信息高效快速传递给目标消费者。调查问卷数据显示，使用数字技术的农户大部分利用拼多多、淘宝、抖音等平台进行销售，同时也有一部分农户使用京东、快手、小红书等平台进行农产品销售。赶水镇石房村依托数字技术，带动全村产业迅速发展。调查数据显示，2021年，赶水镇累计种植草蔸萝卜近8 000亩，平均每亩产量2 000千克，总体经济效益高达5 000万元。赶水镇草蔸萝卜采取"规模种植+订单农业+全产业链"的模式，为农业生产、销售提供全链路管理、数据统计、产品溯源等功能，推动赶水镇草蔸萝卜产业提升质量、降低成本。草蔸萝卜产业将直播带货和电商平台以及传统销售结合起来，逐步拓宽销售渠道，优化销售模式。赶水镇充分发挥地方特色，在打造赶水镇草蔸萝卜产业的同时，推进"互联网+旅游"的深化发展，以数字创新赋能乡村旅游。数字技术的飞速发展缩小了城乡之间的数字鸿沟。数字技术成为沟通生产者和消费者的桥梁，强化信息流动，帮助农户更好地解决销售问题。

五、研究结论与政策建议

（一）研究结论

1. 数字技术提高农户的收入水平

（1）数字技术打通农产品销售通道。数字技术以计算机技术为基础，应用范围广泛，能够将信息方便快捷地传递到世界的各个角落，让更多人认识和了解某地农产品，吸引更多的人关注该地农产品。数字技术的成本较多，更多的农户愿意接受并且学习使用数字技术。我们正处在信息技术发达的时代，越来越多的数字技术产品出现，也就意味着农户有越来越多的途径可以用来销售推广农产品。

（2）数字技术提升农民的数字素养。农民的数字素养是他们在数字社会学习、工作、生活中应具备的数字获取、制作、使用等素质的集合，能够使用智能设备进行数字获取、制作、使用、评价、交互、分享，或者通过智能设备求职、创业、增收是重要指标。数字素养的高低直接关系到村民在"触网"之后对数字资源的持续使用意愿强弱和能力高低。农民想要生活更加富裕，借力数字技术是一个很好的途径。农民在学习数字技术的应用等方面时，必然会认识很多新知识。新知识可以进一步开阔农民的视野，帮助农民更好地生产和创造。

2. 数字技术改变农户的收入模式

（1）数字技术使农户更好地适应社会发展。农民群体整体知识水平较低，学习能力较弱，在没有数字技术引入生产的情况下，部分农民缺乏网上支付和收款的能力。数字技术的引入能够让他们了解更多的科技产品，学会最基本的通用技术。

（2）数字技术革新农户收款方式。农户在没有接触数字技术的时候，大多数都是线下直接现款交付。数字技术的引进，产生了很多新的农产品销售方式，比如网上电商、直播带货等。这些销售方式都不能现款交付或扫码付款，只能第三方支付平台结算。客户和商家都首先在第三方支付平台开立账户，并将各自的银行账户信息提供给支付平台的账户中。第三方支付平台通知商家已经收到货款，商家发货；客户收到并检验商品后，通知第三方支付平台可以付款给商家，第三方支付平台再将款项划转到商家的账户中。这样，客户和商家的银行账户信息只需提供给第三方支付平台，保证了支付安全，并且通过第三方支付平台完成支付。如果客户未收到商品或商品有问题，则可以通知第三方支付平台拒绝划转货款到商家，使客户买得更加放心。商家可以在货款有保障的情况下放心发货，有效降低了交易风险。第三方支付平台结算是当前国内服务数量最多的支付模式。这种支付方式能够革新农户的收款方式。

（二）政策建议

1. 加强引导农户学习数字技术

我国要提升农民的数字技术知识水平，让农民了解数字技术的好处，增强农民对数字技术的使用信心。以智能手机为代表的数字设备在农村地区已经得到普及，但提升农村居民的数字素养仍然有很大的空间。中央网信办发布的《提升全民数字素养与技能行动纲要》专门提出"提升农民数字技能"，提高农民对数字化"新农具"的使用能力。我国要引导企业、公益组织等参与农民数字技能提升工作，推动数字服务和培训向农村地区延伸，采用讲座宣传、广播宣传等方式。

2. 引入外部资本助力农产品销售

大型企业有能力和责任助力社会实现共同富裕，企业能够在实现自身收获更多利润的情况下，拉动农民的收入增长。三门峡四季丰果蔬有限公司总经理说："我们涉农企业与农业、农村、农民息息相关，只有与贫困群众及农民群众心连心、手牵手、肩并肩共同战斗，才能更好地发展壮大，才能为经济社会发展贡献力量。这是我们企业应尽的社会责任和发展目标。"企业应该在能力范围内，帮助贫困群众，履行企业的社会责任，建设优秀的企业文化。

参考文献

[1] 王灏威，陈思，郭建新. 农户收入现状及影响因素研究 [J]. 合作经济与科技，2020（24）：54-56.

[2] 郝雷. 乡村振兴视角下促进农民增收路径研究：以河北省为例 [J]. 经济论坛，2022（1）：10-16.

[3] 石倩. 乡村振兴战略下促进农民增收的财政金融对策研究 [J]. 吉林金融研究，2021（6）：54-58.

[4] 齐志明. 数商兴农：助力乡村消费升级 [N]. 人民日报，2022-07-06（19）.

[5] 欧阳日辉. 2022 年中央一号文件解读："数商兴农"是农村电子商务发展的新方向 [J]. 科技与金融，2022（4）：49-53.

指导老师：杨海丽

社区团购对实体生鲜店影响的调研报告

陈欣　李欣　王璇　林鑫妍　师鹏娜

（重庆工商大学经济学院贸易经济专业，2020级）

摘　要： 社区团购自2015年左右兴起，但一直处于缓慢发展的阶段。2020年，社区团购迎来爆发式增长。为了探究社区团购的兴起及其对实体生鲜店造成的影响，我们通过问卷调查、实地采访、查阅文献资料等方法，了解到了社区团购和实体生鲜店的经营状况。我们以此为依据，明确了社区团购目前存在的劣势，即居民中普及程度不高、同一区域同质化严重、缺乏特色等；分析了社区团购未来的发展前景，提出了要优选产品、打造爆款、构建相匹配的供应链、加强团长队伍建设和管理等建议；同时希望实体生鲜店可以严控品质、树立品牌，实现经营模式升级。

关键词： 社区团购；实体生鲜店；经营；发展前景

一、引言

（一）研究背景与意义

1. 研究背景

2020年年初，新冠疫情暴发，给生鲜电商行业带来了新的机遇。在新冠疫情防控的特殊时期，人们将自己的活动范围缩小到家里，实体门店尤其是餐饮等受到不小的冲击。然而，在线下实体行业受到新冠疫情冲击时，生鲜行业反倒逆势增长，生意一天比一天火爆。同时，疫情下特殊的封闭生活方式，几乎迅速解决了生鲜电商以往需要投入巨额资金和大量人力资源的拉新与留容问题。

零售市场的发展、电商企业的激烈竞争以及消费者生活方式的转变催生了社区团购模式。这一模式有着较低的运营成本、较为可控的产品质量、较好的交付体验以及较容易复制的优势。生鲜平台订单量迎来爆发式增长。目前，团购行业加速整合，更多创业者入局，竞争愈发激烈，社区团购的优势受到了影响。本调研在新冠疫情过后的社区团购对实体生鲜店的影响以及社区团购的发展前景进行多方面探讨。

2. 研究意义

社区团购是社区内居民团体的一种购物行为，是依托真实社区的一种区域化、小众化、本地化的团购形式。如今，社区团购的模式逐渐走红，吸引了不少龙头资本的入局。在新冠疫情时期，线上买菜频次的大幅增加让社区团购模式再次迎来发展。在互联网巨头们加大投入的形势下，社区团购也掀起了新一轮的补贴大战。随着线上巨头和资本的不断涌入，社区团购和线下实体生鲜店未来的发展趋势在社会上引起广泛讨论。我们通过调查当前社区团购在大众消费者中的普及程度、社区团购对实体生鲜店的影响程度以及消费者选择社区团购的原因，分析社区团购对实体生鲜店的影响，对社区团购和实体生鲜店未来的发展情况做出预测，在一定程度上为社区团购平台及实体生鲜店经营者提出建议。

3. 社区团购行业 PEST 分析

（1）政治环境（P）。物流强国战略是国家发展的重要战略，国家持续大力推进物流业的发展，致力于在技术、制度、资源、行业环境等方面下功夫，推动物流综合化、一体化，对社区团购行业的重要环节——供应链优化有着积极意义。

不可否认的是，社区团购一度造成市场乱象。2021 年 3 月 3 日，部分社区团购企业利用资金优势，大量开展价格补贴，扰乱市场价格秩序。市场监管总局依法对橙心优选（北京）科技发展有限公司（橙心优选）、上海禹璨信息技术有限公司（多多买菜）、深圳美团优选科技有限公司（美团优选）、北京十荟科技有限公司（十荟团）等四家社区团购企业分别处以 150 万元罚款的行政处罚，对武汉七种美味科技有限公司（食享会）处以 50 万元罚款的行政处罚。2021 年 4 月 13 日，市场监管总局会同中央网信办、税务总局召开互联网平台企业行政指导会。会议指出，"烧钱"抢占市场问题必须严肃整治。

（2）经济因素（E）。近年来，随着互联网技术的进一步发展和供应链技术的逐步完善，全球零售业呈现出较为稳定且高速的发展态势。截至 2020 年年底，全球零售总额已经达到 27.73 万亿美元，创历史新高。国家统计局数据显示，中国社会消费品零售总额在 2019 年突破了 40 万亿元大关，虽然受到新冠疫情影响，2020 年数据略微下滑，但是总体来看仍然保持着强劲的发展势头。居民人均可支配收入延续了一如既往的走高势头，达到 32 189 元，同比增长 4.7%，实现五年连续增长。

传统电商，如京东、淘宝等已经进入市场成熟阶段，其所应用的传统线上营销手段已经难以吸引新的客户流量，长此以往，传统电商的未来难以得到保证。各大传统电商也在努力探索如何提供新的消费体验，以合适的成本获得更多的流量转换并提高客户黏性。社区团购这一创新的、富于人情味的消费模式，依托消费者的社交网络就近获取顾客，利用发达的物流体系供给质量优良的商品，很快成为零售业的新焦点。

（3）社会因素（S）。国民收入不断走高，国内消费需求一直处于一个持续上涨的阶段。居民对生鲜食品等消费频率保持了一个较高水平，复购率十分可观。电子商务的便利性和性价比深入人心，消费者对新模式的接受程度较高。虽然总体来看居民对新消费模式的接受程度较好，但是购买生鲜产品的一大群体——中老年人在新消费环境下大都持保守态度。

（4）技术因素（T）。社区团购原来的主要载体是微信群、QQ群，但是群内成员的局限性及代理方式的单一性，使得整个行业一直处于不温不火的状态，订单量增长困难。微信小程序的优化使得社区团购的主要战场发生了转变。小程序的后台插件能够使得平台观测到用户数和用户偏好，也解决了"团长"手工记录订单的问题。从事社区团购的公司能够通过这一媒介与客户间接达成沟通，使用更多元化的手段留住老用户、吸引新用户。物流末端配送技术还不完善，物品分拣主要依靠团长的人工分拣，容易出现漏送、错送等情况。

（二）研究思路

针对此次社区团购对实体生鲜店影响的调研活动，本文的研究思路框架如图1所示。

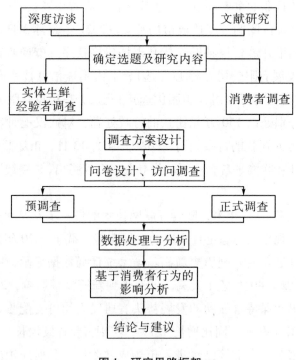

图1　研究思路框架

二、调查方案设计

（一）调查目的

本次调查的主要目的有四个：一是了解当前社区团购在大众消费者中的普及程度，二是了解当前社区团购对实体生鲜店的影响程度，三是了解当前消费者选择社区团购的原因，四是预测社区团购和实体生鲜店未来的发展情况。

（二）调查对象

调查对象主要是实体生鲜店经营者和消费者。

（三）问卷设计

问卷设计的过程如下：首先，我们收集社区团购的相关文献资料、行业现状以及政策。其次，我们对消费者问卷和经营者问卷进行了预设计，将消费者问卷发至朋友圈、微信群等，提前了解消费者对社区团购的认知程度、当前消费者选择社区团购的原因等；针对经营者问卷，我们走访部分个体经营者门面，访问店主、店员，了解他们对社区团购的看法以及社区团购对实体生鲜店的影响。再次，在预调查之后，我们确定调查的具体内容，就问卷维度、问题及选项设置、题量题型、答题顺序等方面与指导老师和团队成员多次讨论。最后，我们将问卷在问卷星平台发布。问卷设计框架如图2所示。

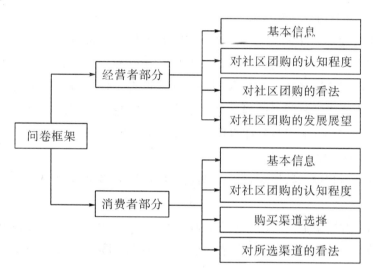

图2　问卷设计框架

三、调查实施

（一）调查的整体安排

1. 调查的时间

本次调查的时间约为2个月。其中，2022年7月30日至8月11日，小组成员查阅了相关资料，经过讨论拟定了主题和题目，再根据主题设计了调查问卷；8月12日至8月31日，小组成员将问卷陆续在各大平台进行发放，向被调查对象进行问卷调查，整理收集问卷数据；9月1日至9月5日，小组成员对整理后的数据进行研究分析，对数据进行归纳总结；9月6日至9月30日，小组成员进行最后的细节修改，完成报告。

2. 调查的地点

本次调查的地点既涉及实体地点，也涉及网络地址。其中，实地调查点（实体地点）为重庆市璧山区中央大街、福建省福州市闽侯县尚干镇、山东省潍坊市诸城市、安徽省阜阳市颍东区、甘肃省正宁县榆林子镇；网络地址为QQ、微信、微博等各大社交平台。

3. 调查的方式

本次调查的方式有三个，即问卷调查、文献调查和访问调查。其中，问卷调查是最基础的方式。问卷调查是通过电子问卷的分发、回收、收集和整理数据完成的。文献调查是通过在网上查询有关文献资料进行分析的。访问调查是直接走访个体经营者门面，访问店主、店员以及店内消费者，通过面对面交流的方式，深入了解其对社区团购的看法。

（二）调查实施的过程及结果

本次调研活动于7月30日正式开始，前期由小组成员进行了半个月左右的文献分析，即先将本次调研的主题与题目拟定，然后在获取和整理相关文献的基础上，形成问卷，进而开展了为期半个月的问卷调查和访谈调查工作。为了更快捷开展工作，我们对消费者和实体生鲜经营者的提问都呈现在电子问卷上，合并进行问卷调查和访谈调查。经营者问卷调查的填写共计400份，消费者调查问卷的填写共计600份。

（三）数据的处理

在问卷处理过程中，我们剔除了答题时间少于30秒及回答有明显矛盾的问卷，具体数据如下：

我们发放了600份消费者调查问卷，收回有效问卷558份，有效率为93%。

我们发放了400份经营者调查问卷，收回有效问卷386份，有效率为96.5%。

四、调查对象的基本情况

本次调查对象分为两个群体：实体生鲜店经营者和消费者。调查对象的基本情况如下：

（一）性别和年龄

本次有效调查对象共944人，其中实体生鲜店经营者386人，消费者558人。

（1）性别。在实体生鲜店经营者中，男性有193人，女性有193人；在消费者中，男性有221人，女性有337人。

（2）年龄。在接受调查的944人中，20岁及以下的有138位，占被调查人数的14.6%；21~30岁的有322位，占被调查人数的34.1%；31~40岁的有192位，占被调查人数的20.3%；41~50岁的有160位，占被调查人数的16.95%；51~60岁的有88位，占被调查人数的9.3%；60岁以上的有44位，占被调查人数的4.67%。其中，

21~30岁的实体生鲜店经营者有146人，消费者有176人，在实体生鲜店经营者和消费者中占比最高，占比分别为37.82%和31.54%。

（二）实体生鲜店经营者的地区分布情况

在被调查的386位实体生鲜店经营者中，实体生鲜店位于繁华地段的有274位，占经营者总被调查人数的70.98%，实体生鲜店位于偏远地段的有112位，占经营者总被调查人数的29.02%。本次对实体生鲜店经营者方面的调查以位于繁华地段的实体生鲜店经营者为主，调研结果将更多表现社区团购对繁华地段实体生鲜店的影响。

（三）经营者及消费者对社区团购的使用情况

在被调查的386位实体生鲜店经营者中，与社区团购平台合作过的经营者有294位，占经营者总被调查人数的76.17%，没有与社区团购平台合作过的经营者有92位，占经营者总被调查人数的23.83%。以上数据表明，大部分实体生鲜店经营者对社区团购较为了解，同时他们愿意接受社区团购这种新型销售方式，选择与社区团购平台合作来增加自己的收益。

在被调查的558位消费者中，进行过社区团购的消费者有346位，占消费者总被调查人数的62.01%；没有进行过社区团购的消费者有212位，占消费者总被调查人数的37.99%。以上数据表明，半数以上消费者都进行过社区团购，并且有越来越多的消费者愿意尝试通过社区团购购买商品，社区团购在居民中的普及率较高。

综上所述，大部分实体生鲜店经营者及消费者使用过社区团购平台，对社区团购有一定的购买体验。

五、调查内容分析

（一）基于消费者行为的影响分析

1. 对社区团购的选择态度

（1）愿意选择的原因。社区团购经过蛰伏期，终于在2020年依靠其自身的便利性与高性价比带来的优势，逐渐进入国民的视野与生活。在被调查的558位消费者中，进行过社区团购的消费者有346位，占消费者总被调查人数的62.01%。为了解消费者愿意选择社区团购的原因，我们对这部分消费者进行了调查。

由图3可知，70%左右的消费者认为社区团购的优势是省钱有补贴和方便快捷，说明消费者在日常消费中还是将价格放在首位，以省钱和便捷为宗旨。45.66%的消费者认为及时配送是社区团购的一大优势，这部分消费者可能更在意时间和效率。36.12%的消费者因为注重菜品的新鲜程度而选择社区团购，这部分消费者可能更加注重生活质量。另外，0.59%的消费者因为其他原因选择了社区团购。社区团购的这些优势能在那些未体验过社区团购的消费者心中留下好印象，也能留住那些已经进行过社区团购的顾客，为他们下次购物做好铺垫。

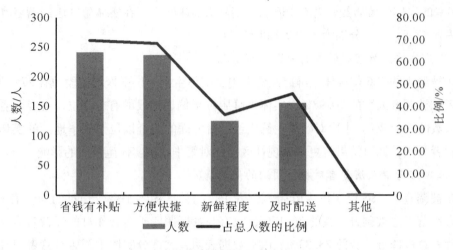

图3　消费者选择社区团购的原因

（2）不愿意选择的原因。从调查数据可以看出，在 558 名消费者中仍有 212 名消费者没有进行过社区团购，占消费者总被调查人数的 37.99%。这 212 名没有进行过社区团购的被调查者中，有 43 人表示了解了社区团购之后依旧不愿意选择这种购物方式。为了解这部分消费者选择实体生鲜店而不选择社区团购的原因，我们对其进行了调查（见图 4）。

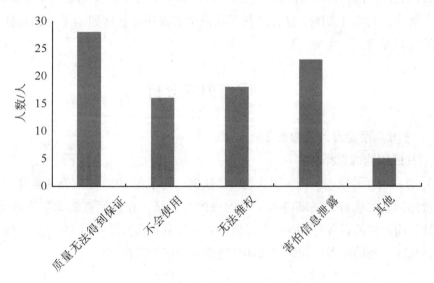

图4　消费者不愿意选择社区团购的原因

由图 4 可知，部分消费者出于对社区团购的顾虑，继续选择去较为传统的实体生鲜店购买商品。65.12% 的消费者更追求产品质量，认为社区团购的产品质量无法得到保证；53.49% 的消费者更注重个人信息的维护，害怕信息泄露；41.86% 的消费者担心购买商品后无法维权；37.21% 的消费者表示不会使用社区团购。基于以上数据，这部分消费者不选择社区团购是因为社区团购存在某些方面的劣势。实体生鲜店在这些方面具有优势。实体生鲜店可以为消费者提供更好的线下购物体验，消费者可以现场了解产品质量；当产品出现问题时，消费者可以更方便、及时地维权；线下购物信息泄露的风险低。同时，对于不会使用智能电子产品的部分消费者来说，实体店也是他们最好的选择。

2. 对社区团购渠道的选择

从 2020 年起，社区团购逐渐火爆，开始向社区大范围普及。为清楚了解消费者是如何开始接触社区团购的，我们对使用过社区团购平台的消费者进行了初次接触社区团购平台的渠道的调查。

由图 5 可知，跟风了解的消费者占比为 28.03%，充分了解后进行购买的消费者占比为 17.05%，经熟人推荐的消费者占比为 49.71%，选择其他途径的消费者占比为 5.21%。以上数据表明，只有少数消费者对社区团购做过充分了解，感知到社区团购给他们带来的价值，了解到社区团购可能存在的问题才开始接触社区团购；绝大多数消费者还是被动接受信息，通过熟人推荐和跟风了解开始接触社区团购。对于绝大多数消费者而言，社区团购可以利用他们对新事物存在好奇心理和从众心理进行宣传。另外，从以上数据来看，熟人推荐的方式比重最高，也可以看出信任是最快速、最有效的宣传方式。前期社区团购商品的品质良好使消费者满意，后期熟人推荐将会使社区团购得到爆发式的发展。

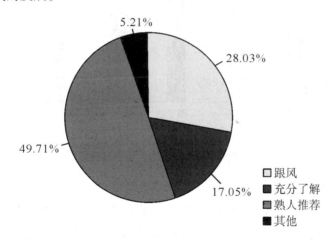

图 5　消费者第一次接触社区团购的途径

综上所述，初期消费者选择社区团购，对实体生鲜店具有一定的冲击。社区团购新事物让消费者感到新奇，熟人之间相互"打广告"是吸引顾客的一种手段。另外，社区团购的方便快捷有利于顾客节约时间与精力。总体来说，在初期实体生鲜店的顾客减少是必然的，但最终消费者选择何种方式进行消费，还得看在消费者心中实体生鲜店和社区团购各自的优势孰轻孰重。

3. 对社区团购品类的选择

为了进一步了解消费者对社区团购品类的选择，我们对消费者在社区团购平台上所购买的商品种类进行了调查。

由图6可知，消费者在社区团购平台选择购买的生鲜产品种类有蔬菜、水果、肉类、蛋类及奶制品、水产海鲜等，涉及的种类丰富多样。其中，70%左右的经营者表示消费者在社区团购时会选择购买蔬菜和肉类；40%左右的经营者表示消费者在社区团购过程中会选择购买水果、蛋类及奶制品和水产海鲜。以上数据表明，多种生鲜产品在社区团购中均有涉及，蔬菜和肉类占比最高。大多数消费者会在社区团购平台上购买蔬菜、肉类等，但较少在社区团购平台购买蛋类及奶制品、水产海鲜、水果等易坏且保存难度相对比较高的食物。实体生鲜店可以利用消费者追求食品高质量保鲜的行为特征，将保鲜质量提高，提供高质量的运输服务，对易损的食品进行包装，配套周到的售后服务，则可以创造自己的优势，吸引消费者购买，增加销售额。

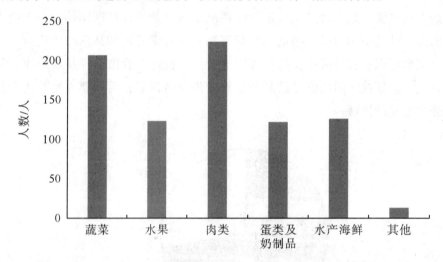

图6　消费者对社区团购的品类选择情况

4. 对社区团购价格的选择

（1）社区团购平台价格补贴的影响程度。2020年，社区团购消费者人数能快速增长的很大一个原因是依靠打价格战吸引了众多消费者，但打价格战并非长久之计，当平台补贴力度下降或取消补贴后，居民还会选择社区团购吗？为了解这一情况，我们对消费者进行了调查。

由表1可知，当社区团购平台取消价格补贴以后，仍然有54.36%的居民会继续选择社区团购，证明补贴并不是这部分消费者选择社区团购的唯一动力。我们可以从侧面推断出社区团购在其他方面也存在优势，使得这部分消费者能够坚持选择社区团购，成为社区团购的忠实粉丝。这一现状势必会对实体生鲜店的消费人数造成渠道分流，从而对销售业绩产生一定的冲击。另外，45.64%的消费者表示在社区团购平台取消补贴之后不会再选择社区团购。这部分消费者对价格非常敏感，一旦社区团购平台取消补贴或降低补贴力度，他们极有可能转而选择实体生鲜店，是实体生鲜店的潜在客源。由此可见，近一半消费者在选择购买渠道时，价格是关键的影响因素。

表 1　当平台取消补贴后，居民是否还会选择社区团购

选项	人数/人	比例/%
是	131	54.36
否	110	45.64
本题有效填写人次	241	—

（2）消费者单次在社区团购平台上的购买价格。为了进一步调查商品价位是否对消费者的选择造成影响，我们对消费者在社区团购平台上单次的消费额进行了调查。

由图 7 可知，单次消费 0~50 元的消费者占比为 40.00%，51~100 元的消费者占比为 32.09%，而单次消费 101~150 元的消费者占比为 12.56%，单次消费超过 150 元的消费者占比不超过 16%。可以看出，绝大多数消费者在社区团购平台上的单次消费金额都较低。

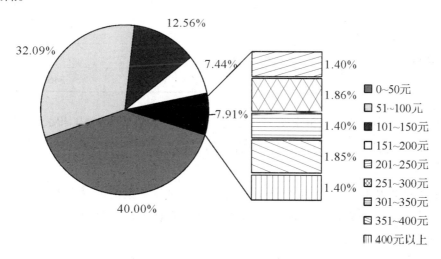

图 7　社区平台单次各级消费金额调查统计

结合图 6 可以看出，消费者大多选择的是蔬菜、水果、肉类之类日常必备品。这些商品的价格并不高，因此单次购买的金额并不多。社区团购中的补贴项目使消费者能够以更低价格获得相应的商品。另外，消费者对某些生鲜产品的鲜活程度要求较高，这也是他们的购物消费呈现出少量多次特征的可能原因之一。

基于以上理由，消费者追求质量更高的生鲜产品而进行少量多次的购买，相较于有一定距离的实体生鲜店，送货上门的社区团购似乎是一个更好的选择。

5. 性别、年龄、年内社区团购购买频率与购买价格相关分析

为了更好地了解社区团购消费群体需求的影响因素，我们将消费者的性别、年龄、年内社区团购购买频率和单次购买价格做了相关系数分析。

由表2可知，Pearson检验结果如下：

表2 性别、年龄、年内购买频率与购买价格的相关分析

变量		您单次在社区团购中消费的价格
性别	皮尔逊（Pearson）相关性	0.172**
	显著性（双尾）	0.001
	个案数	346
年龄	皮尔逊相关性	0.105
	显著性（双尾）	0.051
	个案数	346
年内社区团购购买频率	皮尔逊相关性	−0.072
	显著性（双尾）	0.182
	个案数	346
单次购买价格	皮尔逊相关性	1
	显著性（双尾）	—
	个案数	346

消费者的性别和消费者单次购买价格之间的相关系数值为 $r=0.172$，并且 P 值为 0.001<0.05，说明两者之间正相关，消费者的性别对消费者单次购买价格之间有显著影响。

消费者的年龄和消费者单次购买价格之间的相关系数值 $r=0.105$，并且 P 值为 0.051>0.05，说明两者之间正相关，消费者的年龄对消费者单次购买价格没有显著影响。

消费者年内社区团购购买频率和消费者单次购买价格之间的相关系数值 $r=-0.072$，并且 P 值为 0.182>0.05，说明两者之间负相关，消费者年内社区团购购买频率对消费者单次购买价格没有显著影响。

因此，社区团购平台应该针对不同性别的用户采取不同的营销策略，投入更多的精力提高男性消费者的客单价；有针对性地推出更多优惠特价商品吸引年龄较高的消费者；为购买频率高的消费者提供更优质的产品和更及时的售后服务，保持消费者的忠诚度，提高这部分消费者的单次消费金额。

6. 消费者感知质量与年内社区团购频率的关系

随着经济的发展和收入的增长，消费者在基本生活需求满足的情况下，开始追求

更高层次的消费，更关注消费品的质量。我们对社区团购的消费者感知质量与年内社区团购频率的关系做了交叉分析。

调查发现，认为社区团购质量可靠的消费者会经常或偶尔选择社区团购，购买人数是认为社区团购质量不可靠的人数的三倍还多，而觉得社区团购质量不确定的消费会很少选择社区团购。以上数据表明，社区团购质量与年内社区团购的频率呈正相关关系，社区团购质量高才能吸引、留住消费者，提高消费者忠诚度。社区团购平台应该注重平台的监管、品种质量的提升、服务质量的提升，从而提高消费者购买频率。

7. 消费者对社区团购的了解与年内社区团购频率的关系

社区团购作为近年来新发展的一种购物形式，有很多人对它的认识模糊，甚至是不知道这种购物形式。人们对未知的事物总是保留怀疑的态度。本次调研对消费者对社区团购的了解与年内社区团购频率的关系做了交叉分析。

调查发现，大部分被调查者在熟人推荐的情况下选择偶尔购买或跟风购买，可见消费者对熟人的信任转移到对其推荐的产品和平台上。熟人购买过之后由熟人推荐，大大增加了产品和平台的可信度，从而吸引消费者试着去购买社区团购的产品。跟风购买的被调查者众多，即看着身边的人都买了自己也想试试水，也就形成了"羊群效应"，认为大家都在买的东西应该不会有问题。充分了解社区团购的人较少，说明社区团购还有很大的宣传空间。在被调查者中，充分了解社区团购的消费者会选择经常购买或偶尔购买，只有12%的人很少购买。由此可见，社区团购在普及之后有很大的市场，具有留住消费者的优势。

（二）基于实体生鲜店经营者的影响分析

1. 对实体生鲜店优势的影响

社区团购的出现和快速发展，对实体生鲜店造成了一定的影响。为了解实体生鲜店经营者对社区团购的认识及对自身优势的了解，我们对实体生鲜店经营者进行了调查。

由图8可知，74%的实体生鲜店经营者认为自己不涉及信息外漏，因为消费者都是现场支付，不需要通过社区团购平台，不需要登录、填写信息、输入密码、支付等一系列操作；68.65%的实体生鲜店经营者认为自己退换货更方便，消费者只需直接到店退换货即可，而社区团购需要网上申请退货，再从线上进行调货，一来二去不仅消磨时间，也浪费了精力；64%的实体生鲜店经营者认为自己维权方便，不存在需要向平台层层反映，避免了效率低、时间长的问题，也不需要担心遇到平台负责人相互推脱责任的情况；52.59%的实体生鲜店经营者认为自己可以保证菜品新鲜，顾客可以随心地在店内挑选自己满意的商品，自己能为顾客带来更好的购物体验；24.35%的实体生鲜店经营者认为消费者到店消费可以方便砍价，满足部分消费者砍价的购物习惯和消费心理。

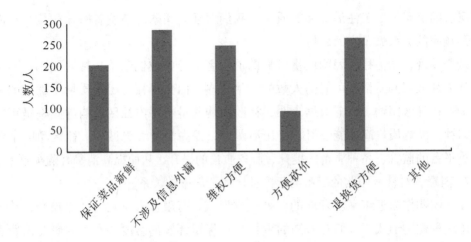

图 8　实体生鲜店经营者自身优势认知

实体生鲜店确实有自身独特的优势，但也应当对社区团购的发展有所重视。当实体生鲜店经营者可以为消费者提供更好的购物体验时，自然会吸引更多的消费者选择到实体店购物。从目前市场状况来看，实体生鲜店经营者应该注重维持和革新自身有竞争优势的领域，为实体消费体验注入新的活力，以此来吸引消费需求不断升级的消费者。

2. 对实体生鲜店顾客人数的影响

为了解社区团购的兴起是否会对实体生鲜店的顾客人数造成影响，我们对实体生鲜店经营者进行了调查。

由图 9 可知，60% 的实体生鲜店经营者认为，虽然社区团购在 2020 年快速发展，但对自己店里顾客人数的影响一般，并未造成很大冲击；26% 的实体生鲜店经营者认为社区团购的兴起使自家店里的顾客人数减少很多；14% 的实体生鲜店经营者认为社区团购的兴起对自家顾客人数没什么影响。

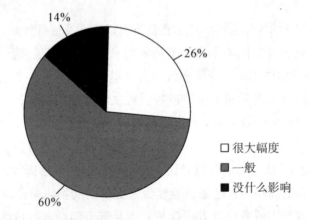

图 9　社区团购兴起后，实体生鲜店顾客人数的减少程度

通过分析，我们认为，之所以有一大部分实体生鲜店经营者认为社区团购的兴起对自家顾客人数的影响一般，甚至没什么影响，是因为很多实体生鲜店经营者及时做出了相应的调整。例如，他们有的成为社区团购的一员——团长，做团长也是这些经营者在现实不断发展中的又一新的生存法则，甚至有的实体生鲜店经营者身兼多家社区团购平台的团长之职。实体生鲜店以现有的销售条件为优势，不仅可以以低成本换取更大的销售空间，还可以通过居民下单到店自取，实现引流的目的，并拿到相应的佣金，可谓优势尽显。同时，也可能源于实体生鲜店经营者已经与消费者建立了信任关系，具有较稳定的消费群体。

对于那些顾客大幅度减少的实体生鲜店经营者而言，社区团购的出现对他们造成了极大的冲击，消费者在社区团购平台上购买的欲望远远大于去实体生鲜店购买的欲望。这部分实体生鲜店经营者应该合理分析自身优势和劣势，思考相应的对策，及时做出改变，比如与社区团购形成合作关系，加入社区团购的供应商队伍。

3. 对实体生鲜店经营策略的影响

随着社区团购阵营的不断壮大，市场占有率的不断提高，实体生鲜店原本的经营模式还足以应对这一变化吗？为了掌握实体生鲜店经营者在日后会采取怎样的经营策略，我们进行了相应调查。

由图 10 可知，35%的实体生鲜店经营者会考虑日后与社区团购平台合作，他们可能是受顾客人数减少的影响，希望通过线上线下相结合的方式，获得更大的客流量，拓展销售渠道；27%的实体生鲜店经营者会坚持线下实体店的经营，但会缩小经营规模，以此降低成本，顺应市场需求的变化；24%的实体生鲜店经营者会进行转型优化，打造自身优势，以此来吸引顾客；仅有 14%的实体生鲜店经营者会选择继续照常营业，不做任何改变，他们认为社区团购只会拥有一时的热度，消费者不过是为了满足一时的好奇心而短暂地选择社区团购，消费者最终还是会选择到实体生鲜店进行消费。

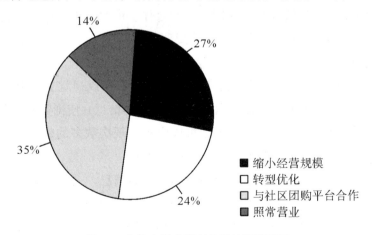

图 10　实体生鲜店营者日后的经营策略

可以看出，大多数实体生鲜店经营者面对自身实体生鲜店运营成本高、流量有限、缺乏数据化管理运营经验、客户黏性不足等问题，本就心存担忧，再加上社区团购的冲击，心中的危机意识在此场竞争中爆发，纷纷采取相应的措施。大多数实体生鲜店经营者首先想到的是与社区团购平台合作，增加顾客数量，增加流量。虽然实体生鲜店经营者认为自身是线上平台对线下布局的经济适用之选，但社区团购平台并不一定与实体生鲜店经营者有相似的想法，实体生鲜店从长远来看可能难以充当社区团购平台进一步发展的合作对象。如果沿用快递配送的发展思路，生鲜快递柜、平台自建站点都有可能是社区团购的未来发展趋势，社区团购将在市场上更具竞争力。因此，坚持零售本质，发挥自身优势，使自身的优势成为无可替代的存在，是实体生鲜店经营者应该考虑的问题。

4. 对加入社区团购意愿的影响

在社区团购不断抢占市场的情况下，部分实体生鲜店经营者选择加入社区团购平台，那么他们的出发点是什么呢？为了解其中缘由，我们对这部分实体生鲜店经营者进行了调查。

由图11可知，在实体生鲜店经营者心中，社区团购的优势有很多，如客流量大、价格便宜、物流成本低、便于控制进货量等。63.73%的实体生鲜店经营者因社区团购客流量大的优势选择与社区团购平台合作，希望以此来增加营业额，弥补自身客流有限的缺点。52%的经营者因社区团购物流成本低的优势选择与社区团购平台合作，社区团购都是为周围社区的居民服务，距离较近，而且可以集中配送，很大程度上降低了物流成本。另外，由于社区团购平台上的商品价格比实体生鲜店便宜，许多消费者会在需要商品时直接在社区团购平台上下单。因此，实体生鲜店经营者可以根据社区团购平台订单量来控制进货量，有效减少商品滞销情况的发生，减少损失。出于这一原因与社区团购平台合作的实体生鲜店经营者占比为43.30%。只有0.52%的实体生鲜店经营者是因为其他原因而选择与社区团购平台合作。由此可见，成本与流量是影响实体生鲜店经营者是否开展社区团购业务的主要原因。

5. 文本挖掘

"词云"就是对文本中出现频率较高的"关键词"予以视觉上的突出，形成"关键词云层"或"关键词渲染"，从而过滤掉大量的文本信息，使浏览网页者只要一眼扫过文本就可以领略文本的主旨。运用词云可以得到出现次数多的建议和对策，从而可以达到反映大多数人"心声"的目的。

我们通过深度访谈挖掘出问卷调查难以调查出的信息，一是更好地了解消费者的需求，二是了解被调查者对社区团购未来前景的看法。我们将深度访谈结果进行整理，分别制作消费者需求（见图12）和消费者对社区团购未来前景的看法词云图（见图13）。

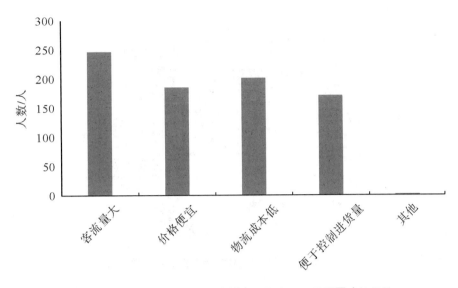

图 11　与平台合作过的实体生鲜店经营者认为社区团购的优势

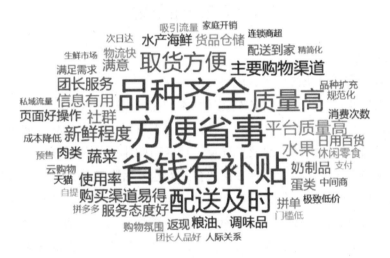

图 12　消费者需求词云图

　　从图 12 可以看出，消费者认为社区团购最大的优势是方便省事，其次是品种齐全、省钱有补贴。消费者最常买的物品为水果，其次是奶制品、粮油以及调味品。消费者最看重产品的新鲜程度，消费者最希望的是价格便宜、经济实惠。

　　从图 13 可以看出，消费者对社区团购的前景预测最多的是光明，即认为社区团购是存在较大提升空间的，市场规模是可以覆盖更广泛的。大部分消费者都很看好社区团购发展，实体生鲜店经营者表示将会与社区团购平台进行合作。结合以上分析可知，消费者认为社区团购是可以继续开发的，前景光明。但是为了更好地满足用户需求、占据更大的市场份额，社区团购还有很多需要提升的地方，如解决信息外泄问题、维权问题、困难问题等。

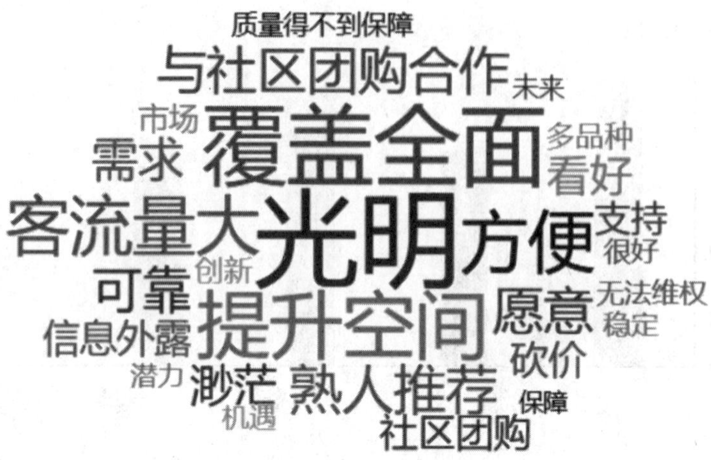

图13 消费者对社区团购未来前景的看法词云图

六、调查结论及建议

（一）调查结论

1. 社区团购与实体生鲜店各有优势

本次调查发现，社区团购与实体生鲜店各有优势。就社区团购而言，2020年新冠疫情的暴发以及人们防疫的需要，消费者在线上下单购买生鲜产品的需求及频率大幅增加，为社区团购提供了良好的发展环境。社区团购作为一种依托互联网，线上线下结合的新型购物方式，其本身具有方便快捷、配送及时等优势，给消费者提供了极大的便利。同时，社区团购平台对消费者提供补贴的策略是其一大亮点，吸引了很大一部分消费者。与消费者经常接触的"团长"发挥带货能力，与消费者多互动，更能建立稳定的客户关系。就实体生鲜店而言，实体生鲜店打造场景式的体验，相对于线上文字、图片空洞式的描述，场景式体验无疑是其一大亮点。对于无法使用智能产品的消费者而言，线下购物是他们普遍的选择。由此可以看出，实体生鲜店针对的消费者更多是时间充裕、不擅长使用智能产品的中老年人。实体生鲜店若是能将商品新鲜、方便砍价、退换货方便、不涉及消费者隐私等优势显现出来，同时注意与顾客的互动，多关心消费者的售后感受，表现店铺的"温情"，消费者自然更愿意选择实体生鲜店进行消费。

2. 对实体生鲜店造成一定的渠道分流

社区团购作为一种新型的生鲜产品购买方式，它的出现势必对实体生鲜店造成一定的渠道分流。在本次接受调查的消费者中，有六成以上的消费者因跟风尝试、熟人推荐、充分了解等不同原因体验过社区团购。结合调查数据可以发现，在体验过社区团购的消费者中，有很大一部分消费者感受到了社区团购的优势，享受社区团购带来的便利，选择将社区团购作为自己购买生鲜产品的一种常用方式。更有一部分消费者成为社区团购的忠实用户，他们表示，即使社区团购平台后期取消了对消费者进行补贴这一优惠策略，他们依旧会选择使用社区团购来购买生鲜产品。由此可见，社区团购的出现给消费者提供了新的生鲜产品购买方式，部分消费者在社区团购与实体生鲜店的比较之下选择了社区团购，减少了去实体店购买生鲜产品的频率。因此，社区团购对实体生鲜店造成了一定的经营风险。

3. 对实体生鲜店的经营策略产生较大影响

自社区团购出现和发展以来，大多数实体生鲜店都遇到了客流量减少、销售额降低等问题。面对这些问题，实体生鲜店经营者积极改变经营策略，争取获得更多的收益。

（1）弥补自身劣势。实体生鲜店最大的痛点便是顾客黏性不够高，平时实体生鲜店的顾客来源大多是周边的居民或经过的路人，一旦顾客因其他生鲜店降价优惠，许多顾客会因节省开支而选择其他实体生鲜店。这样一来，实体生鲜店的顾客来源并不稳定。实体生鲜店经营者可以打造自己的私域流量，通过开设自媒体平台进行宣传推广，加深实体生鲜店在消费者心中的印象；做好实体生鲜店的体验服务、售后服务，给消费者留下良好的印象，邀请消费者一起进行推广活动。另外，实体生鲜店经营者可以利用小程序开启线上下单业务，开发一个简单的微信小程序，将商品链接放在小程序中，让顾客可以通过线上渠道购买商品。

（2）与社区团购平台合作。针对有配送需求的顾客，实体生鲜店经营者寻求能够覆盖周边 3 000 米左右的配送第三方。在此次调查中，我们发现使用社区团购平台的被调查对象基本上是 20~40 岁的年轻人，年轻人对社区团购的便利性有着独特的喜爱。实体生鲜店经营者通过与社区团购平台合作能很好地实现线下实体生鲜店向线上布局，将私域流量池中的流量变现，发展新零售。

（3）打造个性门店，满足消费者多元化需求。实体生鲜店可以根据主要消费者的特征，了解他们的消费倾向，有效布局商品，吸引消费者眼球，激发消费者的好奇心，丰富产品种类，满足消费者多元化需求。此外，实体生鲜店可以打造温馨式场景，让消费者的拥有更好的购物体验。

4. 实体店与社区团购合作已成为一种趋势

调查发现，54%的消费者即便在社区团购平台没有补贴的情况下依旧会选择继续使用社区团购。在实体生鲜店经营者方面，曾经没有与社区团购平台合作过的商家中，33.3%的商家有意向与社区团购平台合作；与社区团购合作过的商家中，56.9%的商家表示还会与社区团购平台合作。由此可见，这种线上加线下的运作形式已被众多实体生鲜店经营者认可，未来实体生鲜店与社区团购有很大可能的融合。

社区团购站点设置在社区周边，社区内的居民能够到店消费，切身感受店内生鲜产品的新鲜程度、价格合理度、店员服务质量等，对实体店有所了解。通过对实体店的了解，用户对其线上电商平台中的产品也会有所认知，有助于打消用户线上购买产品时担心产品不新鲜、图片与实物不符、价格缺斤少两的疑虑，推动用户线上下单。

居民在线上下单，当天便可以实现送货上门。如果遇到特殊情况需要退换货，实体生鲜店也可以重新调配，将生鲜产品送给用户。线上线下的配合能够及时做好售后服务，防止客户流失。

（二）促进社区团购与实体生鲜店发展的建议

1. 对社区团购发展的建议

（1）政府应加大对平台的监管力度。通过调查，社区团购的补贴政策的确吸引了很多的消费者，但各大平台之间打价格战也留下了"后遗症"。各大社区团购平台为了吸引消费者不断降低商品价格，甚至不惜进行恶意竞争。还有的社区团购平台的合作方因不愿薄利出售，做出了缺斤少两等欺骗消费者的行为。这样下去势必会导致该模式走向灭亡。因此，政府相关部门要在政策上鼓励与规范并行，加大政策引导、支持和保障力度，积极鼓励社区团购平台进行创新创造、加强社区团购品质保障，对违反法律法规的平台与商家进行惩罚和限制，保护消费者的合法权益。

（2）做好消费者隐私保护。在消费者不愿意选择社区团购的理由中，害怕隐私泄露占比高达 50%。由此可以看出，平台对消费者隐私的保护并不完善。社区团购平台要完善平台规则，搭建透明、真实的社区团购平台。社区团购平台对消费者数据、个人信息要做到妥善管理和严格保密，在登录社区团购平台的网页和支付网页中都可以设置密码保护功能，以此来保护消费者隐私。另外，团长是消费者日常接触人员，社区团购平台一定要严格掌握团长信息，加强对团长的管理，确保对经手人的管理有效。

（3）明确社区团购平台主体责任。在面对退换货、维护自身权益的时候，消费者只能通过社区团购平台或团长来解决问题。线上退换货申请程序相对于实体店退换货更为繁琐，如果再加上社区团购平台和团长相互推卸责任，没解决好售后问题，无疑会导致消费者流失。因此，社区团购平台和团长应明确各自的责任。社区团购平台存在门槛低，无资金流动压力、库存压力等问题，在一定程度上导致行业发展混乱，相关部门应该进行整顿。社区团购平台应该制定相关规则，将规则明确化、公开化，设置多渠道的售后服务，提高售后服务效率。

2. 对实体生鲜店发展的相关建议

前文已经提及实体生鲜店并不是社区团购平台长远发展的合作对象。实体生鲜店极有可能被社区团购平台抛弃，因此实体生鲜店经营者应该抓住本质——留住顾客。

（1）严控品质，保证质量。自身的品质保障问题是实体生鲜店必须考虑的问题。在消费者心中，质量是决定是否购买产品的关键因素。实体生鲜店经营者应以品质保障为第一原则，从源头把控品质，及时了解生产厂商和产品的信息，必要时实体生鲜店经营者可以直接去往种植基地或与农户直接对接，快速了解产品质量，剔除不合格产品。同时，实体生鲜店经营者要确保商品的新鲜程度。实体生鲜店经营者可以根据消费者的消费习惯，提前预设购买数量，严格把控进货数量，坚持做到"头天在田间地头现摘，次日在门店销售"。这样，品质和新鲜度就可以得到双重保障。

（2）模式升级，线上线下融合。只有将线上的效率和线下的服务体验完美结合，实体生鲜店才能更好地生存和发展。实体生鲜店如果可以与线上的多个场景融合，就不会存在客流量的局限。实体生鲜店在线下可以获客，在线上也可以获客，通过社交平台可以获客，通过直播也可以获客。我们在消费者首次接触社区团购的渠道调查中发现，熟人推荐占比不低。实体生鲜店可以利用熟人之间"打广告"，拉亲朋好友一起消费享受打折优惠的策略，扩展宣传覆盖范围。实体生鲜店应线上线下两手抓，线下完善服务，线上拓宽渠道，实现模式升级。

（3）场景服务，打造个性门店。场景式体验是线上门店难以实现的"痛点"，冷冰冰的文字和图片无法消除消费者对商品缺斤少两、品质无法得到保障的担忧。相反，线下的实体生鲜店经营者可以利用这点发挥自身的优势，并且还可以通过分类整理，构造场景式消费，让消费者享受场景式体验。例如，卖海鲜的实体生鲜店可以开设厨房式场景，并开设制作海鲜食品服务；设置休息室，让消费者买完海鲜后，在等待服务人员将海鲜做成菜肴的过程中，可以与其他消费者在休息室进行闲聊、办公。这样的场景能让消费者感受到一站式服务的方便快捷，同时与志同道合的消费者们一起闲聊、办公也能增强顾客黏性。

附件：调查问卷

社区团购对实体生鲜店影响的调查分析

您好，我们是重庆工商大学的学生。为了调查，我们设计了本问卷，希望您能帮忙填写本问卷。本问卷不会泄漏您的隐私，仅用于科研，请放心填写。

1. 您的性别 ［单选题］

　　A. 男

　　B. 女

2. 您的年龄 ［单选题］

　　A. 20 岁及以下

　　B. 21～30 岁

　　C. 31～40 岁

　　D. 41～50 岁

　　E. 51～60 岁

　　F. 60 岁以上

3. 您的居住地位于 ［填空题］

4. 您的身份是 [单选题]

    A. 实体生鲜店经营者

    B. 消费者

5. 您是否与社区团购平台合作过 [单选题]

    A. 是

    B. 否

（第 4 题第 1 个选项）

6. 您的生鲜店位于什么地段 [单选题]

    A. 繁华地段

    B. 偏远地段

（依赖于第 4 题第 1 个选项）

7. 您认为您的优势是什么 [多选题]

    A. 品质保证、菜品新鲜

    B. 不涉及信息外漏

    C. 维权方便

    D. 方便砍价

    E. 退换货方便

    F. 其他

（依赖于第 4 题第 1 个选项）

8. 您认为社区团购的优势是什么 [多选题]

    A. 客流量大

    B. 价格便宜

    C. 物流成本低

    D. 通过预售来控制进货

    E. 其他

（依赖于第 4 题第 1 个选项）

9. 社区团购问世以来，顾客人数的减少程度 [单选题]

    A. 很大幅度

    B. 一般

    C. 没什么影响

（依赖于第 4 题第 1 个选项，第 5 题第 2 个选项）

10. 社区团购和实体店顾客大致占比 [比重题]

社区团购＿＿＿＿＿＿＿＿＿＿＿＿＿＿＿＿＿＿＿

实体店＿＿＿＿＿＿＿＿＿＿＿＿＿＿＿＿＿＿＿＿

（提示：请填入数字，总和必须等于100%）

（依赖于第 5 题第 1 个选项）

11. 顾客在社区团购中一般选择何种商品 [多选题]

　　A. 蔬菜

　　B. 水果

　　C. 肉类

　　D. 蛋类奶制品

　　E. 水产海鲜

　　F. 其他

(依赖于第 5 题第 1 个选项)

12. 您认为社区团购未来有可能会替代实体生鲜店的存在吗 [单选题]

　　A. 会

　　B. 不会

　　C. 不确定

(依赖于第 4 题第 1 个选项)

13. 您考虑以后如何经营实体生鲜店 [单选题]

　　A. 缩小经营规模

　　B. 转型优化

　　C. 与社区团购平台合作

　　D. 照常营业

(依赖于第 5 题第 2 个选项)

14. 您以后还会长期与社区团购平台合作吗 [单选题]

　　A. 会

　　B. 不会

　　C. 不确定

(依赖于第 5 题第 1 个选项)

15. 您是否进行过社区团购 [单选题]

　　A. 是

　　B. 否

(依赖于第 4 题第 2 个选项)

16. 您认为社区团购的质量可靠吗 [单选题]

　　A. 可靠

　　B. 不可靠

　　C. 不确定

(依赖于第 4 题第 2 个选项, 第 15 题第 1 个选项)

17. 您一年内选择社区团购的频率 [单选题]

　　A. 经常

    B. 偶尔

    C. 很少

（依赖于第4题第2个选项，第15题第1个选项）

18. 选择社区团购，您是充分了解了它的运营机制才做的决定吗［单选题］

    A. 跟风

    B. 充分了解

    C. 熟人推荐

    D. 其他

（依赖于第4题第2个选项，第15题第1个选项）

19. 选择社区团购，给您带来的好处［多选题］

    A. 省钱有补贴

    B. 方便快捷

    C. 新鲜程度

    D. 及时配送

    E. 其他

（依赖于第4题第2个选项，第15题第1个选项）

20. 如果社区团购平台没有补贴，您是否还会继续选择社区团购［单选题］

    A. 是

    B. 否

（依赖于第19题第1个选项）

21. 如果进行社区团购，您更愿意购买的生鲜产品是［多选题］

    A. 蔬菜

    B. 水果

    C. 肉类

    D. 蛋类

    E. 奶制品

    F. 水产海鲜

    G. 其他

（依赖于第4题第2个选项，第15题第1个选项）

22. 您单次在社区团购中消费的价格［单选题］

    A. 0~50元

    B. 51~100元

    C. 101~150元

    D. 151~200元

    E. 201~250元

F. 251~300 元

G. 301~350 元

H. 351~400 元

I. 400 元以上

（依赖于第 4 题第 2 个选项，第 15 题第 1 个选项）

23. 了解到社区团购的运行之后，您是否愿意继续社区团购呢 [单选题]

A. 愿意

B. 不愿意

（依赖于第 4 题第 2 个选项，第 15 题第 2 个选项）

24. 您愿意选择社区团购的理由是 [多选题]

A. 省钱有补贴

B. 配送及时

C. 方便省事

E. 其他

（依赖于第 4 题第 2 个选项，第 15 题第 2 个选项，第 23 题第 1 个选项）

25. 如果社区团购平台没有补贴，您是否还会选择社区团购 [单选题]

A. 是

B. 否

（依赖于第 24 题第 1 个选项）

26. 您愿意社区团购的物品是什么 [多选题]

A. 蔬菜

B. 水果

C. 肉类

D. 蛋类

E. 奶制品

F. 水产海鲜

G. 其他

（依赖于第 4 题第 2 个选项，第 15 题第 2 个选项，第 23 题第 1 个选项）

27. 您不愿意选择社区团购的理由是 [多选题]

A. 质量无法得到保证

B. 不会使用

C. 无法维权

D. 害怕信息泄漏

E. 其他

（依赖于第 4 题第 2 个选项，第 15 题第 2 个选项，第 23 题第 2 个选项）

28. 您认为社区团购的前景怎样［单选题］

   A. 前途光明

   B. 前途渺茫

   C. 有很大提升空间

参考文献

[1] 吴星. 新零售竞争下社区团购模式市场竞争力分析［J］. 中国经贸导刊，2019（7）：80-82.

[2] 严峻. 浅谈社区团购新零售模式发展的若干思考［J］. 商场现代化，2019（8）：25-26.

[3] 任慧媛. "社区团购"正在重演"百团大战"［J］. 中外管理，2019（1）：101-103.

[4] 丁毓. 社区团购"引爆"新零售［J］. 上海信息化，2019（1）：74-77.

[5] 潘达. 正在崛起的社区团购［J］. 上海信息化，2019（2）：21-25.

[6] 启明. 电商新趋势：社区团购来了［J］. 中国质量万里行，2018（11）：40-42.

[7] 袁海涛. 社群新零售：刺穿企业发展瓶颈的尖刀［J］. 销售与市场，2019（7）：54-57.

[8] 安赛. 打好线下门店和线上电商"配合战"［J］. 中国合作经济. 2021（3）：47-48.

[9] 周艺池，王俊杰，柯宜龙，等. 基于某零售生鲜店对新零售模式的发展的分析及建议［J］. 市场周刊，2019（10）：71-72.

[10] 段围围. 实体生鲜店在开展新零售的策略演剧［J］. 现代营销，2021（6）：147-148.

[11] 关善荃，林巧华，徐乐乐，等. 互联网巨头携资本搅局社区团购对实体商业的影响研究［J］商业经济，2021（7）：55-56.

[12] 宏伟. 社区团购规范化发展研究［J］. 品牌与标准化，2021（5）：95-97.

指导老师：刘瑜

关于生鲜农产品购买渠道影响因素的调研报告

李敏　罗敏　吴越　李佩洁　冯梦妮

（重庆工商大学经济学院贸易经济专业，2020级）

摘　要：近年来，随着我国居民收入水平的提高，我国居民对生鲜农产品的消费量不断上涨，生鲜农产品已经成为日常生活中的高频刚需产品，在零售消费市场中占据重要的地位。我国生鲜农产品市场处于快速发展期，市场需求逐步增大，新冠疫情的影响、互联网和物流的发展、生鲜农产品电商运输链的完善，给调研生鲜农产品购买渠道影响因素又增加了新的方向。我们的调研旨在了解消费者的需求，为当下生鲜农产品市场提供建议，推动不断优化市场管理，助力充分满足消费者的需求。我们针对不同年龄段、不同学历、不同收入、不同地区的消费者进行生鲜农产品购买渠道的调查，以此满足调研的多样性和全面性，主要目的是了解消费者对购买生鲜农产品的渠道和看法、影响消费者生鲜农产品购买渠道的因素以及消费者对未来生鲜农产品购买渠道发展趋势的看法和愿景。调研实施的时间为2022年7月5日至9月5日，我们发放生鲜农产品购买渠道的影响因素的调查问卷220份，收回183份，经整理获得有效问卷183份，回收率为83.18%，有效率为100%。我们对正式调查数据进行预处理，信效度检验结果显示问卷数据可靠性良好，具有可参考性。被调查群体的基本信息运用饼状图、柱形图等形式进行简单刻画。我们对个人因素、产品属性、附加产品、新冠疫情影响四个维度进行交叉分析等描述统计分析，并对其中个人因素板块做了二元 Logistic 回归分析和 H-L 检验。在现象分析过程中，我们发现了存在渠道迁徙现象，于是分别对产品结构变化和消费者青睐模式做了趋势分析。调查发现：第一，各类生鲜电商发展迅猛，传统购买渠道仍不容忽视；第二，家庭月收入越高的人群，购买生鲜农产品的渠道越多元化；第三，购买生鲜农产品的影响因素多样，其中价格因素至关重要；第四，消费价值正向作用于生鲜家农产品的购买。调查建议如下：第一，从售价下手，降低售价，薄利多销；第二，关注便利度，合理选址，方便购买；第三，优化商品陈列，增强用户体验；第四，提供优质产品，树立良好口碑。

关键词：生鲜农产品；调查研究；渠道分析；消费者意愿

一、引言

(一)研究背景及意义

每个不同渠道的购买方式都有自己的优点和缺点。新冠疫情暴发,居民购物渠道受到了影响。我国生鲜农产品的购买渠道主要有超市、农贸市场、路边摊贩、网购和社区团购。随着"互联网+"时代的到来,传统生鲜农产品的购买渠道超市、农贸市场和路边摊贩都受到冲击。生鲜农产品的电商渠道发展迅猛,但传统生鲜农产品的购买渠道真的前途堪忧吗?2019年5月10日,中国经济社会大数据研究平台招商证券的统计揭开这一谜底。电商生鲜农产品网购和社区团购等仅占生鲜农产品购买渠道3%。传统农贸市场是我国居民购买生鲜农产品的主要渠道,占比高达73%;第二大渠道是超市,占比为22%;其他渠道占比为2%。但随着互联网和物流的发展以及生鲜农产品电商运输链的完善,电商模式的生鲜农产品购买渠道发展潜力巨大,传统商家的优势减少。

超市逐渐升级,结合"互联网+"发展配送业务。这使超市更加具有竞争力。受到新冠疫情的影响,2020年,生鲜农产品电商、门店到家等在线零售业发展迅速。超市、农贸市场、路边摊贩的购买主力军是中年人和老年人,而网购和社区团购的购买主力军是青年人。传统生鲜农产品的购买渠道依旧是生鲜农产品购买的主要渠道,是生鲜农产品电商最主要的竞争对手。生鲜农产品具有丰富的营养价值,富含高蛋白、钙质、铁质和多种微量矿物质,对人体的代谢及生理功能调节有积极作用,经济价值较高。近年来,随着我国居民收入水平的不断提高,居民对生鲜农产品的消费量也不断上涨,生鲜农产品已经成为日常生活中的高频刚需产品,在零售市场中占据重要地位。购买渠道作为消费者购买生鲜农产品的重要一环,调研其影响因素具有重要意义。

消费者生鲜农产品购买渠道的影响因素是消费者不断在出现却被经常忽视的问题。消费者消费生鲜农产品的种类有哪些?周消费频数及次消费费用有多高?通常有哪些购买渠道?哪种渠道更受消费者的青睐?消费者的性别、年龄、受教育程度、月收入水平是否会对消费者选择购买渠道产生影响?如果会,其影响有何差别?消费者关于产品各属性的关注度对渠道选择有什么影响?服务特性对生鲜购买渠道选择有什么影响?随着消费的转型升级,消费者在购买渠道选择上的未来倾向有什么?

我们通过调研解决上述问题有重要意义。我国生鲜农产品市场处于快速发展期,市场需求会逐步增大,新冠疫情的影响、互联网和物流的发展、生鲜农产品电商运输链的完善,给调研生鲜农产品的购买渠道的影响因素又增加了新的方向。我们的调研旨在了解消费者的需求,为当下生鲜农产品市场提供建议,推动不断优化市场管理,助力充分满足消费者的需求。

（二）生鲜农产品行业 PEST 分析

1. 政治环境（P）

作为农业大国，我国极其重视农业发展，出台了一系列相关法律法规来进一步规范农产品市场。2016 年，《中共中央 国务院关于深入推进农业供给侧结构性改革加快培育农业农村发展新动能的若干意见》出台。2017 年，《商务部 中国农业发展银行关于共同推进农产品和农村市场体系建设的通知》出台。2020 年，国家发展和改革委员会积极会同有关方面出台了《关于进一步优化发展环境促进生鲜农产品流通的实施意见》，围绕农产品流通企业发展过程中遇到的问题，提出具体应对措施。2021 年出台的《"十四五"电子商务发展规划》指出，到 2035 年，电子商务成为我国经济实力、科技实力和综合国力大幅跃升的重要驱动力。商务部等部门长期将生鲜农产品流通居于重要地位，不断探索新的流通模式，将全国所有收费公路纳入鲜活农产品运输绿色通道网络范围，对整车合法装载运输鲜活农产品车辆免收通行费，逐步减免生鲜农产品流通增值税，把生鲜农产品流通设施纳入公益性流通设施进行财政支持。国家政策环境促进了生鲜农产品行业的发展，构建了更为完善的协同管理体系，促进线下经济与线上经济的共同发展，为生鲜农产品行业发展提供了良好的发展环境。

2. 经济因素（E）

随着中国经济的高速发展，中国居民人均可支配收入不断提升。居民的消费能力也随之提升，极大促进了生鲜农产品市场的发展。未来"互联网+"的形态进一步加强，中国网络购物有望迎来更大的发展空间。

3. 社会因素（S）

受新冠疫情影响，2020 年中国网络购物用户规模快速增长。截至 2021 年 6 月底，中国网络购物用户已达 78 241 万人，其中手机网络购物用户达 78 058 万人。庞大的用户群体为中国网络购物行业的发展提供了扎实的基础。近年来，中国网络购物用户规模占网民规模的比例逐年上升，未来仍有较大的增长空间。新零售提升消费体验、吸引消费，新零售电商模式的生鲜农产品购买渠道发展潜力巨大，传统商家的优势减少。

4. 技术因素（T）

随着移动互联网的兴起和智能终端的普及，近年来中国互联网普及率逐年攀升。截至 2021 年 6 月底，中国互联网普及率达 71.60%。随着信息技术的发展与经济的繁荣，网络购物已经成为人们日常生活中的重要组成部分。未来"互联网+"的形态进一步加强，中国网络购物有望迎来更大的发展空间。近年来，中国网络带宽速率不断提升，完善的基础设施遍布全国各地，网络购物越来越方便和快捷，为网络购物行业的发展奠基了技术优势。物流行业在网络购物中发挥着重要作用。2020 年，中国物流行业总收入达 10.5 万亿元，较 2019 年增加了 0.20 万亿元，同比增长 1.94%。物流是网络购物产业链中的重要一环，物流行业的高速发展为网络购物市场的迅速膨胀提供了有力支撑。大数据、自动化、人工智能的运用，节省企业成本，提高运营效率；物联网科技、冷链物流的发展在加快产品标准化进程的同时，解决了产品储存保鲜问题，降低了成本，增加了利润。

二、文献综述

张均涛、李春成、李崇光（2008）在《消费经历对顾客满意感影响程度研究：基于武汉市生鲜农产品的实证研究》中利用因子分析、多元线性回归分析等方法，对武汉市生鲜超市消费者调查所得数据进行实证分析。靳涛（2013）在《基于线索理论的生鲜农产品购买渠道选择研究》中通过 Logistic 回归模型验证影响显著性，主要站在超市和农贸市场的角度展开对消费者购买渠道选择行为的研究。李曼（2017）在《生鲜农产品供应链内在矛盾及其优化途径》中针对一系列矛盾与问题，结合生鲜农产品的状况，循序渐进推进生鲜农产品供应链的优化发展。王正方（2017）在《消费者生鲜蔬菜购买渠道选择影响因素研究》中基于以往消费者行为和多渠道选择的研究对消费者生鲜蔬菜购买终端渠道的选择问题进行了研究。崔慧超（2018）在《消费者购买生鲜苹果从线下到线上迁徙意愿研究》中针对研究发现的问题对相关企业提出了有针对性建议。杨晓娜、李玉峰、范丹丹（2021）在《基于消费者感知价值的生鲜农产品渠道选择策略》中基于感知价值理论，综合考虑感知得和感知利失，结合生鲜农产品的特点，构建感知价值函数模型，研究消费者线上线下渠道选择行为。张润卓（2022）在《农产品冷链绿色物流发展的影响因素研究》中根据农产品冷链绿色物流的重要性，明确影响绿色物流发展的主要因素。胡秀利（2022）在《消费价值理论框架下消费者绿色购买行为影响机制研究》中从消费者购买绿色产品时消费价值和感知风险的权衡角度出发，挖掘消费者绿色购买行为的重要影响因素。李晴、王宇平、张倩（2022）在《我国生鲜果蔬电子商务模式发展研究》中提出，可以通过提高生鲜果蔬产品质量和标准化程度、推动冷链物流发展、强化基础设施建设、建设专业人才队伍等措施优化生鲜果蔬电子商务的发展。袁妍霞（2022）在《疫情时期生鲜电商商业模式创新思考》中以叮咚买菜为研究对象，通过对其商业模式的分析以及模式创新的研究，总结模式创新中的特点，并对生鲜电商发展提出建议。卞纪兰、单尧（2022）在《消费者对生鲜农产品购买渠道选择的影响因素研究》中围绕购买渠道、消费者个人、购买产品的属性和消费情景四个方面来分析消费者购买生鲜农产品渠道选择的影响因素，提出生鲜农产品渠道发展的对策建议。王建华、布玉婷、王舒（2022）在《消费者生鲜农产品购买渠道迁徙意愿及其影响机理》中基于对江苏省四个城市的调研数据，构建以偏最小二乘法为基础路径的结构方程模型，探究消费者因素、产品特征以及渠道特征因素对消费者移动线上渠道迁徙意愿的影响效果。

农产品问题一直备受关注，近年来生鲜农产品的购买渠道同样是关注的焦点。随着"农改超"政策的不断推进及生鲜电商的大力发展，消费者可以选择的生鲜农产品的购买渠道越来越多，由原来的农贸市场、早市摊贩到现在的超市、社区便利店、电商平台并存发展，我国生鲜农产品渠道终端的结构不断变化，各渠道终端的竞争也更加激烈。与此同时，国内经济正保持着稳步增长，人们的生活质量水平不断提高，消费理念随之不断改变，城市居民对生鲜农产品的需求量越来越大。但由于生鲜农产品的特殊性，各渠道既要满足消费者的购买需求又要保证生鲜农产品的品质，这对各渠道的发展提出了挑战。自新冠疫情发生以来，政府实施多种举措保证生鲜农产品的质量与供应，居民购买生鲜农产品的渠道呈现出多元化趋势。自新冠疫情过后，线上消费的快速发展给生鲜电商带来机遇。消费者的消费习惯发生变化对生鲜电商的商业模式提出了新的要求。

三、研究思路与调查设计

（一）研究思路

本文的研究思路框架如图 1 所示。

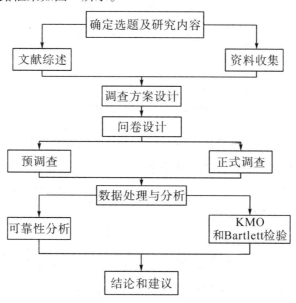

图 1　研究思路框架

（二）调查方案设计

1. 调查目的

我们针对不同年龄段、不同学历、不同收入、不同地区的消费者进行生鲜农产品购买渠道的调查，以此满足调查的多样性和全面性，主要目的是了解消费者对购买生鲜农产品的渠道和看法、影响消费者生鲜农产品购买渠道的因素以及消费者对未来生鲜农产品购买渠道发展趋势的看法和愿景。

2. 希斯—纽曼—格罗斯（Sheth-Newman-Gross）消费价值模型简介

本次调查问卷以 Sheth-Newman-Gross 消费价值模型（见图 2）为基础。根据胡秀利的研究，消费价值对购买行为的研究在各个行业和不同文化价值观下都可以得到相应的证明，消费价值模型和影响消费者购买的因素息息相关。希斯（Sheth）、纽曼（Newman）和格罗斯（Gross）在 1991 年提出的以价值为基础，评价消费行为模式。他们认为，产品为顾客提供了五种价值，提出五种消费价值来解释消费者在面临某一商品时选择购买或不购买、选择这个产品而不是另一个产品、选择这个品牌而不是另一个品牌的原因。我们所研究的生鲜农产品的购买渠道和看法、影响消费者生鲜农产品购买渠道的因素以及消费者对未来生鲜农产品购买渠道发展趋势的看法，可以用 Sheth-Newman-Gross 消费价值模型来进行有效分析。

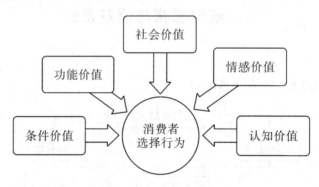

图 2　Sheth-Newman-Gross 消费价值模型

3. 希斯—纽曼—格罗斯（Sheth-Newman-Gross）消费价值模型介入问卷

消费价值可以从多个维度影响研究结论，我们通过消费价值模型识别消费者对便利度的关注度（情感价值）、选择社区团购的原因（社会价值）、线下购买生鲜农产品情况（功能价值）、了解到的生鲜购买农产品渠道类型（认知价值）、疫情期间更喜欢使用哪些购买渠道（条件价值）。

由于我们的调查方式是通过发放问卷实现的，通过样本数据得出本次调查的结论，需要样本数据对调查问题有较高的贴合度，因此问卷问题设置显得格外重要。我们将消费价值模型运用到问卷问题设置中，以 Sheth-Newman-Gross 消费价值模型为理论基础设置问卷问题，全面考虑五个价值，分析影响消费者购买生鲜农产品渠道的影响因素。

4. 抽样方案

本次调查主要面对经常购买生鲜农产品的消费者，调查采用了多个抽样方式。首先，我们采用了分层抽样的方式将人群分为学生群体和社会群体；其次，我们在已经分层的情况下，不对总体采用任何分组、排序，采用直接抽取的抽样方法。当我们对社会群体进行抽样时，因为所能抽取的社会群体总体数量较少，所以直接采用了简单随机抽样的方法，这样使得样本更具丰富性，得出更加准确的调研结果。在确定好抽样方法后，我们在问卷星上进行了问卷设置并发放，得到初始样本数据。

5. 问卷设计

在设置问卷之前，我们采访了身边经常购买生鲜农产品的年轻女性一人，经常购买生鲜农产品的大学生和研究生各一人以及年迈的消费者一人，了解到购买生鲜农产品的主要渠道和方式，影响购买生鲜农产品渠道选择的主要原因。这对问卷问题的设置和答案的设置提供了很大的帮助。为避免固定的答案限定受访者的思维，我们将部分题目设置为多选题且有补充项。考虑到调查样本注重样本数据的有效性和真实性，我们对问卷的题目数量进行了研究，发现设置 10～20 道题的数量不仅可以保证我们所得数据类型的丰富性，还可以有效避免受访者的不耐烦心理，使受访者填写的问卷更具有真实性和有效性，对调查结果影响较小。经过小组讨论及指导老师讨论、研讨，我们确定出最终最具合理性和逻辑性的问卷。

问卷设计框架如图 3 所示。

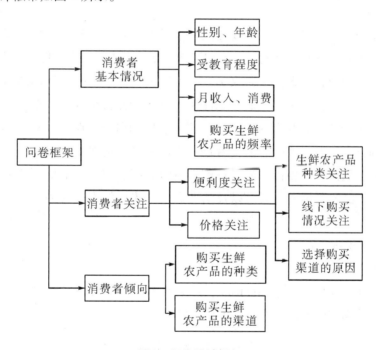

图 3　问卷设计框架

（三）调查实施

1. 调查方法

（1）线上问卷调查方法：通过电子问卷的分发回收，搜集整理数据。

（2）微信、QQ 等各种社交平台调查方法：发放电子问卷，进行线上访谈。

（3）实地访谈：走访经营者和消费者，深入了解农村居民对生鲜农产品购买渠道的看法。

（4）文献调研：查询相关文献资料，对研究内容进行补充。

2. 调研安排

调研安排如表 1 所示。

表 1　调研安排

调研阶段	调研时间	调研内容
准备阶段	2022 年 7 月 5 日至 7 月 22 日	确定主题，小组讨论，制订调查方案，设计问卷
调查数据处理	2022 年 7 月 23 日至 8 月 7 日	问卷的发放与收回，处理数据，数据质量评估
资料整理和归纳	2022 年 8 月 8 日至 8 月 26 日	整理调查资料，分析研究，撰写文本初稿
总结和纠正	2022 年 8 月 27 日至 9 月 5 日	修改调整文本，文本成形打印，提交调研报告

3. 调研情况

数据主要来自重庆市酉阳土家族苗族自治县木叶乡、重庆市涪陵区泽胜温泉城等地居民。我们投放生鲜农产品购买渠道的影响因素的调查问卷 220 份，回收 183 份，经整理获得有效电子问卷 183 份，回收率 83.18%，有效率 100%。我们通过查找相关文献获得可靠资料，对研究对象形成一定印象，有助于充分全面地了解研究的问题，从而完成对生鲜农产品购买渠道的影响因素这一问题的研究。调研针对不同年龄段、不同学历、不同收入、不同地区的消费者进行生鲜农产品购买渠道的调查，以此满足调研的多样性和全面性，主要目的是了解消费者对购买生鲜农产品的渠道和看法、影响消费者生鲜农产品购买渠道的因素以及消费者对未来生鲜农产品购买渠道发展趋势的看法和愿景。

（四）数据预处理

1. 可靠性分析

由表 2 可知，克隆巴赫（Cronbach's）α 系数为 0.864，大于 0.8，说明该生鲜农产品购买渠道的影响因素的样本数据可靠性良好。

表 2　Cronbach's α 系数表

Cronbach's α 系数	项数	样本数
0.864	55	183

2. KMO 和 Bartlett 的检验

由表 3 可知，KMO 值为 0.732，大于 0.7；Bartlett 球形度检验近似卡方值为 3 786.059，自由度为 1 485，显著性为 0.000，水平上呈现显著性，各变量间具有相关性，因子分析有效，说明生鲜农产品购买渠道的影响因素的量表数据适合进行因子分析。

表 3　KMO 和 Bartlett 的检验

KMO 取样适切性量数		0.732
Bartlett 球形度检验	近似卡方	3 786.059
	df	1 485
	P	0.000

四、调研内容

(一) 样本构成

描述统计分析是将研究中所得的数据加以整理、归类、简化或绘制成图表,以此描述和归纳数据的特征及变量之间关系的一种最基本的统计方法。我们运用条形图、饼图等图形简单直接地描述基本情况。我们选择了性别、年龄、受教育程度、家庭月收入四项内容来观察调查样本的人口统计学特征。被调查者的基本特征如表 4 所示。

表 4　被调查者的基本特征

变量	N	mean	min	max	变量的定义
性别	183	1.776	1	2	1=男 2=女
年龄	183	1.874	1	5	1=18 岁及以下,2=19~24 岁,3=25~34 岁,4=35~50 岁,5=51 岁及以上
受教育程度	183	2.760	1	4	1=初中及以下,2=高中,3=本科,4=本科以上
家庭月收入	183	2.678	1	4	1=3 000 元,2=3 001~5 000 元,3=5 001~8 000 元,4=8 000 元以上

样本中家庭月收入在 5 000 元左右;在男女比例方面,女性占比约为 80%,从家庭购买生鲜农产品来看,80% 是女性来决策购买;受访人群年龄较小,家庭构成较为年轻;消费人群受教育水平平均值为本科,符合大众消费人群特点。

1. 性别

为调查生鲜农产品购买渠道的影响因素,被调查者中男性有 41 人,女性有 142 人。被调查者的性别构成如图 4 所示。

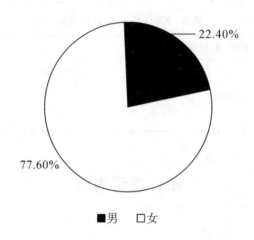

图4　被调查者的性别构成

在回收的 183 份有效样本中，男性有 41 人，占有效样本的 22.40%，约为 1/5；女性有 142 人，占有效样本的 77.60%，约为 4/5。基于以往文献的分析，性别对消费者生鲜农产品的购买决策的影响方向不确定，因此我们在调研过程中也并没有刻意去选择性别。若性别比例相对均衡，会使调查结果更为客观。

2. 年龄

为研究年龄对生鲜购买渠道的影响，我们共发放了 183 份问卷。被调查者的年龄构成如图 5 所示。

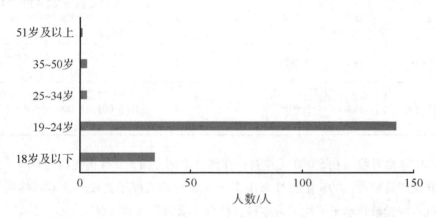

图5　被调查者的年龄构成

研究样本的年龄主要集中在 19 ~ 24 岁，达到了 141 人，占有效样本总人数的 77.05%。18 岁及以下和 25 岁以上的被调查对象较少，合计 42 人，占有效样本总量的 22.95%。原因可能是 18 岁及以下的消费者很少会购买生鲜农产品；受发放问卷者的主要活动圈子较为年轻和现阶段年轻化的小家庭模式的影响，集中在 19 ~ 24 岁的被调查者较多，而 25 ~ 34 岁的被调查者较少。此外，35 岁以上的被调查者较少，可能是因为本次调查数据来自电子问卷调查，很多年龄偏大的消费者较少主动参与问卷调查。由此对样本的年龄结构造成的一定影响只能通过相关文献进行弥补。

3. 受教育程度

受教育程度对消费者的消费行为、消费观念、消费结构、消费方式等方面都有重要影响。为更好地了解受教育程度对消费者生鲜农产品购买的具体影响，我们通过调查问卷的方式，掌握了被调查对象的学历分布情况（见图6）。

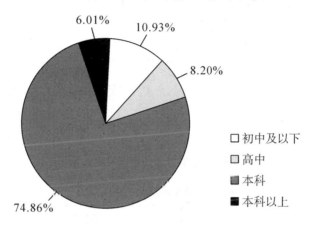

图6　被调查者的受教育程度

调查结果显示，被调查者中初中及以下学历仅 20 人，占样本总数的 10.93%，比例较低。高中学历有 15 人，占样本总数的 8.20%。本科及以上学历的有 148 人，占样本总数的 80.87%。因此，从学历分布情况来看，被调查者受教育程度较高，主要以本科及以上学历为主。

4. 家庭月收入

收入是影响消费者购买决策的关键因素。为了更清晰、更深入地了解消费者的生鲜农产品购买渠道，本次调研收集了被调查对象的收入情况（见图7）。

调查问卷结果显示，被调查对象家庭月收入多在 3 001 元以上，超过 3 001 元的人数累计有 161 人，占总人数的 87.98%。被调查对象家庭月收入在 3 000 元及以下的占比为 12.02%。

（二）消费者生鲜农产品购买行为现状分析

1. 被调查者的购买渠道

在本次调研中，我们主要选取"路边摊贩""农贸市场""超市""网购""社区团购"五种较为主流的购买渠道进行研究，分别计算了各种购买渠道的占比（见表5）以此来对被调查者的购买渠道选择有一定的了解。

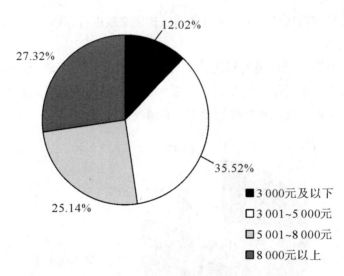

图7　被调查者的家庭月收入

表5　被调查者通常的购买渠道

变量		响应		普及率/%
		个案数/人	响应率/%	
购买渠道	路边摊贩	113	22.6	61.7
	农贸市场	146	29.3	79.8
	超市	150	30.1	82.0
	网购	73	14.6	39.9
	社区团购	17	3.4	9.3
总计		499	100.0	—

注："路边摊贩""农贸市场""超市"为线下购买渠道,"网购""社区团购"为线上购买渠道。响应率是指选择某选项的人数在所有响应(总选择人数)中的比例。普及率是指选择某选项的人数占总人数的百分比。

由表5可知,在被调查的183人中,大部分人表示平时更喜欢在线下实体店购买生鲜农产品,主要是农贸市场和超市两种购物渠道。在普及率分析中,两者的占比分别为79.8%、82.0%。路边摊贩渠道也不可小觑,选择该渠道的人数占总人数的比例为61.7%。喜欢在线上购买生鲜农产品的人占总人数的49.2%,但选择网购渠道和社区团购渠道的响应率仅为18.03%,不足1/5。由此表明,虽然网购平台的发展给人们提供了更多的购买渠道,但就目前来说,绝大部分的乡镇消费者还是会选择去农贸市场或超市等实体店购买生鲜农产品,线上渠道尚有较大的发展空间。

2. 被调查者目前消费的生鲜农产品购买品类

生鲜农产品是指供给消费者食用,未经烹调、制作等深加工,常温下容易腐坏变质的生物有机体产品,主要包括水果、蔬菜、肉制品、水产品、奶制品、蛋类等。随着经济发展,生产力水平提高,消费者可以购买的生鲜农产品更加丰富,同时对生鲜农产品的需求也更加多元化。本次调研调查了消费者对生鲜农产品种类的消费选择（见图8和表6）。

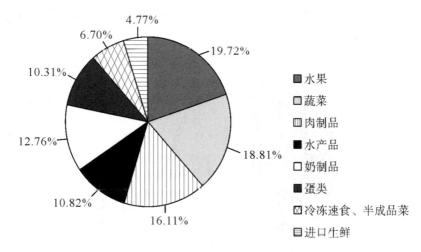

图8　平时更多购买哪些种类的产品

表6　被调查者通常购买的产品

变量		响应		普及率/%
		个案数/人	响应率/%	
产品品类	水果	153	19.7	83.6
	蔬菜	146	18.8	79.8
	肉制品	125	16.1	68.3
	水产品	84	10.8	45.9
	奶制品	99	12.8	54.1
	蛋类	80	10.3	43.7
	冷冻速食、半成品菜	52	6.7	28.4
	进口生鲜	37	4.8	20.2
总计		776	100	—

注：拟合优度检验：$\chi^2 = 72.445$，$p = 0.000$。

蔬菜、水果、肉制品等大众生鲜农产品占被调查者生鲜农产品消费的大头。54.6%的被调查对象选择该类生鲜农产品。水产品消费约占10.8%，奶制品消费约占12.8%，蛋类消费约占10.3%，冷冻速食、半成品菜等消费约占6.7%，进口生鲜消费约占4.8%。

对各个产品品类而言，选择水果的人数占总人数的83.6%，选择蔬菜的人数占总人数的79.8%。换言之，有约八成的被调查者主要购买的生鲜农产品品类是果蔬类。在日常生活中，果蔬类产品已成为居民生活的必需品。

3. 被调查者对生鲜农产品的周消费频数及次消费费用

现阶段，人民生活水平显著提高，消费市场进一步扩大，消费潜力迸发。为了解消费者对生鲜农产品的消费频率，本次调研对生鲜农产品的周消费频数及次消费费用分别进行了调查（见图9、图10）。

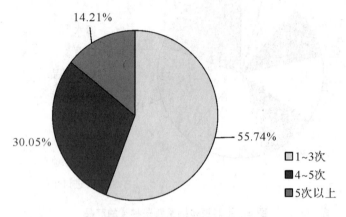

14.21%
30.05%
55.74%

□ 1~3次
■ 4~5次
■ 5次以上

图 9　每周购买生鲜农产品的频数

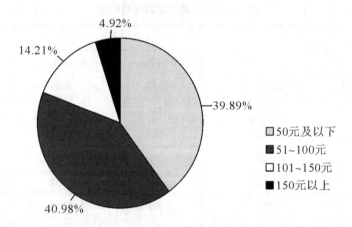

4.92%
14.21%
39.89%
40.98%

□ 50元及以下
■ 51~100元
□ 101~150元
■ 150元以上

图 10　平均每次购买生鲜农产品的费用

在图9中，每周购买生鲜农产品1~3次的被调查对象占比为55.74%，每周购买生鲜农产品3~5次的被调查对象占比为30.05%，每周购买生鲜农产品5次以上的被调查对象占比为14.21%。我们将购买频率5次及以下看作正常的、符合实际的购买频率，则有85.79%的被调查对象处于该区间，表明生鲜农产品已逐渐成为大多数家庭有能力、有必要重复购买的日常必需品。在图10中，平均每次用于购买生鲜农产品的费用在50元及以下的被调查对象占比为39.89%，平均每次用于购买生鲜农产品的费用在51~100元的被调查对象占比为40.98%，平均每次用于购买生鲜农产品的费用在101~150元的被调查对象占比为14.21%，平均每次用于购买生鲜农产品的费用在150元以上的被调查对象占比为4.92%。消费者大多平均每次花费100元及以下就可以购得满足需求的生鲜农产品，生鲜农产品对被调查者来说是较为平价的产品。

作为人们日常生活中的必需品，生鲜农产品具有消费频次高、购买量大、周转速度快的特点，在零售消费市场中占据重要地位。近年来，我国生鲜农产品市场交易规模持续扩大，生鲜农产品行业具有十分广阔的市场前景。

（三）消费者生鲜农产品购买行为影响因素分析

我们将影响因素分为个人因素、产品属性、附加产品三个方面，并探究其对消费者生鲜农产品购买行为的影响。个人因素包括性别、年龄、受教育程度、月收入；产品属性包括产品新鲜度、产品多样性、售卖价格；附加产品包括便利性、购物环境、服务态度、售后服务。除此之外，考虑到新冠疫情也迫使了厂商转型和消费者行为改变，我们将新冠疫情也作为一个特殊的影响因素来探究其对生鲜农产品购买渠道选择的影响。

1. 个人因素对生鲜购买渠道选择的影响

现有的对消费者特征的研究表明，影响消费者购买渠道选择的因素首先包括消费者性别、年龄、受教育程度等基本特征；其次包括消费者的家庭规模和月收入等基本家庭情况（由于购买生鲜农产品最终会用于家庭消费，因此家庭特征会影响购买渠道的选择）；最后是消费者的行为特征，即消费者的消费习惯和消费偏好。消费者会根据对购买商品的满意程度，综合考量是否会对此购买渠道产生依赖度。本次调研因无法有效量化消费者的消费习惯和消费偏好，暂不将消费者的行为特征作为影响因素。

消费者是生鲜农产品的消费主体，其个人因素不仅影响消费者的购买决策，并且也是影响渠道选择的关键。因此，不同消费者会对生鲜农产品的购买有不同的选择与决策，同时对支付的方式和手段也会有不同的喜好。

我们将路边摊贩、农贸市场、超市、网购、社区团购五个购物渠道作为因变量，分别对性别、年龄、受教育程度、月收入四个自变量进行二元 Logistic 回归分析。

霍斯默假设的原假设是观测数据和回归模型拟合状态良好，在路边摊贩、农贸市场、超市、网购、社区团购不同情况下，P 值分别等于 0.662、0.975、0.911、0.723、0.818，均大于 0.05，接受原假设，表明模型与观测数据拟合状态良好（见表 7）。二元 Logistic 回归模型给出的结果能够真实可靠地反映出原始变量的真实关系。

表 7　霍斯默-莱梅肖检验

购物渠道	卡方	自由度	显著性
路边摊贩	5.866	8	0.662
农贸市场	1.681	7	0.975
超市	2.094	6	0.911
网购	3.653	6	0.723
社区团购	3.656	7	0.818

我们将各渠道均同性别、年龄、受教育程度、月收入四个自变量进行二元 Logistic 回归，同时筛选出针对各渠道具有显著性的细分变量（见表8）。女性选择路边摊贩是男性选择路边摊贩的 2.385 倍，女性选择网购渠道是男性选择网购渠道的 2.241 倍，均表现出显著性，说明性别显著影响路边摊贩和网购渠道的选择。对于农贸市场而言，选择该渠道的主要消费者画像关键词是"19~24岁""本科学历"，对于网购而言，主要消费者画像关键词是"19~24岁""女性"，这与受访群体特征有一定关联，是否真实表现出影响还有待商榷。值得注意的是，月收入显著影响了超市渠道的选择，表现为月收入 8 000 元以上的消费者选择超市购买生鲜农产品是月收入 3 000 元及以下的 5.48 倍。

表8 各渠道二元 Logistic 回归结果

购买渠道	自变量	B	标准误差	瓦尔德	自由度	P 值	Exp（B）
路边摊贩	女	0.869	0.383	5.140	1	0.023	2.385
农贸市场	19~24 岁	1.872	0.690	7.356	1	0.007	6.499
	本科	−2.067	0.914	5.120	1	0.024	0.127
超市	8 000 元以上	1.701	0.717	5.630	1	0.018	5.480
网购	女	0.807	0.419	3.717	1	0.045	2.241
	19~24 岁	−1.643	0.675	5.926	1	0.015	0.193

注："社区团购"未表现出显著性，故删除。

2. 产品属性对生鲜购买渠道选择的影响

生鲜农产品自有价值及其自身属性是消费者关注的核心，因此生鲜农产品购买渠道的选择与渠道所提供的生鲜农产品属性直接相关。生鲜农产品刚性需求强，作为一种生活必需品，与人们的生活息息相关，而且具有购买频率高、重复性强的特点，有巨大的市场潜力。

不同于其他产品，生鲜农产品具有易腐易烂、季节性强的特点，对物流、储藏环节有很高的要求，新鲜程度决定了它的价值。因此，新鲜度是消费者购买生鲜农产品首先考虑的因素。

生鲜农产品具有非标准化的特点。同一品种、产地的生鲜农产品也会在口感、大小、形状上存在差异，而且生鲜农产品中的果蔬品的品质十分依赖外部环境，外部环境因素稍有不同，就使得果蔬品个体出现差异。对于生鲜农产品中差异不大的品类来说，如果产品千篇一律，消费者又可能因选择区间小而失去购买欲望。因此，设计了相关问题来研究被调查者对产品多样性的关注程度。

价格是消费市场不变的影响因素，随着社会生产力的不断提升，人们的生活水平不断提高，消费者的消费能力也在增强，或许对价格的关注度也有了一定的变化。为了解乡镇消费者关于以上产品各属性的关注度对渠道选择的影响，我们对产品属性与生鲜购买渠道做了交叉分析（见表9）。

表9 产品属性与生鲜购买渠道交叉分析

项目		路边摊贩/人	农贸市场/人	超市/人	网购/人	社区团购/人	占比/%
产品新鲜度	关注	104	132	138	70	16	92.18
	不关注	9	14	12	3	1	7.82
产品多样性	关注	68	89	95	42	10	60.92
	不关注	45	57	55	31	7	39.08
价格	关注	106	137	141	70	17	94.39
	不关注	7	9	9	3	0	5.61

注："非常关注""比较关注""一般关注"为关注，"不太关注""完全不关注"为不关注。

（1）产品新鲜度。在本次调研过程中，我们做了产品新鲜度与所选择渠道的交叉分析，试图分析产品新鲜度对购买渠道选择的影响程度。92.18%的被调查对象在意产品新鲜度，而在关注产品新鲜度的人群中，大部分选择了路边摊贩、农贸市场、超市等线下渠道。这是因为在意产品新鲜度的消费者往往消费需求是需要及时、尽快满足的，而线下渠道恰好能迅速反应，尽快将产品交到被消费者手中。再者考虑到调查对象为乡镇消费者，网购和社区团购的基础设施和经营模式尚未完善，一定程度上影响了选择结果。

（2）产品多样性。六成以上的被调查者对产品多样性都十分关注，特别是选择超市这种生鲜购买渠道的消费者。这表明，随着生活水平的提高，人们的消费品种也更趋多元化。我们也应看到，超市作为集合各品种、各品类，为顾客带来方便的综合卖场，为满足目标顾客的需求，产品的多样性往往是不可忽视的。这样一来，卖方注重产品的多样性，买方也注重产品的多样性，到底是卖方提供了多样性的产品才让买方注重产品多样性还是相反呢？不关注产品多样性的被调查对象仍选择路边摊贩、农贸市场、超市等线下渠道，这是因为，目前线下渠道仍然是主流，线上渠道有很大的发展空间。

（3）价格。绝大多数被调查对象都认为价格会影响购物渠道的选择。其一，生鲜农产品已经成为人们必不可少的食物来源，如果价格太高，将会使消费者在食物方面花费太高，恩格尔系数升高，影响人们的生活质量。在与被调查者聊天的过程中，我们发现，对生鲜农产品这样与生活息息相关的产品，消费者并不会因为价格过于昂贵而选择从线上渠道购买，因为生鲜农产品易腐烂、易变质，对流通、储存有很高的要求。其二，如果价格太低，消费者往往会担心其质量。随着生活水平提高，消费者会更注重质量，而价格高往往会被认为是质量好的证明。

3. 附加产品对生鲜购买渠道选择的影响

现代市场营销理论提出了产品整体概念，认为产品包括了核心产品、有形产品、附加产品、期望产品和潜在产品五个层次。产品的第四个层次附加产品，也就是产品包含的附加服务和利益，是如今的竞争集中的层次。对此，我们用便利性、购物环境、服务态度、售后服务四个生鲜农产品购买渠道的影响因素来进行调研。

在新零售背景下，当代消费者需求结构不断变化，消费升级趋势明显。随着可支配收入的增加，消费者越来越看重服务态度和享受服务质量。本次调研就附加产品对生鲜农产品购买渠道选择的影响展开调查（见表10）。

表10　附加产品与生鲜购买渠道交叉分析

项目		路边摊贩/人	农贸市场/人	超市/人	网购/人	社区团购/人	占比/%
便利性	关注	83	104	111	55	13	73.35
	不关注	30	42	39	18	4	26.65
购物环境	关注	56	77	82	41	11	53.51
	不关注	57	69	68	32	6	46.49
服务态度	关注	57	71	75	41	12	51.30
	不关注	56	75	75	32	5	48.70
售后服务	关注	27	30	32	20	9	23.65
	不关注	86	116	118	53	8	76.35

注："非常关注""比较关注""一般关注"为关注，"不太关注""完全不关注"为不关注

（1）便利性。由表10可知，在被调查者中，关注便利性的人数占比为73.35%，在路边摊贩、农贸市场、超市、网购、社区团购任一购物途径下，关注便利度与不关注便利度的人数占比相差不大。在横向比较中，关注便利性的被调查对象选择路边摊贩、网购渠道购买生鲜农产品的占比较高。

（2）购物环境。在营销活动中，一个好的购物环境或许会给消费者美好的第一印象，引起消费者的购买欲望，进而影响消费者的购买行为。在被调查对象中，53.51%的被调查对象在意购物环境，46.49%的被调查对象不在意购物环境。在各个购物渠道中，在意购物环境占该渠道选择人数比例最高的是社区团购。我们了解到，在社区团购较活跃的社区，消费者往往会要求提货点干净整洁，环境优良。

（3）服务态度。在被调查对象中，51.30%的被调查对象在意服务态度，48.70%的被调查对象不在意服务态度。在各个购物渠道中，在意服务态度占该渠道选择人数比例最高的是社区团购。我们在与被调查者交谈过程中发现，有的消费者认为线上渠道的服务态度比线下渠道的服务态度好，因为线上渠道的"服务员"受过培训，除商家的"服务员"外，还有平台的"服务员"，全方面保护了消费者的权益，周到照顾了消费者的需求。也有消费者持相反意见，认为线上渠道的"服务员"服务态度参差不齐，受过的培训使他们千篇一律，缺乏线下服务员的人情味。

（4）售后服务。售后服务对大多数产品来说是一种促销手段。售后服务做得好，消费者满意度提高，进而提升复购率，增强消费者黏性。但对于生鲜农产品而言，情况可能有所不同。在被调查对象中，76.35%的被调查对象不关注售后服务，23.65%的被调查对象关注售后服务。生鲜农产品刚性需求强，存储时间短，天然拥有高复购率。同时，生鲜农产品在短期内就可以消费使用，消费者选择线下渠道亲自挑选出现售后问题的情况较少，而选择线上渠道购买的售后风险较大。在关注售后服务的消费者中，选择路边摊贩、农贸市场、超市、网购等常用渠道的人数相差不大，而选择社区团购的人数较少。我们通过交谈了解到，这是因为很多被调查对象都对社区团购的售后服务体系不熟悉。但是，在各个购物渠道中，在意售后服务人数占该渠道选择人数比例最高的是社区团购，可见社区团购的售后服务在这一渠道使用者心中达到了期望水平。

4. 新冠疫情下消费者生鲜购买渠道的新形势

新冠疫情对全世界经济和产业产生很大影响，会在短期或长期改变民众的消费行为模式。受新冠疫情的影响，居民的生鲜购买渠道发生了一些变化（见表11、表12）。

表 11　新冠疫情期间减少了哪些渠道的购买

选项	小计/人	比例/%
路边摊贩	121	27.75
农贸市场	136	31.19
超市	111	25.46
网购	40	9.17
社区团购	28	6.42

表 12　新冠疫情期间增加了哪些渠道的购买

选项	小计/人	比例/%
路边摊贩	37	11.60
农贸市场	40	12.54
超市	56	17.55
网购	133	41.69
社区团购	53	16.61

疫情防控对消费者线下到店消费形成巨大阻碍。与此同时，生鲜农产品电子商务由于其便利性和减少聚集购买而逐渐进入大众的视野，逐步焕发新的生机。

2020年新冠疫情的暴发和传播迫使居民缩小活动范围，减少线下购买行为，进而促进了线上购物行为的增加并且延续至新冠疫情结束后。在本次调研中，为了保持前后一致性，渠道仅限"路边摊贩""农贸市场""超市""网购""社区团购"五个选项。在实际访谈中，我们了解到更多新型渠道正在被消费者们接受并青睐，比如前置仓模式、"到店+到家"模式、周期购模式等渠道。新冠疫情促使了人们消费方式的转变，线上购买由于具有高效性、方便性、减少接触、安全快捷等特点，在未来仍具有较强活力。

除了使人们的购物渠道发生变化外，新冠疫情也促使人们对各种影响因素的关注程度发生了变化。食品安全成为人们的关注重点，人们对食品安全的要求大幅提高。价格在人们心中的重要程度有所减轻，甚至价格高的往往被认为是质量好的证明。人们对产品多样性的要求也会增加，这是生鲜电商必须正视的挑战。对于生鲜电商而言，浏览网页的人大多是具有一定购买目的的消费者。潜在消费者需要平台提供更多的信息方便其进行购买决策，平台需要提供一些比价工具和相关评价，使消费者了解更多信息。

（四）趋势分析

渠道选择意愿是消费者通过评估在不同渠道购买的成本和收益，为实现价值最大化而做出的决策。在信息化时代，企业开拓多元化零售渠道，包括线上、线下两种属性渠道以及用于搜索信息或购买的两种功能渠道。"迁徙"最初是指人口迁移行为，如今用于社会科学研究领域，以刻画消费者在不同购买渠道之间的转换。渠道迁徙意愿即消费者从某一渠道购买转向另一渠道购买的意愿，包括在不同属性渠道之间进行转换的渠道转换意愿以及在不同功能渠道之间进行转换的渠道"搭便车"意愿。笔者在研究生鲜农产品购买影响因素时，发现消费者有从线下渠道购买向线上渠道购买进行迁徙的意愿，遂专门进行了趋势分析。

渠道的属性特点与消费者需求的匹配程度成为当前渠道选择行为的关键的要素。生鲜农产品要素除产品价格、产品可选择性、新鲜程度外，还包括折扣情况、产地来源等信息资料。依托于互联网平台和移动支付设备发展的移动线上零售市场提高了线上市场产品信息的可比性，各线上零售企业之间表现出弱信息门槛特征。生鲜电商零售企业为消费者提供短期配送、货损赔付等附加产品，具有相对优势。与线上渠道购买生鲜农产品相比，消费者在线下渠道购买生鲜农产品，产品产地信息不全面、质量安全无保障等方面的风险感知更为显著。

1. 产品结构的迁徙

生产决定着消费，但随着消费习惯、消费心理的变化，消费对生产环节也具有反向的促进作用。产品种类日趋多样化的同时，产品结构也发生了迁徙。

不管是目前还是将来，不管是传统渠道还是新兴渠道，水果、蔬菜、肉制品仍然是消费者消费的主力产品，并且渠道之间占比差距不大。目前，消费者主要是通过超市和农贸市场购买蔬菜和水果。未来，虽然消费者选择传统渠道购买的比例仍然较高，但将更多采用"线上+线下"的方式购买蔬菜和水果。水产品、奶制品、蛋类、冷冻速食、半成品菜等储藏时间相对较长的生鲜农产品品类，在线上渠道和线下渠道购买的占比相差不大。进口生鲜产品在线上渠道购买的占比较高，这可能是因为线上渠道产品普遍比线下渠道产品便宜。水产品和奶制品在选择渠道时重合率较高，占比接近。

普遍来看，储存时间较长的产品相较于储存时间较短的产品，由线下渠道向线上渠道迁徙的趋势更明显。

2. 被调查者未来更倾向的购买渠道

随着消费的转型升级，消费者的购买渠道更加多样。这为消费者提供了更多的选择，同时也影响了消费者在购买渠道上的倾向（见表13）。

表13　未来更倾向于的购买渠道

选项	小计/人	比例/%
传统渠道	90	27.44
网购	64	19.51
"线上+线下"模式	131	39.94
新兴销售渠道	43	13.11

由表13可知，72.56%的被调查者未来更倾向于非传统渠道。这表明，虽然目前绝大多数消费者还是会选择路边摊贩、农贸市场、超市等线下实体店购买生鲜农产品，但经历商业模式的不断更迭和社会科技的发展，人们愿意尝试新的购物渠道，新型销售模式在未来有很大市场。

越来越多的生鲜果蔬电商企业开始尝试"线上+线下"的运营模式（见图11）。这种模式参照线上到线下（O2O）的运营理念，将线上网店和线下实体店面相结合，消费者在线成交再去实体门店取货、体验。生鲜果蔬电商企业如盒马鲜生、七鲜先行探索O2O模式。随着互联网的发展，社区团购作为一种新型"线上+线下"电子商务模式逐渐发展壮大。社区居民通过微信群、平台团购商城等下单，以社区店（团长家/自提点）为单位进行平台配送，配送完成后，社区居民即可主动上门（团长家/自提点）自提。这种模式满足了部分消费者在购买生鲜果蔬商品时喜欢挑拣的消费习惯，消费者可以在线下门店亲自体验，在提货过程中出现了问题也可以第一时间与门店工作人员沟通，省去了中间环节。不管现阶段选择何种生鲜农产品购买渠道，"线上+线下"模式在未来都被看好，是消费者关注度较高、乐意涉足的渠道。

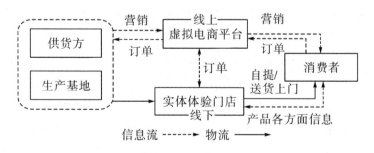

图11　线上线下模式流程

五、研究结论与建议

（一）研究结论

1. 各类生鲜电商发展迅猛，传统购买渠道仍不容忽视

笔者通过调研得知被调查对象的购买渠道，81.97%的被调查对象表示平时更喜欢通过传统购买渠道购买生鲜农产品，仅18.03%的被调查对象表示更倾向于通过电商渠道购买生鲜农产品。根据《2020年（上）中国生鲜电商市场数据报告》可知，生鲜电商2015—2018年增长率分别为86.89%、68.53%、53.47%、39%，生鲜电商稳步增长，发展可观。盒马鲜生、京东到家等生鲜电商巨头逐渐出现在人们的视野中。尽管近几年电商平台发展迅猛，各类生鲜电商层出不穷，互联网科技不断进步，但根据实际调查，大部分人还是更喜欢传统生鲜农产品购买渠道，如路边摊贩、农贸市场、超市。

2. 家庭月收入越高的人群，购买生鲜农产品的渠道越多元化

根据交叉统计分析，家庭月收入在3 001~8 000元的被调查对象中有60.32%选择传统生鲜农产品购买渠道，既使用传统购买渠道又使用生鲜电商购买渠道的占比为14.13%；家庭月收入超过8 000元的被调查对象中有26.63%选择传统生鲜农产品购买渠道，既包含传统渠道又包含生鲜电商渠道的占比为63.88%。

由此可见，生鲜农产品购买渠道的影响因素与家庭月收入相关，家庭月收入越高的人群，购买生鲜农产品的渠道越多元化，既包含传统购买渠道，又包含生鲜电商购买渠道，并且更倾向于选择生鲜电商购买渠道。

3. 生鲜购买影响因素多样，其中价格因素至关重要

对于其他影响消费者生鲜购买渠道的因素包括产品多样性、价格、便利性、购物环境、疫情等。统计结果显示，60.92%的消费者在意产品多样性（在意产品多样性包括非常关注产品多样性、比较关注产品多样性、一般在意产品多样性）；94.39%的消费者认为价格会影响购买渠道；75.35%的消费者在意购买渠道的便利度（包括非常关注、比较关注和一般关注）；53.51%的消费者在意购买生鲜时的环境；87.37%的消费者在疫情期间减少了在传统购买渠道购买的次数。

根据交差统计结果分析，传统生鲜购买渠道中61.61%的消费者在意产品多样性，生鲜电商购买渠道中57.78%的消费者在意产品多样性；传统生鲜购买渠道中93.89%的消费者认为价格会影响购买渠道，生鲜电商购买渠道中96.67%的消费者认为价格会影响购买渠道；传统生鲜购买渠道中72.86%的消费者在意购买的便利度，生鲜电商购买渠道中75.56%的消费者在意购买的便利度；传统生鲜购买渠道中52.57%的消费者在意购物环境。

综上所述，我们可以得知产品多样性、价格、便利性、购物环境、新冠疫情等影

响消费者对生鲜农产品购买渠道的选择。其中，价格因素的影响至关重要。传统生鲜农产品购买渠道的消费者相对于生鲜电商购买渠道的消费者更在意产品的多样性、价格、便利性、购物环境。

4. 消费价值正向作用于生鲜农产品购买，五个价值影响消费意愿

消费价值的影响因子包括情感价值、功能价值、社会价值、认知价值、条件价值等。其中，情感价值对消费者购买意愿具有显著的直接正向影响，功能价值和社会价值通过购买态度、主观规范和感知控制对消费者购买意愿产生间接影响。消费者购买产品主要是为了满足积极、快乐等情感诉求，因此满足消费者的情感诉求对扩大产品市场份额至关重要。同时，功能价值和情感价值是消费价值对购买意愿产生影响的前提和基础，也是消费者主观规范和感知控制的显著预测因子。

（二）建议

随着互联网的迅猛发展，生鲜电商购买渠道渐渐发展起来，但是传统的生鲜农产品购买渠道依旧繁荣。各个渠道想要走好以后的路，要随着环境的改变而不断改进。

在新冠疫情的影响下，传统生鲜农产品购买渠道受到巨大打击，但也面临发展机遇。如果传统生鲜农产品购买渠道打通线上线下，实现"双线合一"，那么传统生鲜农产品购买渠道未来可期。随着"80后""90后""00后"新兴消费者的消费需求增加，环境的整洁度、购物的便利性显得尤为重要。农贸市场长期"脏、乱"，如若不进行整改，那么对于未来的消费者而言农贸市场并不是一个很好的选择，发展可能会举步维艰。调研发现，相同质量下，价格是影响消费者生鲜农产品购买渠道最重要的影响因素。

1. 从售价下手，降低售价，薄利多销

生鲜农产品的价格偏高，这直接限制了市场的消费数量和需求数量。商家可以通过降低生鲜电商产业链成本等方式，达到降低价格的目的。这需要政府与企业合作，加大生鲜农产品冷链物流建设力度，加强物流体系的连贯性，建立高效的配送系统，如在物流运输的起点，建设冷链物流仓库，降低租赁冷库费用；搭建农村电子商务信息平台，推进基层网络服务建设，保障可以从农产品生产场地直接采购，集中快速配送，降低成本。相关部门要加强标准化管理，保障生鲜农产品品质供应的稳定性。商家在提质的同时，要控制成本，保证价格的合理性，带给消费者更好的消费体验。

2. 关注便利度，合理选址，方便购买

便利度是影响消费者生鲜农产品购买的重要因素，商家应尽量选址在居民楼盘中间，或者社区居民密度大的地方，便于吸引居民线下到店购买消费。商家应紧贴社区居民的消费需求，为居民社会性活动提供了物质环境条件，融入居民的日常生活中，促进消费者养成消费习惯，使其在短时间内难以改变，培养顾客忠诚度。同时，商家可以进一步缩短配送时长，提高配送效率，从而达到降低运营成本的目的。用户在平台预定产品后，由仓储点进行分拣、配送，然后直接送货到家，既缩短了供应链配送

链条，又减少了人员接触，方便及时。

3. 优化商品陈列，增强用户体验

商家应通过优化生鲜农产品的陈列布置，打造现实场景以提升消费者购物体验；通过全方位服务满足消费者的购物需求，多场景不断融合，为消费者带来不同的感受。商家应规划好商品摆放的空间秩序，打造合理且导视清晰的购物动线、干净整洁且安全舒适的空间环境以及宽敞通透的通行和聚集空间，使客户在进行购物时享受到干净、舒适的环境，在给顾客带来全新的购物体验的同时，让顾客有更多的选择性，从而影响到顾客的额外消费感知利益，促进顾客购买，提高产品复购率。

4. 提供优质产品，树立良好口碑

提高生鲜产品的品质，获得大量优质的口碑，可以使商家提高在零售市场上的竞争力，促进长期可持续发展。特别是在"互联网+"环境下，商家要高度重视生鲜农产品供应链标准化管理难度大的问题，加强生鲜农产品供应链标准化建设，同时结合生鲜农产品的外观、价格、品质等实施标准化管理，以便于更好地保障生鲜农产品的质量，提升标准化管理水平。生鲜农产品的安全性问题也是消费者较为关注的。相关部门可以通过制定产品质量标准，并要求生产商按质量标准进行生产，以达到质量管理的目的。同时，商家应设计合理的生鲜配送系统，改进生鲜农产品冷链保鲜技术，建立并完善生鲜农产品质量检测和安全追踪制度，从而保证生鲜农产品的新鲜、安全和低价，更好地满足消费者对优质农产品的需求。

附件：调查问卷

您好，我们正在进行一项关于生鲜农产品的购买渠道的调查，想邀请您用几分钟的时间帮忙填写这份问卷。本问卷将用来统计分析，请您根据自己的实际情况填写。非常感谢您的帮助。

基本信息：

1. 您的性别

　A. 男

　B. 女

2. 您的年龄

　A. 18 岁及以下

　B. 19~24 岁

　C. 25~34 岁

　D. 25~50 岁

　E. 51 岁及以上

3. 您的受教育程度

　A. 初中及以下

B. 高中

C. 本科

D. 本科以上

4. 您的家庭月收入

A. 3 000 元以下

B. 3 001~5 000 元

C. 5 001~8 000 元

D. 8 000 元以上

请考虑您或您的家庭近一个月在购买日常食用生鲜农产品时产生的消费，回答以下问题：

5. 平均每周购买生鲜农产品的频率

A. 1~3 次

B. 4~5 次

C. 5 次以上

6. 平均每次购买生鲜农产品的费用

A. 50 元及以下

B. 51~100 元

C. 101~150 元

D. 150 元以上

7. 您对生鲜农产品的种类的关注度

A. 非常关注

B. 比较关注

C. 一般关注

D. 不太关注

E. 完全不关注

8. 您对所购买渠道的便利性的关注度

A. 非常关注

B. 比较关注

C. 一般关注

D. 不太关注

E. 完全不关注

9. 相同品质的农产品，价格是否会影响您对购买渠道的选择

A. 会

B. 不会

10. 您通常采用哪种方式购买生鲜农产品（生鲜农产品包括水果、蔬菜等）［多选题］

    A. 路边摊贩

    B. 农贸市场

    C. 超市

    D. 网购

    E. 团购

11. 您将来更倾向于哪种渠道购买［多选题］

    A. 传统渠道

    B. 网购

    C. "线上+线下"模式

    D. 新兴销售渠道

12. 您在线下购买生鲜时更关注哪些方面［多选题］

    A. 距离远近

    B. 商品种类

    C. 价格实惠

    D. 产品新鲜

    E. 交通方便

    F. 购物环境

    G. 服务态度

13. 您倾向于线下购买哪些种类的生鲜农产品［多选题］

    A. 水果

    B. 蔬菜

    C. 肉制品

    D. 水产品

    E. 奶制品

    F. 蛋类

    G. 冷冻速食、半成品菜

    H. 进口生鲜

14. 您选择网购的原因［多选题］

    A. 送货上门，省时省力

    B. 不想出门，不想排队

    C. 质量有保障，品质高

    D. 支付方便

    E. 挑选方便

F. 种类丰富

G. 价格比线下便宜

H. 售后服务好，客服响应及时

I. 不网购

15. 您选择社区团购的原因 ［多选题］

　　A. 商品物美价廉

　　B. 购买方式便利

　　C. 取货地点离家近

　　D. 能在线下快速售后

　　E. 很少社区团购

请您从新冠疫情期间购买生鲜的情况进行考虑，回答以下问题

16. 新冠疫情期间，您减少了在哪些渠道的购买次数 ［多选题］

　　A. 路边摊贩

　　B. 农贸市场

　　C. 超市

　　D. 网购

　　E. 社区团购

17. 新冠疫情期间，您增加了在哪些渠道的购买次数 ［多选题］

　　A. 路边摊贩

　　B. 农贸市场

　　C. 超市

　　D. 网购

　　E. 社区团购

参考文献

［1］张均涛，李春成，李崇光. 消费经历对顾客满意感影响程度研究：基于武汉市生鲜农产品的实证研究 ［J］. 管理评论，2008（7）：21-27，63-64.

［2］靳涛. 基于线索理论的生鲜农产品购买渠道选择研究 ［D］. 杭州：浙江财经大学，2013.

［3］李曼. 生鲜农产品供应链内在矛盾及其优化途径 ［J］. 中国流通经济，2017，31（7）：46-54.

［4］王正方. 消费者生鲜蔬菜购买渠道选择影响因素研究 ［D］. 宁波：宁波大学，2017.

［5］崔慧超. 消费者购买生鲜苹果从线下到线上迁徙意愿研究 ［D］. 南京：南京农业大学，2018.

［6］杨晓娜，李玉峰，范丹丹. 基于消费者感知价值的生鲜农产品渠道选择策略［J］. 世界农业，2021（11）：56-65，90.

［7］张润卓. 农产品冷链绿色物流发展的影响因素研究［J］. 中国储运，2022（9）：191-193.

［8］胡秀利. 消费价值理论框架下消费者绿色购买行为影响机制研究［D］. 绵阳：西南科技大学，2022.

［9］李晴，王宇平，张倩. 我国生鲜果蔬电子商务模式发展研究［J］. 中国果树，2022（11）：91-95.

［10］袁妍霞. 疫情时期生鲜电商商业模式创新思考［J］. 合作经济与科技，2022（7）：102-103.

［11］卞纪兰，单尧. 消费者对生鲜农产品购买渠道选择的影响因素研究［J］. 商业经济，2022（6）：113-115.

［12］王建华，布玉婷，王舒. 消费者生鲜农产品购买渠道迁徙意愿及其影响机理［J］. 南京农业大学学报，2022，22（2）：171-182.

指导老师：杨海丽

消费者对苏打水购买意愿影响因素的调研报告

龚昊麟

（重庆工商大学经济学院贸易经济专业，2020级）

摘　要： 随着我国经济的不断发展，人民生活水平不断提高，消费者对饮料的消费需求也随之改变，数字经济的高速发展也改变了企业产品的宣传和销售思路。因此，笔者采取线上问卷调查的形式，调查不同收入群体及年龄阶段的人群在线上购买苏打水的影响因素。笔者发现，较高收入人群购买苏打水的目的更倾向于刺激口感，而较低收入人群购买苏打水的目的更倾向于保持身体健康。其中，年轻群体消费苏打水的目的更会倾向于提高专注力和刺激口感。通过在线上购买苏打水的影响因素的市场调查，笔者初步了解到了消费者的购买心理和影响因素，可以为苏打水企业营销提供相应的对策建议，即结合大数据高度定制化推送手段提供与众不同的产品宣传方式，充分刺激消费者的需求。

关键词： 消费者；苏打水；影响因素

一、引言

（一）研究背景与意义

1. 研究背景

根据国家统计局"居民收入和消费支出情况"显示的数据，2019—2022年，我国食品烟酒消费支出比重在逐年增加。2019年的比重为28.2%，2021年的比重上升到29.8%，2022年的比重上升到31.3%。与此同时，恩格尔系数却在逐年下降，也就是说居民将越来越多的支出投入非生活必需品消费当中。在国家统计局"社会消费品零售总额统计数据"中我们也可以看到，饮料类商品零售总额呈持续上升趋势，特别是在2022年1~6月零售总额同比增长8.2%，绝对量达1 474亿元。作为饮料类商品中的新兴组成部分，苏打水行业的发展状况是不容忽视的。根据《中国苏打水行业市场发展前景与投资预测分析报告》，2019年，国内苏打水整体市场规模已经达到150亿元左右。根据预测，到 2025 年，其市场整体规模将达到 320 亿元。因此，笔者决定将苏打水作为研究对象，结合当前线上销售趋势，结合线上销售内容高度定制化特点，对苏打水购买的影响因素进行调查。

2. 研究意义

本次调研围绕消费者对苏打水的购买意愿展开。国内消费者健康消费意识萌芽，对传统碳酸饮料的购买意愿减弱。根据世界卫生组织公布的《全球糖尿病人报告》，世界范围内的糖尿病患者人数已高达 4 亿，"多糖"无疑成了人类健康的潜在威胁。如此多的人因糖患病，促使各国政府和民间机构对控糖措施的重视。世界卫生组织建议每人每天仅摄入 25 克糖。中商产业研究院的数据显示，在健康化的潮流之下，80%的消费者会关注食品饮料的成分，特别是饮料当中的糖分占比。

当代消费者对这一问题的反思催生出低糖健康消费观，各大厂商纷纷进入新兴饮品的研发工作之中，喜茶、元气森林、农夫山泉、可口可乐、百事可乐等企业开始了其以减糖为目标的新型饮料产品研发之路，打造出了一批主打 0 糖、0 卡路里的无糖饮料。无糖饮料也在这种大背景下开始走进了普通百姓的生活。

目前，包括苏打水在内的无糖饮料销售额持续上升，行业发展迅速。苏打水行业未来市场前景良好，而苏打水的购买意愿的研究存在空缺。因此，本研究具有经济效益和社会意义。

（二）文献综述

苏打水是消费者健康消费的产物。国内对健康消费的研究主要集中在消费者认知和行为方面。张颖南、易加斌（2021）研究了健康认知与消费者饮食行为之间的关系。结果表明，不同年龄和性别的人对饮食中健康因素的关注程度不同，但总体而言，对健康信息的关注程度与饮食中的健康水平呈现出正相关性。慕容云（2020）指出了绿色消费与传统消费的区别，即在消费过程、消费理念和消费方式上存在本质差异，突出了绿色消费的特点。李林蔚（2021）研究了绿色食品的消费行为及其影响。他认为，消费者健康、食品可信度、风险承受能力等问题都会影响消费者的健康消费行为。许多科学家对绿色消费的重要性也有不同的解释。刘照龙（2020）强调了绿色消费与可持续发展之间的关系。姚燕燕和范英（2021）认为，随着消费者自我保护意识的增强，决定消费者食品安全行为的重要因素是消费者关注的环境因素。关于卫生领域舆论与消费的关系，夏金金等（2015）研究了政府监管因素对食品安全事故舆论的影响，指出政府对公众舆论和情绪有重大影响。李林蔚（2021）认为，公众舆论可以提高消费者的认识，从而影响消费者的环保食品行为。

在国外学者探究影响医疗健康消费需求的因素的过程中，健康被 Grossman（1972）定义为一种叫做"健康时间"的耐用资本品，并构建了医疗健康消费需求模型。Banerjee（2012）对美国中老年人的消费结构进行了研究，发现医疗健康消费支出比例随年龄呈现上升趋势。因此，笔者结合年龄因素研究苏打水健康消费认知，研究发现食品消费能够提供精神补偿。沮丧、压力等消极负面情绪可以通过吃东西被调节。Grag、Inman（2007）发现人们对高热量、享受型食品（如奶油爆米花）的需求在消极情绪状态下会更高，而对健康食品的需求会更少。因此，笔者研究除健康消费认知外，会着重对提神或精神补偿消费认知进行研究。

（三）研究思路

本文的研究思路框架如图 1 所示。

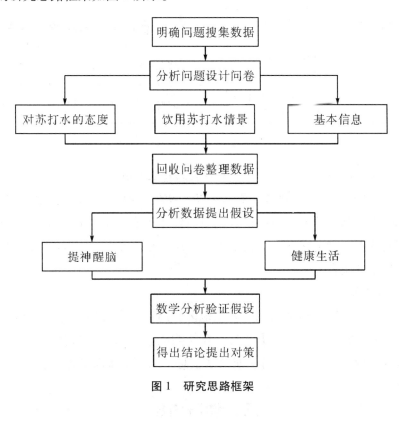

图 1　研究思路框架

二、调查概况

（一）调查方法

（1）线上问卷调查方法：通过制作纸质问卷和网上问卷两种形式，随机抽取被调查对象，以保持结果的客观性，也为研究的量化分析提供数据材料。

（2）线上访谈：通过微信、QQ 等各种社交平台发放电子问卷，进行线上访谈。

（3）实地访谈：走访消费者，深入了解居民对购买苏打水的看法。

（4）文献调研：通过各种数据库和网络渠道收集、分析、加工和处理有关苏打水消费需求影响情况的文献，使研究有理论支持。

（5）数据模型法：在得到调研数据后，利用 SPSS、Excel 函数模型软件进行数据分析，得出各个指标数据，为消费行为和消费心理提供量化分析与理论数据依据。

（二）调研安排

调研安排如表 1 所示。

表 1　调研安排

调研阶段	调研时间	调研内容
准备阶段	2022 年 7 月 5 日 至 7 月 25 日	确定主题，小组讨论，制订调查方案，设计问卷
调查数据处理	2022 年 7 月 26 日 至 8 月 10 日	问卷的发放与收回，处理数据，数据质量评估
资料整理和归纳	2022 年 8 月 10 日 至 8 月 28 日	整理调查资料，分析研究，撰写文本初稿
总结和纠正	2022 年 8 月 30 日 至 9 月 14 日	修改调整文本，文本成形打印，提交调研报告

（三）调研对象

数据主要来自广东省各地市居民，共发放问卷 251 份，回收 251 份，经整理获得有效电子问卷 192 份，回收率 100%，有效率 76.49%。除此之外，笔者通过查询相关文献，了解苏打水及其相关消费情况以及消费者需求变化，对调研对象进行访谈，进一步修改了问卷选项，筛选问卷，从而增加调查结果的有效性，进而完成苏打水在线购买影响因素的市场调查。

（四）调查目的

笔者将人群以年龄、经济情况、居住地区、消费习惯分类，把握不同人群对商品的认知和对商品内容的偏好，探求苏打水在线购买影响因素，结合线上网络服务高度定制化内容推送特点，对不同群体分类推送信息，从而刺激消费者需求。

三、调研内容

（一）信度和效度检验

1. 可靠性分析

在可靠性检测中，消费者购买苏打水倾向维度的四项内容的克隆巴赫一致性系数为 0.752，大于 0.7，说明此维度数据的可靠性良好。

2. KMO 和巴特利球形检验

由表 2 可知，KMO 度量值为 0.743，大于 0.7，说明数据适合进行因子分析。巴特利球形检验近似卡方值为 831.155，自由度为 120，显著性为 0.000（小于 0.01），通过了显著水平为 1% 的显著性检验。由此可知，苏打水购买影响因素量表数据适合进行因子分析。

表2　KMO 和巴特利特检验

KMO 取样适切性量数		0.743
巴特利特球形度检验	近似卡方	831.155
	自由度	120
	显著性	0.000

3. 主成分提取

由表3可知，在16个题目的主成分提取统计数据中，初始特征值大于1的因子共有5个，累计解释方程变异为62.407%。这说明，16个题目中提取的5个因子对原始数据的解释度较为理想。

表3　总方差解释

成分	初始特征值			提取载荷平方和		
	总计	方差百分比/%	累积百分比/%	总计	方差百分比/%	累积百分比/%
1	3.885	24.281	24.281	3.885	24.281	24.281
2	2.167	13.546	37.827	2.167	13.546	37.827
3	1.556	9.725	47.552	1.556	9.725	47.552
4	1.316	8.227	55.779	1.316	8.227	55.779
5	1.060	6.628	62.407	1.060	6.628	62.407
6	0.929	5.805	68.212			
7	0.773	4.831	73.043			
8	0.697	4.355	77.398			
9	0.682	4.260	81.658			
10	0.614	3.836	85.494			
11	0.531	3.321	88.815			
12	0.447	2.791	91.606			
13	0.393	2.456	94.062			
14	0.356	2.223	96.285			
15	0.319	1.997	98.282			
16	0.275	1.718	100.000			

提取方法：主成分分析法。

（二）样本构成

本次调查选择了性别、年龄、职业、月收入水平、居住地区五项内容来观察调查样本的人口统计学的静态特征。根据结果统计，被调查者的基本信息如表4所示。

表4　被调查者的基本信息

变量	N	Mean	Mode	Min	Max	变量定义
性别	192	1.567	2	1	2	1＝男 2＝女
年龄	192	2.531	2	1	5	1＝20岁及以下 2＝21～30岁 3＝31～40岁 4＝41～50岁 5＝50岁以上
职业	192	9.703	18	1	18	1＝农业、狩猎和林业或有关的服务活动 2＝渔业或其服务活动 3＝采矿及采石 4＝制造业 5＝电、煤气和水的供给 6＝建筑 7＝批发和零售贸易、维修 8＝饭店和餐馆的经营或管理 9＝运输、仓储和通信 10＝金融媒介 11＝房地产、租赁和商业活动 12＝公关管理和防卫、强制性社会保险 13＝教育 14＝卫生和社会工作 15＝社区、社会和私人的其他服务活动 16＝有雇工的私人家庭 17＝域外组织和机构 18＝学生
月收入 水平	192	2.994	1	1	10	1＝2 000元及以下 2＝2 001～5 000元 3＝5 001～8 000元 4＝8 001～10 000元 5＝10 001～20 000元 6＝20 001～30 000元 7＝30 001～50 000元 8＝50 001～100 000元 9＝100 001～200 000元 10＝200 000元以上
所在地区	192	1.317	1	1	4	1＝一线城市（例如：北京、上海等） 2＝二线城市（例如：南京、武汉等） 3＝三线城市（例如：西宁、海口等） 4＝其他

表4(续)

变量	N	Mean	Mode	Min	Max	变量定义
职业 （除学生外）	146	8.404	4	1	17	1＝农业、狩猎和林业或有关的服务活动 2＝渔业或其服务活动 3＝采矿及采石 4＝制造业 5＝电、煤气和水的供给 6＝建筑 7＝批发和零售贸易、维修 8＝饭店和餐馆的经营或管理 9＝运输、仓储和通信 10＝金融媒介 11＝房地产、租赁和商业活动 12＝公关管理和防卫、强制性社会保险 13＝教育 14＝卫生和社会工作 15＝社区、社会和私人的其他服务活动 16＝有雇工的私人家庭 17＝域外组织和机构

1. 性别

在本次回收的 192 份有效问卷中，男性有 83 人，占比为 43.23%；女性有 109 人，占比为 56.77%。本次被调查者的男女比例接近均衡。基于以往文献分析，男性和女性的经济地位普遍不同。本次调查男女比例的接近均衡能够显著提高调研的客观性和普遍性。

2. 年龄

在木次回收的 192 份有效问卷中，20 岁及以下有 33 人；占比为 17.19%，21~30 岁有 74 人，占比为 38.54%；31~40 岁有 49 人，占比为 25.52%，41~50 岁有 22 人，占比为 11.46%；50 岁以上有 14 人，占比为 7.29%（见图2）。

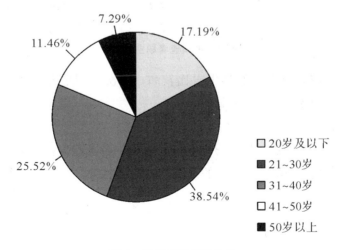

图 2　被调查者年龄结构

从图 2 可以看出，本次调查的被调查者年龄集中在 21~40 岁。根据张锐、谷桂珍、余善法在《年龄对职业紧张各因素测试结果的影响》一文的研究内容可以得知，40 岁以上的被调查者较少，原因是本次调查问卷是以网络作为传播载体，40 岁以上人群接触相关问卷网站的时间较少；6~18 岁人群处于小学和中学阶段，接触相关问卷网站的时间较少，因此 20 岁及以下的问卷数量较少。

3. 职业

不同职业的工作环境、从事不同职业的心理、不同职业人员的经济地位等都会成为商品需求的影响因素，深刻影响消费行为、消费观念、消费结构、消费方式。因此，被调查者的职业结构是本次调查的内容之一。在本次调查收集整理的 192 份问卷中，被调查者职业结构如图 3 所示。

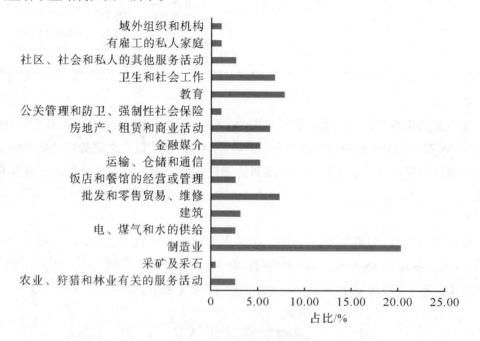

图 3　被调查者职业结构

由图 3 可知，被调查者中的学生占比较高，其次是制造业从业者。学生占比为 23.96%。制造业从业者占比为 20.31%。

4. 月收入情况

不同收入群体的消费者，消费习惯不同，消费的各类型商品占收入的比重也不相同。因此，消费者收入是消费者需求的重要影响因素之一。被调查者月收入情况如图 4 所示。

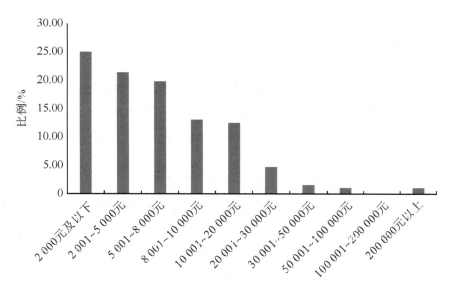

图 4　被调查者月收入情况

本次调查中被调查者的月收入多在 2 000 元及以下。这个收入区间的学生人数为 40 人，占比 83.33%。学生群体特殊，其可以将全部可支配收入投入消费活动，因此其消费能力相较于一般收入为 2 000 元及以下的群体更高。除学生外，被调查者收入集中在 2 000~8 000 元，被调查者集中为中等收入群体。

5. 所在地区

我国经济呈现区域化发展形势，不同地区的经济发展情况各不相同，因此被调查者所在地区是消费者需求影响因素之一。被调查者所在城市分布情况如图 5 所示。

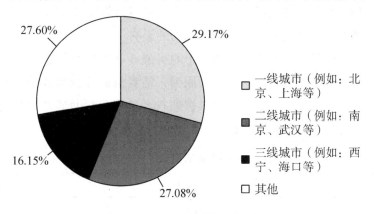

图 5　被调查者所在城市分布情况

由图 5 可以得知，除去选择其他选项者，如居住在国外或不愿意透露居住城市的人群外，被调查者大多处于一、二线城市，占调查总数的 56.25%，共 108 人。因此，被调查者主要集中在我国经济发展较好地区。

（三）消费者对苏打水的认知与消费苏打水目的调查概况

消费者对某类产品的认知和购买相似产品的目的是什么、在什么时候会选择购买该类产品，这是根据这些产品的特点进一步确定如何精准推送信息的依据。因此，我们对被调查者关于苏打水的态度、如何刺激购买苏打水的情况、购买苏打水的目的、对苏打水的认知和购买类似产品的原因进行了调查，分析消费者对此类产品的认知与目的，从而进一步探究消费者对苏打水的需求情况。问卷中的相关选项多为多选题。

1. 被调查者对苏打水的购买意愿

在本次调查中，笔者设计了三个选项供被调查者选择，以此表明他们的态度。除"不喜欢且不购买"和"喜欢且经常购买各种不定品牌的苏打水"两项明确表明自身态度的选项外，笔者还设计了"购买取决于包装设计和品牌"这个中立或模棱两可的选项。选择这一选项的人群是接受苏打水的，而且是可争取的，即需要依靠有关宣传刺激苏打水需求的人群。对苏打水的购买意愿情况如图 5 所示。

表 5　对苏打水的购买意愿情况

选项	小计/人	比例/%
不喜欢	29	15.10
一般	90	46.88
喜欢	73	38.02

由表 5 可知，苏打水的整体被接受度较高，接受苏打水的人数比例（包含"购买取决于包装设计和品牌""喜欢且经常购买各种不定品牌的苏打水"的人数比例）高达 84.90%，只有 15.10% 的人明确表明"不喜欢且不会购买苏打水"。

2. 被调查者月收入情况对苏打水购买倾向的影响

购买苏打水的原因，即为什么会倾向于购买或喜好苏打水是影响苏打水需求的重要因素之一。为调查消费者购买苏打水的原因，笔者根据苏打水成分、包装设计、口感和社交环境四个元素设计了五个选项供被调查者选择，帮助笔者调查被调查者偏好情况。被调查者购买苏打水关注点如表 6 所示。

表 6　被调查者购买苏打水关注点

选项	小计/人	比例/%
品牌	14	7.29
提神或精神补偿	71	36.98
健康	91	47.40
社交	16	8.33

由表6可知，大多数人是因为"提神或精神补偿"或"健康"而购买苏打水的。选择这两个选项的人数的比例会随着年龄与月收入情况的变化而变化。

从表7和图6不难看出，2 001~8 000元月收入水平的人群更倾向于因为健康而选择苏打水。2 000元及以下和8 001~10 000元月收入水平的人群是因为提神或精神补偿而选择苏打水。结合上文收入情况的分析内容可以知道，2 000元及以下的职业几乎全部是学生，学生这一人群可以将伙食费以外的所有可支配收入用于物质与精神享乐。月收入在8 001~10 000元的人群属于收入中上等水平人群，有相当多的收入可以用于物质与精神享乐。这些人群更倾向于"提神或精神补偿"这种精神消费标签。月收入水平处于2 001~8 000元的中等收入水平的人群更倾向于"健康"这种物质消费标签。这是与他们的工作环境、工作方式有关的。被支付较高工资的人群更多是从事需要长时间学习训练复杂劳动，有能力且需要投入资源进行精神消费，维系神经系统再生产；收入较低的人群更多是从事一些单调重复的简单劳动，需要投入更多资源去维系身体运动机能再生产，个会过多去考虑精神消费，而是考虑更实际的物质消费。除此之外，月收入100 000元以上的人群，由于数据太少，不纳入分析数据之中。

表7　月收入情况与购买苏打水原因的交叉分析表　　　　　单位：人

收入	品牌	提神或精神补偿	健康	社交	小计
2 000 元及以下	3（6.25%）	22（45.83%）	17（35.42%）	6（12.5%）	48
2 001~5 000 元	2（4.88%）	9（21.95%）	25（60.98%）	5（12.20%）	41
5 001~8 000 元	4（10.53%）	13（34.21%）	20（52.63%）	1（2.63%）	38
8 001~10 000 元	1（4%）	13（52%）	7（28%）	4（16%）	25
10 001~20 000 元	2（8.33%）	10（41.67%）	12（50%）	0（0.00%）	24
20 001~30 000 元	1（11.11%）	3（33.33%）	5（55.55%）	0（0.00%）	9
30 001~50 000 元	0（0.00%）	1（33.33%）	2（66.67%）	0（0.00%）	3
50 001~100 000 元	1（50%）	0（0.00%）	1（50%）	0（0.00%）	2
100 001~200 000 元	0（0.00%）	0（0.00%）	0（0.00%）	0（0.00%）	0
200 000 元以上	0（0.00%）	0（0.00%）	2（100%）	0（0.00%）	2

月收入2 001~10 000元的人群购买意愿倾向情况由皮尔逊（Pearson）相关性分析验证（见表8）。

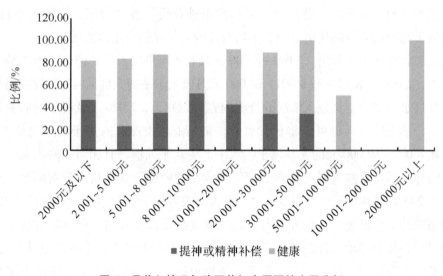

图 6　月收入情况与购买苏打水原因的交叉分析

表 8　Pearson 相关性分析

变量		提神或精神 补偿消费倾向	收入
提神或精神 补偿消费倾向	皮尔逊相关性	1	0.293**
	Sig.（双尾）		0.006
	个案数	87	87
收入	皮尔逊相关性	0.293**	1
	Sig.（双尾）	0.006	
	个案数	87	87

注：** 表示在 0.01 级别（双尾）相关性显著。

从表 8 可以看出，提神或精神补偿消费倾向和收入相关性显著。在月收入 2 001~10 000 元的人群中，收入越高，越倾向于消费提神或精神补偿消费品。

3. 被调查者的年龄对苏打水购买倾向的影响

被调查者消费苏打水的时间段是一个能够体现消费者对苏打水需求的指标，不同年龄的人群因为其社会地位和身体状况的不同，对消费品的需求也不会相同，因此被调查者年龄会影响苏打水的购买倾向。被调查者年龄与购买苏打水原因的交叉分析如表 9 和图 7 所示。

表 9　被调查者年龄与购买苏打水原因的交叉分析　　　　单位：人

年龄	品牌	提神或 精神补偿	健康	社交	小计
20 岁及以下	2（6.06%）	18（54.55%）	8（24.24%）	5（15.15%）	33

表9(续)

年龄	品牌	提神或 精神补偿	健康	社交	小计
21~30 岁	6（8.11%）	33（44.59%）	32（43.24%）	3（4.05%）	74
31~40 岁	3（6.12%）	11（22.45%）	33（67.34%）	2（4.08%）	49
41~50 岁	2（9.09%）	7（31.82%）	10（45%）	3（13.64%）	22
50 岁以上	1（7.14%）	3（21.43%）	7（50%）	3（21.43%）	14

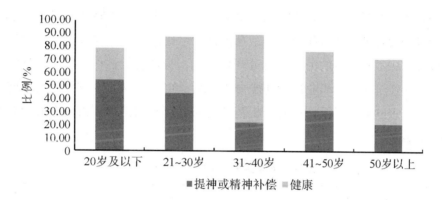

图7 被调查者年龄与购买苏打水原因的交叉分析

30 岁及以下的年轻群体更倾向于喜欢苏打水气泡在嘴里炸裂的口感，认为这种感觉可以提神或精神补偿；30 岁以上的人群购买苏打水的原因则是认为苏打水中的物质相对于一般甜味的饮料对身体健康更有益。由此可以看出，30 岁以上人群，由于结婚生子、生活压力逐渐增大等，更会谨慎地选择饮食，注意身体健康；而 30 岁及以下的年轻人更注重精神消费，其中占比较高的学生也是主要进行脑力活动，因此他们更会追求苏打水气泡的那种刺激感而不是更多地考虑身体健康。

不同年龄人群购买意愿倾向情况由皮尔逊相关性分析验证。如表 10 所示，年龄和健康消费倾向的关系在 0.01 级别，相关性显著。这可以验证年龄的增加和健康消费倾向显著相关。

表 10 Pearson 相关性分析

变量		年龄	健康消费倾向
年龄	皮尔逊相关性	1	0.231**
	Sig.（双尾）		0.003
	个案数	162	162

表10（续）

变量		年龄	健康消费倾向
健康消费倾向	皮尔逊相关性	0.231**	1
	Sig.（双尾）	0.003	
	个案数	162	162

注：** 表示在 0.01 级别（双尾），相关性显著。

4. 被调查者消费苏打水的时间段

被调查者消费苏打水的时间段是一个能够体现消费者对苏打水需求的指标，在不同的时间段，消费者所处的环境不同，身体机能运作的状况不同等都可能会影响消费者的支付意愿。不同群体的消费者所处环境不同，身体机能运作的状况不同，但将他们根据年龄、经济状况、职业进行初步分类之后，可以在同一变量下研究不同情况下消费者对苏打水的支付意愿，从而分析消费者对苏打水的需求。被调查者消费苏打水的时间段如表11所示。

表 11　被调查者消费苏打水的时间段

选项	小计/人	比例/%
身体不适时	72	37.5
可支配收入增加时	13	6.77
任何时候	73	38.02
娱乐时	34	17.71

消费者消费苏打水的时间段处在身体不适时的占比为 37.5%，任何时候都会考虑购买的人群占比为 38.02%。

5. 被调查者消费苏打水的时间段与年龄的关系

不同年龄人群的社交情况和健康状况不同。人类是社会性生物，社交情况的不同会影响消费者所处的环境和生活习惯，从而影响对苏打水的需求情况。因此，笔者需要将消费者消费苏打水的时间段和年龄结合起来分析。被调查者消费苏打水的时间段与年龄的关系如表12所示。

表 12　被调查者消费苏打水的时间段与年龄的关系　　　　单位：人

年龄	身体不适时	可支配收入增加时	任何时候	娱乐时	小计
20 岁及以下	18（54.55%）	0（0.00%）	10（30.30%）	5（15.15%）	33
21～30 岁	22（29.73%）	9（12.16%）	30（40.54%）	13（17.57%）	74
31～40 岁	14（28.57%）	3（6.12%）	23（46.94%）	9（18.37%）	49

年龄	身体不适时	可支配收入增加时	任何时候	娱乐时	小计
41~50岁	12（54.55%）	0（0.00%）	5（22.73%）	5（22.73%）	22
50岁以上	6（42.86%）	1（7.14%）	5（35.71%）	2（14.29%）	14

20岁及以下、41岁以上的人群更多在运动口渴后消费苏打水，而21~40岁的人群更多是无论什么时候都会购买苏打水。任何时候都会考虑购买苏打水的人群中认为清凉的口感、气泡在嘴中的炸裂感能提神或精神补偿，使人保持清醒的有71人，占比为97.26%（见表13）。21~40岁的人群中有喝咖啡习惯的共72人，占比为58.54%（见表14）。有喝咖啡习惯且因为苏打水提神或精神补偿而消费苏打水的人群占比为57.53%。因此，对于这个年龄段的人群而言，苏打水更多是作为相对于咖啡的、更健康的、提神或精神补偿的饮品而被消费的。

表13　苏打水提神或精神补偿认知和消费时间段的关系　　单位：人

消费时间段	提神或精神补偿		
	是	否	小计
身体不适时	59（83.10%）	12（16.90%）	71
可支配收入增加时	11（84.62%）	2（15.38%）	13
任何时候	71（97.26%）	2（2.74%）	73
娱乐时	23（67.65%）	11（32.35%）	34

表14　年龄和喝咖啡习惯的关系　　单位：人

年龄	喝咖啡习惯		
	是	否	小计
20岁及以下	7（21.88%）	25（78.12%）	32
21~30岁	42（56.76%）	32（43.24%）	74
31~40岁	30（61.22%）	19（38.78%）	49
41~50岁	5（22.73%）	17（77.27%）	22
50岁以上	3（21.43%）	11（78.57%）	14

6. 被调查者消费苏打水的时间段与职业的关系

消费者职业的不同会直接导致消费者工作环境和健康状况的不同，而生活环境与健康状况是两个影响苏打水支付意愿的因素，因此笔者有必要将消费苏打水的时间段与消费者职业相结合来分析不同职业消费者对苏打水的需求。被调查者消费苏打水的时间段与职业的关系如表15所示。

表 15　被调查者消费苏打水的时间段与职业的关系　　　　单位：人

职业	身体不适时	可支配收入增加时	任何时候	娱乐时	小计
农业、狩猎和林业或有关的服务活动	4（80%）	0（0.00%）	1（20%）	0（0.00%）	5
采矿及采石	0（0.00%）	1（100%）	0（0.00%）	0（0.00%）	1
制造业	15（38.46%）	3（7.69%）	18（46.15%）	3（7.69%）	39
电、煤气和水的供给	3（60%）	1（20%）	1（20%）	0（0.00%）	5
建筑	0（0.00%）	0（0.00%）	6（100%）	0（0.00%）	6
批发和零售贸易、维修	7（50%）	1（7.14%）	5（35.71%）	1（7.14%）	14
饭店和餐馆的经营或管理	1（20%）	1（20%）	2（40%）	1（20%）	5
运输、仓储和通信	4（40%）	1（10%）	4（40%）	1（10%）	10
金融媒介	4（40%）	0（0.00%）	3（30%）	3（30%）	10
房地产、租赁和商业活动	1（8.33%）	1（8.33%）	6（50%）	4（33.33%）	12
公关管理和防卫、强制性社会保险	2（100%）	0（0.00%）	0（0.00%）	0（0.00%）	2
教育	5（33.33%）	1（6.67%）	6（40%）	3（20%）	15
卫生和社会工作	4（30.77%）	1（7.69%）	5（38.46%）	3（23.08%）	13
社区、社会和私人的其他服务活动	0（0.00%）	0（0.00%）	2（40%）	3（60%）	5
有雇工的私人家庭	0（0.00%）	0（0.00%）	0（0.00%）	2（100%）	2
域外组织和机构	0（0.00%）	1（50%）	0（0.00%）	1（50%）	2
学生	22（47.83%）	1（2.17%）	14（30.43%）	9（19.57%）	46

　　在本次调查中，被调查者大多是从事制造业工作或为在校学生。从本次调查数据来看，制造业人群中占比为 46.15% 的被调查者因为喜欢苏打水的口感而在任何时候都考虑购买苏打水；学生人群中占比为 47.33% 的被调查者会在运动口渴后购买苏打水。这是因为在制造业相对紧张的所处环境中会比学生的工作环境更需要刺激性的、辅助提高专注度的消费品，所以从事制造业工作的人群会比学生有更多时间段消费苏打水。

　　7. 消费苏打水意愿与其他食品消费习惯的关系

　　从上文的分析可以看出，消费者对于苏打水的认知有两点：口味刺激和提神或精神补偿。苏打水本身带有气泡的特点与一般碳酸饮料有相似之处，因此笔者以辣椒、咖啡、可乐三种拥有口味刺激、提神或精神补偿、带有气泡特点的日常常见消费品对带有此类消费品消费习惯的被调查者对苏打水的购买意愿进行分析。

　　（1）辣椒。辣椒的刺激口味与苏打水气泡的刺激感有一定相似之处，因此辣椒的消费习惯可能会影响苏打水的消费习惯。笔者结合辣椒的消费习惯和对苏打水的接受度来对苏打水的需求进行分析。苏打水与辣椒的消费习惯的交叉分析如表 16 所示。

表 16 苏打水与辣椒的消费习惯的交叉分析 单位：人

是否有吃辣椒的习惯	对苏打水的态度			
	不喜欢	一般	喜欢	小计
是	16（12.31%）	57（43.85%）	57（43.85%）	130
否	13（21.31%）	33（53.23%）	16（26.23%）	62

笔者把购买取决于包装设计和喜欢，并且经常购买各种不定品牌苏打水的人群归类为接受苏打水的人群，从表 16 来看，有吃辣椒习惯的人群更能接受苏打水。在这类人群中，接受苏打水的比例为 87.69%，没有吃辣椒习惯的人群接受苏打水的比例为 79.03%。我们根据 Hayes（2013）提出的 Bootstrap 中介效应模型，使用 process 插件来测试苏打水提神或精神补偿作用的认知在辣椒嗜好情况对消费者关于苏打水的态度（购买意愿）的影响中的中介作用（见表 17 和表 18）。

表 17 归属需求的中介模型检验

变量	提神或精神补偿			意愿		
	coeff	t	p	coeff	Z	p
辣椒嗜好	0.431 4	6.323 1	0***	−0.225 5	−0.552 6	0.580 5
收入	−0.025 1	−1.131 9	0.259 1	0.210 7	1.614 1	0.106 5
年龄	0.021	0.585 2	0.559 1	−0.137 5	−0.795 1	0.426 6
提神或精神补偿				−1.055	−2.027 1	0.042 7*
R−sq	0.184 4					
F	14.166 6					

注：*** 表示 $p<0.001$，** 表示 $p<0.01$，* 表示 $p<0.05$。

表 18 总效应与直接效应、间接效应分解表

项目	Effect	BootSE	BootLLCI	BootULCI	效应占比/%
中介效应	−0.455 1	0.616 3	−1.267 7	−0.008 6	66.87
直接效应	−0.225 5	0.408	−1.031 9	0.616 4	33.13
总效应	−0.680 6	0.046	−0.208	−0.02	

虽然苏打水提神或精神补偿的认知对消费苏打水意愿具有显著影响（$p<0.05$），辣椒嗜好能够显著促进消费者认识到苏打水的提神或精神补偿作用（$p<0.001$），但可以看到，在 Bootstrap95% 对提神或精神补偿认知的中介效应检验中，置信区间上下限均不包含 0；在 Bootstrap95% 对辣椒嗜好和苏打水购买意愿的直接效应检验中，置信区间上

下限包含 0。因此，提神或精神补偿认知对刺激具有辣椒嗜好的人群消费苏打水无作用，提神或精神补偿认知对拥有辣椒嗜好的人群选择购买苏打水起到完全中介作用。

（2）咖啡。咖啡这种消费品具有能够提神或精神补偿的特点，而苏打水的气泡刺激感和清凉感同样可能提神或精神补偿，因此我们将咖啡的消费习惯结合苏打水的接受度来对苏打水的需求进行分析。苏打水与咖啡的消费习惯的交叉分析如表 19 所示。

表 19　苏打水与咖啡的消费习惯的交叉分析　　　　　　单位：人

是否有喝咖啡的习惯	对苏打水的态度			
	不喜欢	一般	喜欢	小计
是	6（6.90%）	46（52.87%）	35（40.23%）	87
否	23（22.12%）	44（41.90%）	38（36.54%）	105

笔者仍然把购买取决于包装设计和喜欢，并且经常购买各种不定品牌苏打水的人群归类为接受苏打水的人群。从表 19 可以看出，有喝咖啡习惯的人群对苏打水的接受度明显高于没有喝咖啡习惯的人群，前者所占比例为 93.10%，而后者所占比例只有 78.10%。喝咖啡的习惯和对苏打水接受与否的 Pearson 相关性分析如表 20 所示。

表 20　Pearson 相关性分析

变量		是否有喝咖啡的习惯	对苏打水的接受与否
是否有喝咖啡的习惯	皮尔逊相关性	1	0.181*
	Sig.（双尾）		0.012
	个案数	192	192
对苏打水接受与否	皮尔逊相关性	0.181*	1
	Sig.（双尾）	0.012	
	个案数	192	192

注：* 表示在 0.05 级别（双尾）的相关性显著。

从皮尔逊分析结果可以看出，喝咖啡习惯和接受苏打水相关性系数为 0.181，呈现 0.05 级别的相关性，并且相关性显著。

对有喝咖啡习惯和苏打水提神或精神补偿的关系，笔者使用 process 插件来测试苏打水提神或精神补偿作用的认知在咖啡嗜好情况对消费者关于苏打水的态度（购买意愿）的影响中的中介作用（见表 21 至表 23）。

表 21　喝咖啡习惯和苏打水提神或精神补偿的关系　　　　　　单位：人

有喝咖啡的习惯	认为苏打水气泡的刺激感提神或精神补偿		
	是	否	小计
是	80（90.91%）	8（9.09%）	88
否	85（81.73%）	19（18.27%）	104

表 22　归属需求的中介模型检验

变量	提神或精神补偿			意愿		
	coeff	t	p	coeff	Z	p
咖啡嗜好	0.319 7	6.318	0.000 0***	−0.941 1	−2.022	0.043 2*
收入	−0.007 6	−0.432 9	0.665 6	0.096 2	0.723 6	0.469 3
年龄	0.086 6	3.108 8	0.002 2**	0.039 6	0.214 4	0.830 3
提神或精神补偿				−1.137 5	−2.260 9	0.023 8*
R-sq	0.235 1					
F	19.262					

注：*** 表示 p<0.001，** 表示 p<0.01，* 表示 p<0.05。

表 23　总效应与直接效应、间接效应分解

项目	Effect	BootSE	BootLLCI	BootULCI	效应占比/%
中介效应	−0.363 6	0.273 2	−0.911 2	0.030 3	27.87
直接效应	−0.941 1	−0.978 5	−2.131 4	0.063 2	72.13
总效应	−1.304 7	0.046	−0.208	−0.02	

　　虽然苏打水提神或精神补偿的认知对消费苏打水意愿具有显著影响（p<0.01），咖啡嗜好能够显著促进消费者认识到苏打水的提神或精神补偿作用（p<0.01），但可以看到，在 Bootstrap95% 对提神或精神补偿认知的中介效应检验中，置信区间上下限均包含0；在 Bootstrap95% 对咖啡嗜好和苏打水购买意愿的直接效应检验中，置信区间上下限均包含 0。因此，提神或精神补偿认知对刺激具有咖啡嗜好的人群消费苏打水无作用，咖啡嗜好对消费苏打水意愿无作用。

　　笔者进一步调查分析了在习惯喝咖啡的群体中，对更健康的、提高专注度的饮品的接受情况（见表 24 至表 26）。

表 24　习惯喝咖啡的群体中对更健康的、提高专注度的饮品的接受情况

单位：人

习惯喝咖啡	需求更健康的提神或精神补偿的饮品		
	是	否	小计
是	84（95.40%）	4（4.60%）	88
否	88（84.62%）	16（15.38%）	104

表 25 归属需求的中介模型检验

变量	健康			意愿		
	coeff	t	p	coeff	Z	p
咖啡嗜好	0.345 5	7.505	0***	−0.841 8	−1.791 7	0.073 2
收入	0.011 6	0.729 9	0.466 4*	0.125 9	0.944 5	0.344 9
年龄	0.053 5	2.112 2	0.036*	0.020 8	0.115 1	0.908 4
健康				−1.412 2	−2.637 5	0.008 4**
R-sq	0.264 8					
F	22.570 6					

注：*** 表示 $p<0.001$，** 表示 $p<0.01$，* 表示 $p<0.05$。

表 26 总效应与直接效应、间接效应分解表

项目	Effect	BootSE	BootLLCI	BootULCI	效应占比/%
中介效应	−0.487 9	0.330 9	−1.158 4	−0.015 9	36.69
直接效应	−0.841 8	0.469 8	−2.005	0.184 8	63.31
总效应	−1.329 7	0.046	−0.208	−0.02	

　　健康认知对消费者意愿的影响显著（$p<0.01$），咖啡嗜好对健康认知的影响显著（$p<0.001$）。我们可以看到，在 Bootstrap95% 对归属需求的中介效应检验中，置信区间上下限均不包含 0；而在 Bootstrap95% 对归属需求的直接效应检验中，置信区间上下限包含 0。因此，健康认知会对具有咖啡嗜好的人群购买苏打水起到完全中介作用。

　　（3）可乐。可乐和苏打水之间除去糖分之外相差不大，因此可乐的消费习惯会对苏打水的接受度产生一定影响。笔者结合可乐的消费习惯和苏打水的接受度进行分析。苏打水与可乐的消费习惯的交叉分析和 Pearson 相关性分析如表 27 和表 28 所示。

表 27 苏打水与可乐的消费习惯的交叉分析   单位：人

喝可乐的习惯	对苏打水的态度			
	不喜欢	一般	喜欢	小计
是	9（8.11%）	53（47.75%）	50（44.64%）	112
否	20（25%）	36（45%）	24（30%）	80

表 28　Pearson 相关性分析

变量		喝可乐的习惯	对苏打水的态度
喝可乐的习惯	皮尔逊相关性	1	0.187[**]
	Sig.（双尾）		0.009
	个案数	192	192
对苏打水的态度	皮尔逊相关性	0.187[**]	1
	Sig.（双尾）	0.009	
	个案数	192	192

注：[**] 表示在 0.01 级别（双尾）相关性显著。

在有喝可乐的习惯的群体中，对苏打水的接受度为 91.96%；而在不喝可乐的群体中，对苏打水的接受度仅为 75%。从皮尔逊分析结果看出，喝可乐的习惯和接受苏打水的相关性系数为 0.187，呈现 0.01 级别的相关性，并且相关性显著。

四、结论与启示

（一）消费者苏打水购买意愿的结论

第一，消费者购买苏打水的意愿的重要影响因素是苏打水提神或精神补偿和健康的认知。

大多数人是因为"提神或精神补偿"或"健康"而购买苏打水的，由调研数据可知，为了提神或精神补偿而购买苏打水的人群的比例为 36.98%，为了身体健康而购买苏打水的人群的比例为 47.40%。在有喝咖啡的习惯的群体中，在知道有更健康的、提高专注度的饮品存在前提下，会尝试此类饮品的人群占比为 93.10%；在有喝咖啡习惯的人群中有 91.96% 的被调查者认为喝苏打水同样可以提神或精神补偿。

第二，消费者年龄越大，苏打水的健康认知越能刺激消费者消费；消费者收入越高，苏打水的提神或精神补偿认知越能刺激消费者消费。

消费者年龄越大，在自身身体机能衰退的压力下，其越会对自身健康情况产生反思。因此，苏打水厂商在进行广告设计时，在老年社区可以以健康标签作为设计核心；在年轻人社区，则可以以提神或精神补偿标签作为设计核心。

通常，消费者收入越高，工作时长越长。为了保证长时间工作，其需要外界物质刺激其神经系统，因此需要消费提神或精神补偿商品。苏打水厂商在进行广告设计时，在高收入人群社区可以以提神或精神补偿作为设计核心，以此刺激消费者需求。

第三，咖啡嗜好者会因为对苏打水的健康认知提高购买意愿，辣椒嗜好者会因为苏打水的提神或精神补偿认知提高购买意愿。

咖啡嗜好无法直接影响苏打水购买意愿，但咖啡嗜好者通过苏打水健康这一认知中介,会显著提高苏打水的购买意愿。辣椒嗜好无法直接影响苏打水购买意愿,但辣椒嗜好者通过苏打水提神或精神补偿这一认知中介,会显著提高苏打水的购买意愿。

(二)消费者购买苏打水的影响因素调研的启示

通过本次调研,笔者发现不同人群希望苏打水满足自己的需求是不同的,因此苏打水厂商要想提升市场份额,提高竞争力,可以从以下四个方面着手:

1. 对拥有不同人群特征的网络社区可以运用不同的标签进行宣传

对中老年人社区,苏打水厂商可以运用"健康保健"的标签对苏打水进行宣传;对年轻人社区,苏打水厂商可以强调其清爽解渴、提神或精神补偿,这样能够有效刺激不同类型消费者消费。苏打水厂商可以将苏打水的"健康"和"提神或精神补偿"标签和其他具有这类标签的产品结合,形成新产品售卖。

2. 从售价下手,降低售价,薄利多销

有相当一部分人群是把苏打水作为咖啡和可乐的良性替代品消费的,更低的销售价格可以吸引更多的咖啡和可乐的消费群体体验并购买苏打水。

3. 扩宽营销渠道,有效利用互联网营销

互联网大数据分析和用户画像绘制可以有效划分用户特点,划分出一个空间上不连续的虚拟社区。苏打水厂商可以针对不同虚拟社区的年龄、收入、偏好情况制定不同的销售策略。

4. 设计用户评价反馈机制

有效收集用户评价反馈并根据用户评价反馈进一步优化销售策略和产品,有助于提高消费者的消费黏性。

附件:调查问卷

1. 您的年龄
   A. 20 岁及以下
   B. 21~30 岁
   C. 31~40 岁
   D. 41~50 岁
   E. 50 岁以上

2. 您的性别
   A. 男
   B. 女

3. 您所在的城市
   A. 一线城市(例如:北京、上海等)
   B. 二线城市(例如:南京、武汉等)
   C. 三线城市(例如:西宁、海口等)
   D. 其他

4. 您从事的职业类型是

    A. 农业、狩猎和林业或有关的服务活动

    B. 渔业或其服务活动

    C. 采矿及采石

    D. 制造业

    E. 电、煤气和水的供给

    F. 建筑

    G. 批发和零售贸易、维修

    H. 饭店和餐馆的经营或管理

    I. 运输、仓储和通信

    J. 金融媒介

    K. 房地产、租赁和商业活动

    L. 公关管理和防卫，强制性社会保险

    M. 教育

    N. 卫生和社会工作

    O. 社区、社会和私人的其他服务活动

    P. 有雇工的私人家庭

    Q. 域外组织和机构

    R. 学生

5. 您的月收入情况（如果是学生，请填写每个月的可支配收入）

    A. 2 000 元及以下

    B. 2 001~5 000 元

    C. 5 001~8 000 元

    D. 8 001~10 000 元

    E. 10 001~20 000 元

    F. 20 001~30 000 元

    G. 30 001~50 000 元

    H. 50 001~100 000 元

    I. 100 001~200 000 元

    J. 200 000 元以上

6. 您认为以下哪种是苏打水饮料

    A. 有气泡的含糖饮料，如可乐、雪碧

    B. 有气泡的甜味无糖饮料，如无糖可乐、元气森林

    C. 任何有气泡的饮料都属于苏打水

    D. 无味、无色、可能微苦的气泡水

7. 您对苏打水的态度

    A. 不喜欢且不购买

    B. 购买取决于包装设计和品牌

    C. 喜欢且经常购买各种不定品牌的苏打水

8. 苏打水的购买渠道

    A. 便利店

    B. 社区团购

    C. 网购

    D. 批发市场

    F. 超市

    G. 不购买苏打水，一般只会在别人提供时饮用

9. 您购买苏打水的原因

    A. 喜欢某些苏打水的品牌、宣传模式

    B. 喜欢苏打水气泡在嘴里炸裂的口感，认为这种感觉可以提神或精神补偿，而且相较于咖啡更健康

    C. 认为苏打水相对于一般无糖但有甜味的饮料对身体健康更有益

    D. 认为相对于其他含糖气泡水饮料，苏打水更健康

    F. 交际圈的其他人有喝苏打水的习惯

10. 您一般会在什么时候购买苏打水

    A. 运动口渴后

    B. 发工资后，想要消费更贵商品时

    C. 因为喜欢苏打水口感，所以任何时候都会考虑购买

    D. 聚会，郊游等时候

11. 您一般购买苏打水的品牌【多选题】

☐名仁	☐农夫山泉	☐娃哈哈
☐中沃	☐天下一水	☐恒大
☐宜简	☐六月云	☐北大荒
☐屈臣氏	☐依能	☐巴黎水/Perrier
☐象牌/chang	☐考拉学长	☐活力恩/HORIEN
☐倍特	☐怡泉	☐舒达源
☐可口可乐/Coca-Cola	☐优珍	☐栗子园
☐元气森林	☐宾得宝/Bundaberg	☐崂山
☐火山鸣泉	☐芙丝/VOSS	☐三得利凡山/SUNTORY
☐怡泉/Schweppes	☐N47°	☐胜狮/SINGHA
☐其他＿＿＿＿＿＿＿＿		

12. 苏打水的偏好产地【多选题】

☐中国　　　　　　　　　☐泰国

☐法国　　　　　　　　　☐挪威

☐土耳其　　　　　　　　☐德国

☐俄国　　　　　　　　　☐美国

☐墨西哥　　　　　　　　☐日本

13. 您是否有喝咖啡的习惯

　　A. 是

　　B. 否

14. 您是否有吃辣椒的习惯

　　A. 是

　　B. 否

15. 您是否有喝可乐的习惯

　　A. 是

　　B. 否

16. 请问您会因为什么而习惯于喝咖啡

　　A. 工作需要，使自己保持清醒

　　B. 喜欢咖啡的口感

　　C. 周围人喜欢喝咖啡，于是自己不得不跟着喝

　　D. 不喜欢喝咖啡

17. 请问您认为清凉的口感和气泡在嘴中的炸裂感是否能提神或精神补偿，使人保持清醒

　　A. 是

　　B. 否

18. 请问您认为苏打水的气泡的刺激感和辣椒的刺激感相似吗

　　A. 相似

　　B. 不相似

19. 如果知道其他可以提高专注度而且更健康的饮品，您会尝试这种新饮品吗

　　A. 是

　　B. 否

参考文献

[1] 张颖南，易加斌. 青年消费者食品消费中的健康认知及行为关系研究 [J]. 哈尔滨商业大学学报（社会科学版），2021（4）：95-104.

[2] 慕容云. 无糖饮料仍处于市场培育期 [J]. 商业观察，2020（16）：23-25.

[3] 李林蔚. 网络舆情视角下绿色食品消费行为及其影响因素研究 [J]. 当代经济，2021（6）：114-118.

[4] 刘照龙. 专访元气森林：4 年估值 140 亿元，爆款品牌的创新玩法 [J]. 国际品牌观察，2020（26）：18-21.

[5] 姚燕燕，范颖. 消费者自我保护意识对食品安全消费行为影响实证研究 [J]. 河南工程学院学报（社会科学版），2021（2）：37-42.

[6] 夏进进，牛冲，郭萌，等. 政府处置因素对公众舆情感知的影响研究：以食品安全事件为例 [J]. 现代商业，2015（8）：269-271.

指导老师：张桂君

社区团购消费意愿影响因素的调研报告

王馨怡　向思韵　黎亚男　余涛行

（重庆工商大学经济学院贸易经济专业，2021级）

摘　要：社区团购是贸易经济的重要商业模式之一。因为进入该行业的门槛偏低，所以其成为资金并不充裕的创业者尤其是初次创业者的首选。但是，试水社区团购而失败的案例比比皆是，因此研究如何成功运营好社区团购、消费者的消费意愿受哪些因素影响、创业者需要具备哪些条件具有非常重要的现实意义。从宏观来看，本研究有助于社区团购成功运营，有助于活跃社区经济，有助于提高城市居民生活品质。本研究报告以消费者为调查对象，从消费者角度看待社区团购，运用问卷调查法、访谈调查法、文献研究法、经验总结法四种调研方法，通过在重庆市主城区及周边区县、宁夏回族自治区吴忠市等多地搜集到的数据进行讨论分析，得出社区团购消费意愿影响因素相关结论，同时社区团购的发展趋势与前景进行合理预测。本次的调研地点主要选取在重庆市主城区及周边区县、宁夏回族自治区吴忠市等多地。调研对象含各年龄段居民，其中大学生占比居多。调研形式以问卷调查法、访谈调查法、文献调查法为主。我们发放关于社区团购消费意愿影响因素调查电子问卷共151份，回收151份，回收率为100%，有效率为100%。问卷收集结束后，我们对正式调查数据进行预处理，信效度检验结果显示问卷维度划分较为合理、稳定性好、一致程度高、较为可靠。同时，我们针对年龄、收入、职业、居住地四个维度的人口特征与社区团购消费意愿影响因素进行交叉分析。调查结论如下：第一，社区团购模式的消费者以年轻群体为主。第二，社区团购消费者购买的商品主要集中在蔬菜生鲜类、零食饮品类和生活用品类。第三，消费者的消费意愿影响因素重要程度的排序为商品质量>商品种类>商品价格>服务质量。调查建议如下：第一，控制价格，降低售价，同时把控质量，提高商品性价比。第二，慎重选址，选择居民密度大的地方，充分考虑消费者的便利度。第三，丰富产品种类，满足消费者多样化需求。第四，优化物流服务，缩短配送时间，保证商品完好。第五，加大宣传力度，扩大影响力。

关键词：社区团购；消费意愿；产品种类

一、引言

(一) 调研背景与意义

1. 调研背景

2022 年 7~8 月新冠疫情防控时期,成都市多地实行居家隔离政策,我们注意到这样一条新闻:"成都开启社区团购模式,非接触送菜到家。"由政府部门组织的"社区安心购"以及居民自发组织的"小区团购"开始活跃在成都市民的生活中。其实,社区团购并不是近期才出现,早在 2016 年就已经出现"社区团购"的概念及实践,但在几年的发展中它经历了几起几落,始终未曾真正成为潮流、被大众接受。直到 2020 年新冠疫情在全球范围内的暴发,才让社区团购真正走入大众的视野。在社区团购不断发展的过程中,许多实质性的问题逐渐被暴露出来。

社区团购为居民带来的效益良莠不齐,消费者利益也在不同程度上受到过挑战。本调研小组的成员都或多或少有在社区团购平台上购买经历,对其有一定的体会,十分清楚居民希望能够在社区团购平台上买到货真价实的东西。这对如何成功运营好社区团购平台提出了要求,对如何更好地规范社区团购的相关流程提高了标准。基于以上背景,我们针对社区团购消费意愿影响因素进行了调研。

2. 调研意义

自新冠疫情暴发以来,围绕老百姓菜篮子而被热烈讨论的社区团购已经逐渐活跃在居民们的日常生活中。社区团购作为一种新兴的购买方式为居民购物带来了更多可能性,正确投入使用将会为居民生活带来便利。我们通过调研,切实了解到居民对社区团购的看法和需求,并为社区团购的经营者提供参考,希望能够对社区团购经营中存在的问题进行改进。社区团购是贸易经济的重要商业模式之一,因为进入该行业的门槛偏低,所以其成为资金并不充裕的创业者尤其是初次创业者的首选。但是,试水社区团购而失败的案例比比皆是,因此研究如何成功运营好社区团购、消费者的消费意愿受哪些因素影响、创业者需要具备哪些条件具有非常重要的现实意义。从宏观来看,本研究有助于社区团购成功运营,有助于活跃社区经济,有助于提高城市居民生活品质。

(二) 调研方法

1. 问卷调查法

问卷调查法以发放、填写问卷为主要形式,问卷内容与居民日常生活紧密联系,填写个体扩大到不同年龄段的消费者,不再局限于大学生,可以切实了解各个年龄段的消费者对社区团购的看法与需求。我们搜集用于后期针对性研究的样本数据,进一步探究社区团购消费意愿的影响因素。

2. 访谈调查法

访谈是一种研究性的交谈，访谈调查法是指研究者通过与研究对象进行口头交谈的方式，来使调查更加多元化和具有灵活性，使调查更具有说服力、真实性。在本次调研过程中，我们随机选取了几位具体调查对象，对其进行了有针对性的访谈，更加深入地了解社区团购在居民生活中产生的影响。

3. 文献研究法

文献研究法是根据一定的研究目的或课题，通过调查文献来获得资料，从而全面地、正确地了解所要研究问题的一种方法。我们在经过小组第一次会议确认调研方向后，通过查阅知网文献、搜寻相关新闻报导、研读相关文章等方式具体了解了社区团购的相关情况。同时，我们在与指导老师进行多次商讨后，由指导老师对调研准备过程中出现的错误及时指明并提出改进方向，我们对社区团购有了一个更加清晰、全面的认识。

4. 经验总结法

经验总结法是通过对实践活动中的具体情况，进行归纳与分析，使之系统化、理论化，上升为经验的一种方法。在本次调研中，我们参与了社区团购，通过自身经历来总结经验。

（三）调研内容

我们以消费者为调查对象，从消费者角度看待社区团购，具体通过居民的基本认识、使用后的感受、对市场前景的看法三个大方向来制作调查问卷。调查问卷内容具体涉及居民性别、年龄、职业、月收入、居住地、主要购物渠道，对社区团购的使用频率、满意程度、看重方面，喜欢的社区团购形式及原因，愿意在社区团购上购买的商品类型及对商品种类的看法，对商品价格、质量、配送服务的评价和建议，对社区团购市场发展前景的看法，是否愿意从事该行业……共32个与社区团购相关的问题。

（四）研究思路

本文的研究思路框架如图1所示。

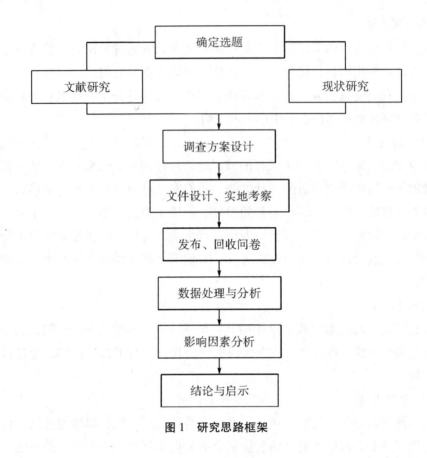

图 1　研究思路框架

二、调研方案设计

（一）调研概况

在经过小组开会商讨制订方案后，本次的调研地点主要选取重庆市主城区及周边区县、宁夏回族自治区吴忠市等多地。调研对象含各年龄段居民，其中大学生占比居多。调研形式以问卷调查法、访谈调查法、文献调查法为主。我们发放关于社区团购消费意愿影响因素调查电子问卷共 151 份，回收 151 份，回收率为 100%，有效率为 100%。问卷收集结束后，我们对搜集到的样本数据进行进一步加总、分类、整理、分析研究，最后总结形成具体调研报告。

（二）调研目的

通过本次调研，切实了解居民对社区团购的看法和需求，并为社区团购的经营者提供参考，对如何成功运营好社区团购、创业者需要具备哪些条件提出合理建议。从宏观来看，本研究有助于社区团购成功运营，有助于活跃社区经济，有助于提高城市居民生活品质。

（三）抽样方案

本次调研采用分层抽样的方法，将总体单位根据是否使用过社区团购平台为依据分为两类，然后再在每一层内进行简单随机抽样。我们根据调研结果确定每一层的样本数量，对使用过社区团购平台的用户进行用户满意度调查，对没有使用过社区团购平台的用户进行用户需求调查，最后通过问卷星平台发放问卷。

（四）问卷设计

问卷设计框架如图2所示。

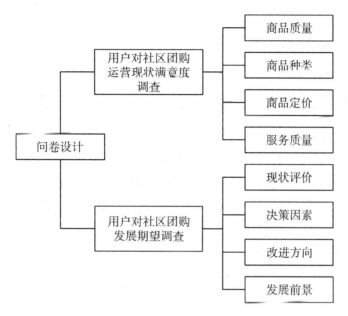

图2　问卷设计框架

三、调研实施

（一）调查问卷信效度检验

1. 问卷信度检验

我们利用 Spss 软件将问卷中体现消费者对社区团购四个维度（商品质量、商品价格、商品种类、配送服务）的现状满意度量表进行了可靠性分析，并以克隆巴赫（Cronbach）α 系数为指标。问卷可靠性统计信度分析如表1所示。

表1　问卷可靠性统计信度分析

克隆巴赫 α	项数
0.996	4

由表 1 中的信度检验结果可知，消费者对社区团购现状满意度的四个维度的克隆巴赫 α 系数为 0.996，说明问卷内部一致性较高，并且数据的可靠性较高。

从表 2 可以看出，各个维度删除项后的问卷信度结果（克隆巴赫 α 系数）都低于四项维度综合量表指标，说明四项维度在问卷内部都有存在的必要性，以维持问卷整体数据的可靠性。

表 2　问卷信度单项分析

量表维度	删除项后的克隆巴赫 α
商品价格现状满意度	0.995
商品质量现状满意度	0.995
配送服务现状满意度	0.994
商品种类现状满意度	0.993

2. 问卷效度检验

在数据整理过程中，我们将问卷中体现消费者对社区团购现状满意度的数据量表，利用 Spss 软件进行效度检验，以 KMO（Kaiser－Meyer－Olkin）和巴特利特（Bartlett）球形检验统计量为指标。问卷数据 KMO 和巴特利特检验如表 3 所示。

表 3　问卷数据 KMO 和巴特利特检验

KMO 取样适切性量数		0.910
巴特利特 球形度检验	近似卡方	2 508.003
	自由度	15
	显著性	0.000

由表 3 可以得知，问卷量表数据的 KMO 取样适切性量数为 0.910（大于 0.6），在巴特利特球形度检验结果中，显著性低于 0.05。同时满足上述两个条件，说明量表数据适合进行因子分析。

从表 4 因子分析结果可以看出，进行效度检测的六个问题，将它们划分到同一个维度进行因子分析时，累计方差贡献率约为 97%（大于 60%），说明该量表数据因子分析应从同一个维度进行调查。

表 4　问卷效度因子分析

成分	初始特征值			提取载荷平方和		
	总计	方差 百分比/%	累积 百分比/%	总计	方差 百分比/%	累积 百分比/%
1	5.838	97.295	97.295	5.838	97.295	97.295
2	0.086	1.437	98.732			

表4(续)

成分	初始特征值			提取载荷平方和		
	总计	方差 百分比/%	累积 百分比/%	总计	方差 百分比/%	累积 百分比/%
3	0.031	0.510	99.243			
4	0.023	0.389	99.632			
5	0.014	0.241	99.873			
6	0.008	0.127	100.000			

注：提取方法为主成分分析法。

（二）调查具体安排

（1）准备阶段：2022年7月23日至8月8日，确定主题，小组讨论，制订调查方案，设计问卷。

（2）调查数据处理阶段：2022年8月9日至8月23日，问卷的发放与收回，处理数据，数据质量评估。

（3）资料整理和归纳阶段：2022年8月24日至9月8日，整理调查资料，分析研究，撰写调研报告初稿。

（4）总结和纠正阶段：2022年9月9日至9月15日，修改调整调研报告，调研报告定稿打印，提交调研报告。

（三）样本构成

本次调查通过性别、年龄、职业、月收入水平、所居住城市五项内容来观察调查样本的人口统计学特征（见表5）。

表5 调查样本基本信息汇总

基本 信息	总数	最大值	最大值 数量	最大值 占比/%	最小值	最小值 数量	最小值 占比/%	变量定义
性别	151	1	130	86.1	2	21	13.9	1=女 2=男
年龄	151	1	118	78.1	5	0	0	1=24岁及以下 2=25~35岁 3=36~45岁 4=46~55岁 5=55岁以上
职业	151	1	110	72.8	6	3	1.99	
月收入 水平	151	1	61	40.4	6	7	4.64	1=无独立收入来源 2=1 500元及以下 3=1 501~3 000元 4=3 001~5 000元 5=5 001~8 000元 6=8 000元以上

表5(续)

基本信息	总数	最大值	最大值数量	最大值占比/%	最小值	最小值数量	最小值占比/%	变量定义
所居住城市	151	4	64	42.3	1	10	6.62	1＝一线城市（例如：北京、上海等） 2＝二线城市（例如：南京、武汉等） 3＝三线城市（例如：西宁、海口等） 4＝新一线城市

1. 性别

为调查社区团购消费意愿的影响因素，本次调研共发放 151 份问卷。其中，男性有 21 人，女性有 130 人（见图3）。

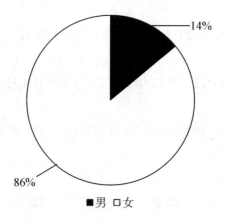

图3　被调查者的性别构成

在 151 份有效样本中，女性的占比偏高。对于购物的欲望来说，女性的欲望高于男性，并且对网购物品的要求较高，女性更愿意接受此类问卷调查。

2. 年龄

为调查社区团购消费意愿的影响因素，本次调研共发放 151 份问卷，被调查者的年龄构成如图4所示。

被调查者的年龄大都集中在 24 岁及以下，可能受调查者同龄圈子的影响，被调查者年龄构成不均衡。55 岁以上的年龄段的被调查者没有。因为调研采用电子问卷，部分中老年群体无法收到问卷或不会线上填写提交，所以被调研者未涉及 55 岁以上群体。

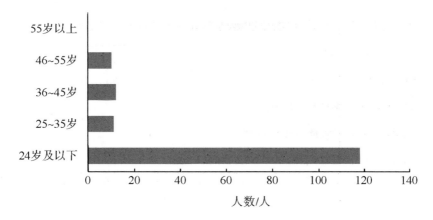

图4　被调查者的年龄构成

3. 职业

为调查社区团购消费意愿的影响因素，本次调研共发放 151 份问卷，被调查者的职业构成如图 5 所示。

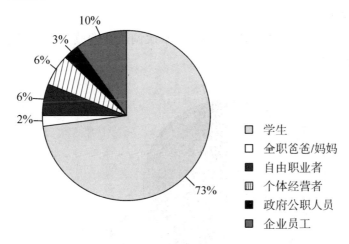

图5　被调查者的职业构成

被调查者中学生的占比较高，学生使用社区团购的频率也相对较高，因此对研究社区团购消费意愿的影响因素并没有影响。

4. 月收入水平

为调查社区团购消费意愿的影响因素，本次调研共发放 151 份问卷，被调查者的月收入水平如图 6 所示。

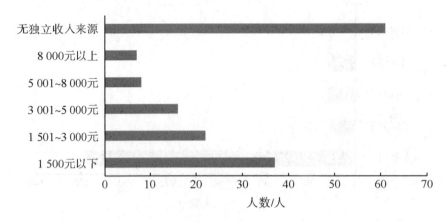

图 6　被调查者月收入水平

被调查者的收入都相对较低，多数无独立收入来源，主要是因为被调查者主要来自学生群体。月收入水平影响被调查者在社区团购上的开销，被调查者在价格等方面会有综合考量。

5. 所居住城市

为调查社区团购消费意愿的影响因素，本次调研共发放 151 份问卷，被调查者所居住城市构成如图 7 所示。

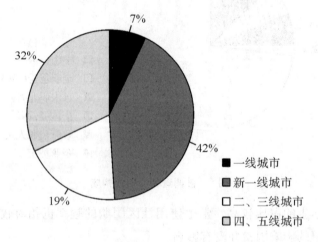

图 7　被调查者所居住城市构成

新一线城市的被调查者占比较高，达到 42%。除此之外，身处四、五线城市的被调查者占比居第二位。城市的发展状况影响着社区团购的使用频率。相对来说，所居住城市发展越好，对社区团购的接受程度越高，使用也越频繁。

（四）社区团购问卷内容

1. 被调查者日常购买渠道

通过调查，线下购物（如超市、菜市场等）有 108 人，电商平台（如淘宝、天猫、京东、抖音等）有 133 人，社区团购（如美团优选、叮咚买菜等）有 49 人。从调研数据来看，关于社区团购，还有很多人不了解、不习惯使用，更多的被调查者选择使用自己熟悉的方式购买商品。

2. 社区团购的了解渠道

通过调查，使用过社区团购的人有 71 人，在被调查者中占比为 47.02%，而未使用过社区团购的人数达到 80 人，占比为 52.98%。由此可以看出，社区团购在人们的日常生活中还没有真正普及，宣传力度有待加大。我们通过调研发现，被调查者对社区团购的了解渠道主要包括亲友邻居推荐、社区团长推荐、线下广告宣传（如电梯内、公交站内等广告）、社交媒体传播（如微博、微信、抖音等）、各网络平台内的广告，还有少数来自电视新闻。相对来说，通过社交媒体来宣传所能传播到的人群更多。我们认为，在互联网时代，对社区团购的宣传可以集中在互联网上，通过网络宣传社区团购的优势所在。

3. 被调查者不愿意使用社区团购的原因

在被调查的未使用过社区团购的 80 人中，选择不使用社区团购的原因主要集中在不习惯社区团购模式、周边没有社区团购点、没听说过社区团购，占比达八成以上；还有少部分原因是社区团购商品信息不真实、服务质量不满意、售后服务不完善、购物体验感不好等。研究发现，社区团购商品本身的质量问题以及社区团购平台问题相对容易解决，并且占比较小。更多的原因是在社区团购点不宣传或宣传力度不够，这是一个需要长时间去突破的问题，需要经济的支撑。同时，社区团购要努力实现站点全覆盖，方便消费者自提货物。

从表 6 可以看出，使用过社区团购的用户对社区团购的评价大部分都是较好的。

表 6　被调查者对社区团购各要素的满意程度　　　　　单位：人

满意程度	价格	商品质量	配送速度	商品种类
满意	16	19	22	10
比较满意	39	45	46	52
一般	14	6	3	9
不满意	2	1	0	0

4. 被调查者愿意使用社区团购的原因

在被调查的 151 人中，选择且愿意选择社区团购的原因主要包括商品质量放心、商品价格优惠、配送速度快、商品种类丰富、服务质量好、平台影响力大等方面。首要因素是商品价格更优惠、配送速度快。社区团购相对于消费者平常的线下购物来说，主要区别在于社区团购属于线上购物、线下自提；社区团购相对于网上购物来说，主要优势在于配送到货过程中所用的时间更短。因此，社区团购是一种结合了线下与线上共同优势的新兴购物形式，目前看来该模式具有较好的发展前景。对于社区团购使用者来说，对社区团购的使用频率大都为偶尔使用，占比高达 70% 以上。由此可以看出，社区团购类似于网上购物，并不能像日常线下购物一样频率较高。同时，由此可知社区团购的发展之路任重而道远，发展空间较大。

5. 被调查者倾向使用的社区团购形式

从表 7 可以看出，当前更多的人愿意使用社区团购平台自主进行购买，而人为组织的社区团购形式在很大程度上不受人们青睐。因此，对于社区团购的创业者来说，其可以适当对线上平台及线下服务点增加投入。但是，人为的线下组织也不能忽视。对于年龄较大的消费者来说，引领作用是极为重要的，社区团购经营者应多角度满足不同消费者的需求。

表7 被调查者倾向使用的社区团购形式

方式	使用过/人	所占百分比/%	未使过/人	所占百分比/%
社区团购平台（如美团优选、叮咚买菜、多多买菜等）	47	66.20	37	46.25
社区居民自发组织团购（如社区团长带头）	8	11.27	6	7.50
便民服务点增设服务（如菜鸟驿站、便利店等）	16	22.54	37	46.25

6. 被调查者对社区团购商品的认识

（1）被调查者更愿意在社区团购中购买的商品类型。在 151 份问卷中，被调查者对蔬菜生鲜类、零食饮品类、生活用品类的需求最高，皆超过 100 份；对智能家电类、美妆护肤类、休闲娱乐类的需求相对较少。由此可知，消费者对社区团购商品的需求更多来自日常生活急需的物品；而对一些注重品牌的商品，消费者愿意使用社区团购进行购买的意愿较低。

（2）影响被调查者对社区团购商品购买的主要因素分析。关于商品的购买，消费者对商品性价比、质量、风评、品牌以及个人喜好等方面较为看重。从被调查者对社区团购商品质量要求的统计数据分析来看，超过 70% 的被调查者要求商品质量应严格符合宣传所说的质量。可见，消费者对店铺的欺骗行为十分谨慎，一个真正好的社区团购平台应当具备诚信的良好品质。总体来说，消费者对商品的要求是物美价廉，在购买时会综合考量各平台的风评。因此，对于创业者来说，社区团购平台需要兼顾售前、售中与售后各个环节。

（3）被调查者希望社区团购增加的商品种类。被调查者希望社区团购增加的商品种类主要包括美妆护肤类、电子数码类、衣帽鞋装类、箱包饰品类、医药保健类、书本文具类、母婴用品类、休闲娱乐类。可见，消费者希望社区团购中的商品种类尽量多种多样,这就在一定程度上考验着社区团购平台的仓储能力。

(4)被调研者在社区团购时遇到的问题。商品质量差、商品种类不足、商品价格高、商品库存不足、团长或服务点服务质量差、售后没有保障、配送速度慢等都是消费者在社区团购消费过程中遇到的问题。因此,社区团购的经营者需要针对此类问题逐一解决,提升消费者的消费体验。此外,社区团购需要针对商品类型、商品质量、服务质量、配送服务、商品定价等方面进行改善。这些都是被调查者在参与社区团购过程中反映出来的问题,社区团购的经营者需要对这些问题采取一定的措施加以解决。

7. 被调查者对社区团购发展前景的看法

现如今,社区团购对于很多人来讲都是一种比较熟悉的购物方式,社区团购未来的发展前景广阔。首先,社区团购将瞄准多个市场及多个维度发展;其次,社区团购的发展基于下沉市场;同时,"连锁超市+社区团购"模式迅猛发展;最后,市场竞争激烈,数字化零售成为关键。在本次调研中,为反映社区团购用户对社区团购发展前景的看法,我们对社区团购使用方向进行调查(见表8)。

表 8　被调查者对社区团购使用方向

问题	是		否	
	数量/人	占比/%	数量/人	占比/%
是否会增加社区团购的使用频率	95	62.91	56	37.09
是否会优先选择社区团购	70	46.36	81	53.64
是否会向亲友推荐社区团购	96	63.58	55	36.42
是否愿意选择社区团购创业	87	57.62	64	42.38

从表8可以看出,被调查者对社区团购的评价有优劣。对于社区团购的发展前景来说,认为有前景的人数略多于认为没有前景的人数。从数据来看,社区团购有很大的发展空间。当然,从搜集的数据中可以发现,被调查者认为社区团购在市场中的发展优势包括在新冠疫情背景下社区团购的需求较大、团购价格更实惠、购物体验更好、服务更放心、提供更好的便民服务、在长期有发展优势等。这表明,在消费者看来社区团购发展前景较好。

(五)社区团购消费意愿影响因素分析(依据调查问卷结果)

1. 社区团购消费意愿影响因素分类

根据调查问卷结果及麦卡锡的4P营销理论,我们将社区团购消费意愿影响因素分为以下几类:

(1)product(产品):商品质量、商品种类。

(2)price(价格):商品价格。

(3)place(渠道):消费平台、配送服务。

（4）promotion（推广）：推广方式。

关于社区团购的推广方式及消费者渠道选择，相关调查已有详细分析，此处不再赘述。我们从商品质量、商品种类、商品价格以及服务质量（商品配送）四个维度深入进行。

2. 社区团购商品质量影响分析

消费者对社区团购商品质量的要求的调查数据显示，超过一半的消费者要求自己收到的商品"必须严格符合宣传所述质量"标准。这反映了现有消费市场对商品质量标准的预期水平及宣传真实性的要求普遍较高。

图 8 反映了消费者对社区团购商品质量现状的满意程度，可以看出超过 90% 的消费者对当下社区团购的商品质量表示可接受。这说明，当前社区团购对商品质量的把控比较到位，应当继续保持，并进一步提高。

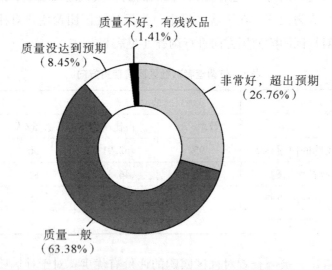

图8　消费者对社区团购商品质量现状的满意程度

3. 社区团购商品种类影响分析

一直以来，社区团购的商品种类大多都局限于生鲜果蔬、日用洗护这类商品上，在消费者心中留下"实惠便民"印象的同时，也受到商品品种单一的制约。

图 9 反映了消费者对社区团购商品种类现状满意度。如图 10 所示，超过 70% 的被调查者认为社区团购的商品种类较丰富，可以满足日常大部分需求。同时，认为商品种类丰富和不太丰富的占比相似。为平衡两极评价，社区团购经营者应当在保持现状的基础下，继续丰富商品种类。

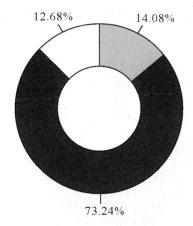

- ◐ 丰富，一应俱全
- ● 较丰富，可满足日常人部分需求
- ○ 不太丰富，勉强满足日常需求

图 9　消费者对社区团购商品种类现状满意度

我们深入调查了消费者对商品种类的具体期望，消费者期望增加的社区团购商品种类如图 10 所示。

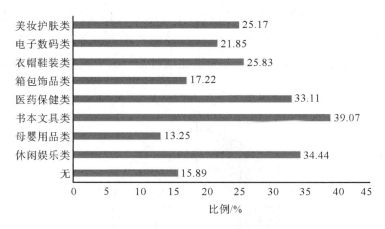

图 10　消费者期望增加的社区团购商品种类

在消费者希望增加的社区团购商品种类中，排在前三位的依次是：书本文具类、休闲娱乐类、医药保健类。这三类商品都属于接近消费者日常生活需求的商品。因此，社区团购商品种类发展应当继续贴近消费者生活，丰富消费者的消费体验。

4. 社区团购商品价格影响分析

在调查消费者选择社区团购的原因时，调研结果显示，超过七成的消费者选择了商品性价比。由此可以得知，商品性价比（或者说商品价格）是社区团购同其他零售方式相比的核心竞争力。

基于此调查结论，我们在问卷中设置了消费者对社区团购商品价格现状满意度题项。如图 11 所示，70%以上的被调查者认为现阶段社区团购商品价格低于市场平均水平，即认同社区团购商品价格，认为其价格实惠、性价比高。社区团购经营者应当维持价格水平，保持市场竞争优势。

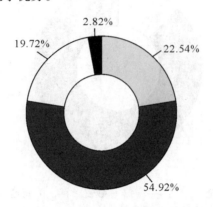

○ 非常实惠（22.54%）　　● 团购价基本低于市场价（54.92%）
○ 与市场价差别不大（19.72%）　● 出现"刺客商品"（价格不降反升）（2.82%）

图 11　消费者对社区团购商品价格现状满意度

5. 社区团购商品配送影响分析

在消费者选择社区团购的具体原因调查中，除上文提及的"商品性价比"以外，有超过五成的消费者选择了"配送服务"，这说明"配送服务"对消费者消费意愿具有一定的影响。因此，我们从配送服务问题加以延伸，深入调查了相关问题（见图 12 和图 13）。

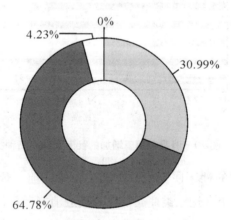

○ 非常满意，商品快速安全到达（30.99%）
● 比较满意，商品破损和配送时长可勉强接受（64.78%）
○ 不满意，商品破损程度严重或配送时间过长（4.23%）
● 非常不满意，不能保证商品安全且配送速度慢（0）

图 12　消费者对社区团购配送服务现状满意度

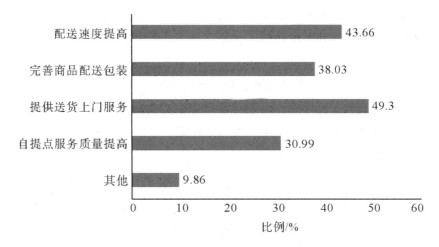

图 13　消费者对社区团购配送服务改进期望调查

　　消费者对社区团购的配送服务是基本满意的，只有不到5%的被调查者反映商品破损程度严重和配送时间过长商品未能安全送达。同时，在消费者对未来配送服务的期望中送货上门、配送速度提高、完善商品配送包装位于前三名。社区团购经营者应当保持现有配送服务质量，提升上门服务和商品包装要求。

　　6. 人口特征与社区团购消费意愿影响因素的交叉分析

　　除对调查问卷结果的具体分析外，我们针对年龄、收入、职业、居住地四个维度的人口特征与社区团购消费意愿影响因素进行交叉分析。

　　首先，我们分析年龄与社区团购参与程度的关系。如图14所示，社区团购参与频率最高的是"25~35岁"的年轻消费群体。社区团购经营者应把握关键消费群体画像，对运营相关因素进行调整，迎合市场需求。这是社区团购吸引年轻消费群体的关键。值得关注的是，四组不同的年龄群体的消费者都对社区团购有一定程度的了解，这说明社区团购在市场中已经具备认知普及基础，有大量的潜在需求。

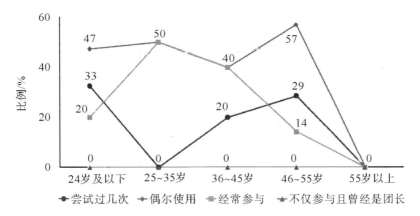

图 14　年龄段与社区团购参与频率的交叉分析

其次，针对社区团购的核心优势——商品价格优势，我们将其同调查人群的收入水平进行交叉分析，探寻社区团购的"价格实惠"的招牌是否对所有收入水平的消费者都有较强的吸引力。

由图15可见，各收入水平中大部分被调查者都认同社区团购商品价格比市场价格更实惠，并且在中高收入群体中，出现了部分商品定价过高的看法。上面两个交叉分析结果可以证明社区团购"价格实惠"的核心印象已经深入消费者群体，"定价优势"战略在中低收入群体中有较强的效用。

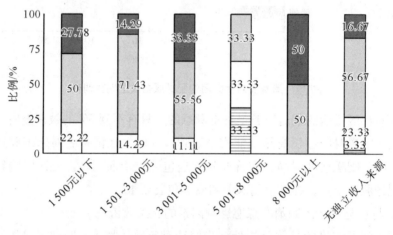

● 非常实惠　　　　　　　　○ 团购价基本低于市场价格
○ 与市场价格差别不大　　　◎ 出现"刺客商品"（价格不降反升）

图15　收入水平与社区团购商品价格接受度的交叉分析

最后，我们对消费者不同居住地的不同发展水平，分析不同消费渠道的使用频率以及社区团购的有效宣传渠道。

由表9可知，在上述四类不同发展程度的城市中，占比最高的依旧是电商购物，其次是线下购物，社区团购在消费者日常生活中占比并不高。这说明，社区团购仍有较大的市场空间，但是市场占有率的争夺并不容易。

表9　消费者居住地城市与消费渠道的交叉分析　　　　　　单位：人

居住地	线下购物（如超市、菜市场等）	电商平台（如淘宝、天猫、京东、抖音等）	社区团购（如美团优选、叮咚买菜等）	小计
一线城市	8（80%）	8（80%）	3（30%）	10
新一线城市	47（73.44%）	61（95.31%）	23（35.94%）	64
二、三线城市	17（60.71%）	24（85.71%）	3（10.71%）	28
四、五线城市	36（73.47%）	40（81.63%）	20（40.82%）	49

注：本题为多选题，括号内的比例为普及率，即选择该选项的人数除以总人数的百分比。

社区团购以"线上下单+线下提货"的消费方式，将电子商务与线下社群文化有效结合，若能将电商服务的便捷快速与线下消费的直接服务体验相结合，并发挥出团购社群优势，必然可以在市场中获得一席之地。

从图16可以看出，在社区团购的主要宣传渠道中，"社交媒体传播"与"邻居亲友推荐"两种渠道是最有效的。这充分体现了社区团购的社群属性，即利用真实的社区网络，将其与消费者紧密联系，以达到企业与消费者互利共赢的目的。

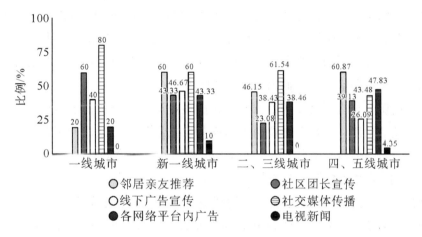

图16　居住地城市与社区团购宣传渠道的交叉分析

同时，值得注意的是，在一线城市中，"社区团长宣传"的效果较好。这是由于社区团购运营体系更加完善，团长专业度更有保障，因此使得该渠道的宣传效果更好。

7. 社区团购消费意愿影响因素调查分析结论

综合前文对各因素的具体分析，我们将消费者对社区团购消费意愿影响因素的看法做了进一步的调查。

从调查结果可以看出，商品质量、商品种类、售后服务、商品价格变化都有接近或超过一半的消费者选择。这说明，从消费端来看，社区团购企业的运营过程中商品质量、商品种类、售后服务以及商品价格是消费者最关注的几个方面，可以影响消费者决策。

综上所述，我们认为社区团购消费意愿的影响因素主要有商品质量、商品种类、商品价格、配送服务、售后服务。根据调查结果，我们可以为各类社区团购企业提供相关方面的参考。

从消费端来看，最受重视的影响因素是商品质量。虽然在调查结果中，消费者表示对社区团购的商品质量比较满意，但在实际生活体验和线上评价中，我们都可以发现商品质量参差不齐是社区团购的老大难问题。因此，社区团购经营者应当注重保证商品质量，严格把控标准。尤其是线下以生鲜果蔬为核心商品的社区团购平台更应加强监管，提高标准。

排在商品质量之后的分别是商品种类和商品定价。

商品定价是社区团购区别于其他消费模式的核心竞争力之一。社区团购采用团体购买的方式，使得商品销量提高，商家也愿意薄利多销，从而降低商品价格。因此，社区团购经营者应当把握自身优势，将"实惠""性价比高"等深入人心的标签发展下去，保持自身竞争力。

商品种类也是消费者十分关注的问题。当下在发展较好的社区团购平台中，大多是以生鲜果蔬为主的，这也是消费者对社区团购的第一印象。产品结构单一对社区团购未来发展并无好处。生鲜类商品价格弹性大，但储存、运输成本都很高，边际利润并不高。因此，社区团购企业应当丰富商品种类以优化营收结构，同时也能在"生鲜为王"的社区团购行业中脱颖而出，吸引消费。

关于配送服务与售后服务两个方面，我们通过调研认为优秀的电商企业已经在市场上做了优良的示范，想要提升这两个方面的服务质量，社区团购平台应当多向优秀的电商企业学习，借鉴其丰富经验，推动社区团购行业蓬勃发展。

（六）社区团购的未来发展前景

针对社区团购的未来发展前景，我们利用问卷进行了市场调研。

从创业者的角度出发，有将近九成的创业者认为社区团购未来的发展是乐观的、可期待的。同时，有超过一半的创业者认为社区团购赛道未来竞争激烈。

总体来说，社区团购的优势和前景都系于"社区"与"团购"两个关键词上。独特的"社区"群体服务性质以及与社群紧密联系的现状，使得社区团购能够实现蓬勃发展。"团购"形式无论在什么环境下，始终都受消费者欢迎。

四、结论、总结与启示

（一）社区团购消费意愿影响因素调查的结论

1. 消费者以年轻群体为主

当前社区团购主要是通过手机下单和线下提货的"线上+线下"的购物模式。这种模式适应了年轻消费者平时时间不够充足、很少有时间逛超市的特点，让消费者工作时随手就可以下单，下班后随时自提商品。对于年龄较大的消费者来说，他们更愿意选择自己更熟悉的超市或菜市场等消费场所购买自己需要的商品。

2. 社区团购购买的商品主要集中在蔬菜生鲜类、零食饮品类和生活用品类

消费者更喜欢在社区团购中购买大众化的日用品，而对一些有品牌的商品，如化妆品、家用电器则很少被购买。原因有以下两点：一是这类商品的属性特殊，消费者更倾向去专业店或专卖店购买；二是部分社区团购的供货商和平台只提供食品和常用的日常消耗品而不提供家电等价格更高的商品。

3. 消费者的消费意愿影响因素的重要程度排序

根据调查分析，我们将影响消费者消费意愿的各类因素的重要程度排序。排序情况如下：商品质量>商品种类>商品价格>服务质量。社区团购相关企业可以参考调研结果，在相关方面做出改进，关注消费者的需求以及市场发展走向。

（二）社区团购消费意愿影响因素调查的总结

从问卷调查结果可以看出，目前消费者对社区团购提供的商品种类比较满意，社区团购基本上可以满足消费者的消费需求。人们会更多使用自己熟悉的渠道购买商品。因此，针对这一点，社区团购经营者应利用自身优势做好宣传、树立口碑。良好的信誉是决定消费者是否会再次选择社区团购的关键，社区团购经营者需要从商品的性价比、质量、风评、品牌等方面进行严格把控。针对消费者的体验感，社区团购经营者应该加大对团长的培训力度，获得消费者充分的信任感。同时，社区团购经营者也不能忽视商品售后问题。这也是我们调研中发现的消费者使用社区团购更倾向在大平台购买商品的原因。因为大平台往往意味着产品质量更有保障，售后能够得到有效保障。关于商品种类，社区团购经营者可以根据消费者的喜好逐渐增加一些商品种类。从统计数据中可以看出，部分消费者对社区团购的消费体验仍有不满。综上所述，社区团购在未来依然有很大的发展空间，社区团购想要实现良性发展，就需要充分发挥商品定价和消费社群的优势，抓住机遇，迎接挑战。

调研发现的问题如下：

（1）消费者购买的商品不新鲜或临近保质期。由于社区团购的特殊形式，消费者只能在拿到商品时才能检查商品的质量且无法亲自挑选，一些商家趁机以次充好，将过期或临近保质期的食品出售给消费者。

（2）责任不明确导致消费者维权难。社区团购平台、团长、供应商之间责任不明确，三方存在互相推卸责任的情况，消费者的合法权益难以得到保障。

（3）团长服务质量参差不齐。很多团长都由社区超市老板或菜鸟驿站管理员兼职，稳定性、专业性有待提高，导致末端用户自提体验不佳。

（4）购买商品缺斤少两。与线下购物相比，商品（特别是生鲜类商品）的质量、外观、体积无法计量且难以标准化，消费者拿到商品后再次称量的概率较小，缺斤少两的风险增大。

（三）社区团购消费意愿影响因素调查的启示

随着互联网的发展，社区团购逐渐进入人们的视野，特别是在新冠疫情的影响下，传统零售行业受到打击，拥有便民性质和价格优势的社区团购迅速发展。随着生活质量的提高，消费者对商品性价比、购买便利度、商家提供的服务等要求也逐渐提高。

通过以上分析讨论，我们总结出了社区团购经营者想要促进社区团购的良性发展可以从以下五个方面努力：

1. 控制价格，把控品质

消费者选购商品的方式多种多样，非特殊情况下大部分消费者会货比三家，在同类商品里选择性价比最高的购买，而低价往往会使消费者眼前一亮。同时，社区团购经营者要把控商品品质，及时处理过期产品、临期产品，不缺斤少两，不能存在欺骗消费者的行为。

2. 慎重选址

社区团购经营者应当选择居民密度大、交通便利的地方开设自提点，充分考虑消费者的便利度和末端体验感。

3. 丰富商品种类

消费者通常希望一次性购齐所需商品，社区团购虽然不能像超级市场那样品类齐全，但可以增加一些日常必需品。这不仅满足了消费者多样化的需求，还迎合了消费者的购物心理。

4. 优化物流服务，明确责任

社区团购经营者要保证商品质量，当消费者对收到的商品不满意时应当及时明确责任并予以解决。团长要承担起沟通责任，帮助消费者解决问题。

5. 建立健全团长制度，推进团长专业化、稳定化培训

社区团购的团长的任职应当有基本的职责规范与业务考核要求，提高团长的专业能力，招聘专业人才，使团长体系发展完善。社区团购应保证消费者需要维权时，能与团长及时取得联系和帮助，从而提升消费者的消费体验和服务体验。

附件：调查问卷

您好！非常感谢您能抽出时间回答下面的问题，本问卷是针对社区团购消费意愿的影响因素等方面进行的调查研究。本问卷仅用于学术综合统计分析，涉及个人隐私的信息将不会被公布，您的意见将会被严格保密！请您根据个人实际情况填写问卷，并在对应选项前根据要求选择，感谢您的配合！

1. 您的性别

○ 男

○ 女

2. 您属于下面哪个年龄段

○ 24 岁及以下

○ 25~35 岁

○ 36~45 岁

○ 46~55 岁

○ 55 岁以上

3. 您的职业是

○ 政府公职人员

○ 企业员工

○ 个体经营者

○ 自由职业者

○ 全职妈妈/爸爸

○ 在校学生

4. 您的每月收入是

○ 1 500 元及以下

○ 1 501~3 000 元

○ 3 001~5 000 元

○ 5 001~8 000 元

○ 8 000 元以上

○ 无独立收入来源

5. 您居住的城市属于

○ 一线城市

○ 新一线城市

○ 二、三线城市

○ 四、五线城市

6. 您日常主要的购物渠道有 ［多选题］

□线下购物（如超市、菜市场等）

□电商平台（如淘宝、天猫、京东、抖音等）

□社区团购（如美团优选、叮咚买菜等）

7. 您是否参与过社区团购形式的消费

○ 是（请跳至第 8 题）

○ 否（请跳至第 9 题）

8. 您从哪些渠道了解到社区团购 ［多选题］

□邻居亲友推荐

□社区团长宣传

□线下广告宣传

□社交媒体传播

□各网络平台广告

□电视新闻

9. 您不使用社区团购的原因是 ［多选题］

□周边没有社区团购点

□没听说过

□不习惯社区团购模式

□商品信息不真实

□服务质量不满意

□售后服务不完善

□购物体验不好

＊填写完该题，请跳至第12题。

依赖于第7题第2个选项

10. 日常生活中您使用社区团购的频率是

○ 尝试过几次

○ 偶尔使用

○ 经常参与

○ 不仅参与且曾经是团长

11. 请您对社区团购体验满意程度打分

［输入0（非常不满意）到10（非常满意）的数字］

依赖于第7题第1个选项

12. 若要尝试，您更倾向于参加以下哪种形式的社区团购

○ 社区团购平台（如美团优选、叮咚买菜、多多买菜等）

○ 社区居民自发组织团购（如社区团长带头）

○ 便民服务点增设服务（如菜鸟驿站、便利店等）

＊填写完该题，请跳至第14题。

依赖于第7题第2个选项

13. 您更乐于使用以下哪种形式的社区团购

○ 社区团购平台（如美团优选、叮咚买菜、多多买菜等）

○ 社区居民自发组织团购（如社区团长带头）

○ 便民服务点增设服务（如菜鸟驿站、便利店等）

依赖于第7题第1个选项

14. 您选择该社区团购形式的原因是 ［多选题］

□商品质量更放心

□商品价格更实惠

□配送速度更快

□商品种类丰富

□服务质量好

□平台影响力大

15. 您更愿意在社区团购中购买哪种类型的商品 ［多选题］

☐ 蔬果生鲜类

☐ 零食饮品类

☐ 生活用品类（如纸巾、洗护产品）

☐ 智能家电类

☐ 美妆护肤类

☐ 休闲娱乐类（如团购消费券等）

16. 关于社区团购商品，您更看重哪些方面 ［多选题］

☐ 商品性价比

☐ 商品质量优劣

☐ 商品风评好坏

☐ 商品品牌

☐ 个人喜好

17. 您对当前社区团购商品种类的看法是

○ 丰富，一应俱全

○ 较丰富，可满足日常大部分需求

○ 不太丰富，勉强满足日常需求

○ 不丰富，不能满足日常需求

依赖于第 7 题第 1 个选项

18. 您希望社区团购增加以下哪种商品类型 ［多选题］

☐ 美妆护肤类

☐ 电子数码类

☐ 衣帽鞋装类

☐ 箱包饰品类

☐ 医药保健类

☐ 书本文具类

☐ 母婴用品类

☐ 休闲娱乐类

☐ 无

19. 您认为当下社区团购的商品价格

○ 非常实惠

○ 团购价基本低于市场价

○ 与市场价差别不大

○ 出现"刺客商品"（价格不降反升）

依赖于第 7 题第 1 个选项

20. 您认为当下社区团购中购买到的商品质量

○ 非常好，超出预期

○ 质量一般

○ 质量没达到预期

○ 质量不好，有残次品

依赖于第 7 题第 1 个选项

21. 您对社区团购商品质量的要求是

○ 必须严格符合宣传所述质量

○ 与平台描述基本相同即可

○ 允许与平台描述不符

22. 您对当前社区团购配送服务的看法是

○ 非常满意，商品快速安全到达

○ 比较满意，商品破损和配送时长可勉强接受

○ 不满意，商品破损程度大、配送时间过长

○ 非常不满意，不能保证商品安全且配送速度慢

依赖于第 7 题第 1 个选项

23. 您认为当前社区团购配送服务哪些方面有待提高 [多选题]

☐ 配送速度

☐ 商品配送包装

☐ 希望提供送货上门服务

☐ 自提点服务质量

☐ 其他

依赖于第 7 题第 1 个选项

24. 您在使用社区团购时遇到以下哪些问题会影响您的消费决策 [多选题]

☐ 商品质量差

☐ 商品种类不足

☐ 商品价格高

☐ 商品库存不足

☐ 团长/服务点服务质量差

☐ 售后没有保障

☐ 配送速度慢

☐ 其他

25. 您认为社区团购在以下哪些方面还需改善 [多选题]

☐ 商品类型

☐ 商品质量

☐服务质量

☐配送服务

☐商品定价

☐其他

依赖于第 7 题第 1 个选项

26. 您今后是否会提高社区团购的使用频率

○ 是

○ 否

27. 比起其他购物方式您是否会优先选择社区团购

○ 是

○ 否

28. 您是否愿意向亲友推荐社区团购

○ 是

○ 否

29. 您认为社区团购在当前市场的发展优势是［多选题］

☐团购价格更实惠

☐购物体验更好

☐真实社区团体服务更放心

☐提供更好的便民服务

☐行业仍在生长期有发展优势

30. 您认为社区团购的发展前景［多选题］

☐非常可观

☐比较乐观，市场竞争激烈

☐发展前景不明朗

☐有待观察

31. 如果您是一名创业者，您是否愿意选择社区团购作为创业项目

○ 是

○ 否

32. 您对社区团购的发展还有哪些意见和建议［填空题］

指导老师：张驰

关于重庆市潼南区线上线下服装购买影响因素的调研报告

唐羚淋　许杏儿　陈小霖　平富涛

（重庆工商大学经济学院贸易经济专业，2021级）

摘　要：本次调研针对重庆市潼南区消费者服装购买渠道影响因素展开，以"认知—态度—行为意愿"为理论逻辑分析了影响消费者选择不同服装购买渠道的重要因素，为服装企业提高消费者满意度和品牌忠诚度，提高服装企业的经济效益提供理论建议。我们通过观察当下服装企业的发展现状，结合相关文献资料分析，明确调研选题并设计问卷，采用问卷和访谈等方式调查不同年龄、收入、受教育程度的人群。问卷回收后，我们以"认知—态度—行为意愿"的逻辑，探究消费者服装购买渠道影响因素，为服装企业恰当运用营销策略，进一步发展提供理论建议参考。调查实施的时间为2022年7月23日至8月7日，由团队成员分工合作完成。我们在问卷星平台发放问卷223份，经整理获得有效问卷223份，回收率100%，有效率100%。调查结论如下：第一，消费者更加倾向于线上服装购买，服装企业改进营销策略和运营模式势在必行。第二，"Z世代"消费群体是线上购物的主力军，蕴藏巨大的市场潜力，掌握其消费心理以及了解其购买行为对服装企业具有重要意义。第三，消费者服装购买渠道选择关注的因素有服装产品属性、商家属性、网络技术属性、信用风险、服务体验等。第三，消费者购买服装主要集中在中低档区间，购买风格多为经济实惠型。调查建议如下：第一，实体店应提供舒适、美好的体验感。第二，线上销售平台应着重宣传，做好售前售中售后服务，给顾客留下美好印象。第三，服装企业应把握年轻消费群体的消费心理和行为，改进营销策略。第四，服装企业可以采取线上线下整合协调经营，进一步扩大企业影响力，提升企业竞争力。

关键词：消费者；购买渠道；线上线下

一、引言

（一）研究背景与意义

1. 研究背景

近年来，随着大数据、云计算、人工智能、物联网等新型数字技术的兴起，数字经济应运而生。数字经济是当今世界的第三大经济形态，位于农业经济和工业经济之后。在这一背景下，产业数字化转型升级成为各个产业所要解决的重要问题。党的十九大报告指出，要推动互联网、大数据、人工智能和实体经济深度融合。如今，数字经济正在渗透消费者生产和生活的每一方面，逐渐改变着服装企业传统的渠道营销方式。加快数字经济与传统产业深度融合为推动高质量发展提供了新路径。服装行业作为传统行业之一，在国民经济中占据重要地位。从现实情况看，中国服装产业数字化水平较低。为适应数字经济的发展，传统服装企业数字化转型刻不容缓。

艾媒咨询发布的《2022—2023年中国服饰行业发展与消费趋势调查分析报告》数据显示，2022年服饰消费者线上消费比例为62.0%，线下消费比例为38.0%；服饰消费者偏好类型前三名分别是休闲风、运动范与紧跟当季流行的风格，占比分别为59.5%、45.6%与29.0%。调研数据显示，消费者从电商平台购买服饰的比重最大（67.9%），从线下服饰实体店购买服饰的比重（55.5%）次之。艾媒咨询分析师认为，生活节奏加快、网上购物方便快捷是消费者选择从线上购买服饰的原因，新冠疫情期间消费者线下购物需求转移至线上，线上逐渐成为消费者购物的主要渠道。

国家统计局数据显示，2021年我国互联网上网人数为10.32亿人，其中手机上网人数为10.29亿人；2021年我国互联网普及率为73.0%，其中农村地区互联网普及率为57.6%。1995—2009年出生的"Z世代"是上网的主力军，其成长伴随着中国经济发展与城镇化建设的突飞猛进。其消费基础较好，逐渐成为服装市场的主力消费人群。

2. 研究意义

近年来，中美贸易摩擦加剧，新冠疫情席卷全球，服装进出口受到一定的阻碍，服装行业经济效益降低。由于外部环境及内在因素的限制，服装行业需要针对困难提出解决方案，而数字经济正在渗透到消费者生产和生活的每个方面，逐渐改变着服装企业传统的渠道营销方式。数字经济与传统产业深度融合具有重要的前瞻意义。在互联时代，如何处理好传统营销渠道（线下营销渠道）与线上营销渠道的关系，对服装企业提高经济效益具有重要的现实意义。目前，国内外学者对以电子商务为背景的企业营销、客户关系管理、物流、供应链等领域的相关研究比较多，但是对消费者渠道选择方面的研究较少。渠道营销对于提高服装企业的竞争力和经济效益来说至关重要，因此对服装消费者渠道选择的偏好及其影响因素的研究具有重要意义。

在互联网背景下，消费者对市场有了更多的主动权，市场逐渐转变为买方市场，如何应对消费市场环境变化是一个值得思考的问题。在消费者场上，消费者需求呈现个性化、多样化的特点，尤其是"Z世代"成为网上消费的主力军，这使得企业需要掌握消费者购买心理和行为，拥有更加灵活地适应消费者的个性化需求的能力，以进一步提高经营效益。

(二) 相关研究

1. 服装购买影响因素的相关研究

在学术研究领域，众多学者对服装购买因素、线上购买因素和线上线下协同经营有较多的研究，但是对线上线下服装购买影响因素的研究甚少，尤其是对现在网络平台兴起、直播销售背景下消费者服装购买因素的研究更少。我们在既有研究的基础上，对重庆市潼南区的消费者线上线下服装购买渠道影响因素进行调查，以"认知—态度—行为意愿"理论逻辑，采用了问卷和访谈等形式调研了影响消费者服装购买渠道选择的因素，为服装企业适应当下及未来发展、提高经济效益提出建议。

服装购买影响因素的相关研究如表1所示。

表1 服装购买影响因素的相关研究

学者	文献年份	服装购买影响因素
赵平等	1997	服装的各种属性、商店信誉、服装价格
李飞跃	1999	消费心理、服装店购物环境、服装品牌形象
杨晓玲	2008	服装购买有效、感知方便、风险、人口统计因素
许明李	2011	产品、价格、渠道、促销、心理
李丽	2019	感知价值各维度（包括质量价值、价格价值、情感价值、社会价值）、收入状况、性别差异
周凡琳	2020	收入能力、所在地理区域、社会发展水平、不同年龄段、消费目的、消费需求

2. 消费者线上购物因素的相关研究

消费者线上购物因素的相关研究如表2所示。

表2 消费者线上购物因素的相关研究

学者	文献年份	消费者线上购物因素
王希希	2002	人口统计因素、网络购物者特性、交易和网络零售商特性
刘枚莲	2007	网络的可靠性和安全性、网页设计风格、进入网站的方便可行性、产品的类型和特点以及企业形象
柏萍、徐慧亮	2018	主观规范、网络感知风险、消费者个人特征以及营销策略

表2（续）

学者	文献年份	消费者线上购物因素
许贺、曲洪建、蔡建忠	2021	直播互动性、直播娱乐性、意见领袖、价格折扣、可视性、商家服务、增值内容
刘鑫、李沛	2022	网站视觉美感、服装购物体验情绪、信任度、购买意愿

3. 线上线下协同经营的相关研究

线上线下协同经营的相关研究如表3所示。

表3　线上线下协同经营的相关研究

学者	文献年份	线上线下渠道协同
李飞	2012、2013	提出了多渠道零售、跨渠道零售和全渠道零售三种零售渠道协同模式
刘文纲、郭立海	2013	提出了传统零售企业实体零售与网络零售协同发展的相互补充、相互独立、相互融合三种模式
汪旭晖、张其林	2013	构建了渠道分离、渠道协同、渠道融合、渠道并行四种类型的营销协同战略导向。消费者特性、成本因素、生命周期、竞争强度、互补性、规模经济是影响企业协同战略与策略的六个因素
李星颖	2017	以苏宁为例分析得知如果企业采取与其自身发展相契合的线上线下销售模式，并配以合适的管理制度，一定会实现销售业绩的突破
付振兴	2020	提出了传统零售行业转型的实行O2O策略的首要任务是改变其经营理念，将盈利为主的销售行为转化为高质量的服务体验过程，执行以顾客服务为主的经营理念；线下实体店铺应该改变其传统资产模式，以轻资产模式为主，使企业能以更灵活的方式面对复杂的市场环境

（三）研究框架

研究框架如图1所示。

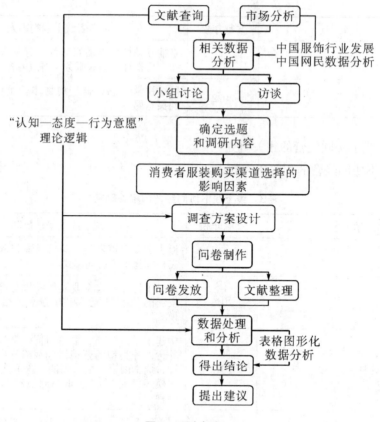

图1　研究框架

二、理论基础

"认知—态度—行为意愿"理论逻辑是指个体对事物的认知将会决定态度，态度进一步形成行为意愿。首先，认知是指人类从外部事物中认识或信息加工的过程。其次，态度是指人们基于自己的价值观和道德观而产生的判断与行为倾向。最后，消费者基于对产品的认知，进而产生相应的不同态度，从而影响到消费者行为。

（一）服装购买渠道认知

线上渠道购物受到在线购物的顾客特性、情景变量、产品特征、先前的购物经验和信任等外源因素的影响。在顾客特性中，年龄是一个显著的影响因素，越年轻的消费者越倾向于网上购物。收入也是一个显著的影响因素，收入越高的消费者越倾向于网上购物。消费者会基于对渠道特性、自身体验、自身特性的认知，从而产生对服装购买渠道选择的态度。我们提出假设1。

假设1a：不同渠道的服装的价格和质量会影响消费者服装购买渠道选择意愿。

假设1b：不同渠道的消费者对服装的体验感会影响消费者服装渠道选择意愿。

假设1c：处于不同消费群体的特性会影响消费者服装渠道选择意愿。

（二）消费者态度

心理学家马斯洛提出了著名的需求层次理论（见图2），他认为人的需要从低到高分为若干层次，只有未满足的需求才会形成动机。人们对服装的需求分为生理和心理两个方面。心理需求是为了提高物质和精神生活水平而产生的高级需求。服装购买者在满足了基本的生理和安全需求外，会产生一种群体归属感（归属需求），希望自己成为群体中的一员，有尊严和地位，希望自己得到别人的尊重（尊重需求），体验到自我实现的价值（自我实现需求）。

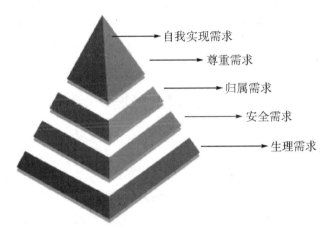

图2　马斯洛需求层次理论

随着人们生活水平的不断提高，消费者的审美观念逐渐向个性化发展，从而要求服装企业市场多样化。当基本的功能性需求完全满足后，基于自己的满足感、认同感，消费者开始追求他人的尊重。此时，服装的款式和时尚感成为影响消费者购买服装的重要因素。线下实体店服务员的服务态度、线上购物平台店铺客服的态度等也会对消费者服装渠道的选择产生间接影响。因此，消费者要依据自身的经济状况、偏好，根据服装的价格、款式、质量等相关情况，形成购买态度，选择合适的购买渠道。我们提出假设2。

假设2a：消费者的经济收入会影响消费者的高级心理需求。

假设2b：不同渠道的服装的多样化会影响消费者的高级心理需求。

假设2c：不同渠道的服务体验会影响消费者的高级心理需求。

（三）理论模型构建

我们基于"认知—态度—行为意愿"理论逻辑，根据上述研究假设和理论分析，得出如图3所示的"认知—态度—行为意愿"理论模型。

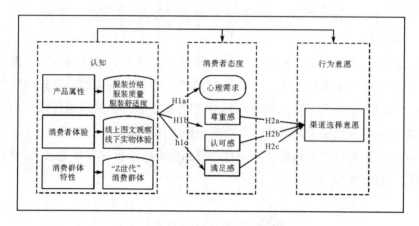

图 3 "认知—态度—行为意愿"理论模型

三、调查概况

（一）调查方法

（1）文献调研：查询相关文献资料，深入了解。

（2）线上问卷调查方法：通过电子问卷的分发和回收，搜集整理数据。

（3）微信、QQ等各种社交平台：发放电子问卷，进行线上访谈。

（4）实地访谈：走访经营者和消费者，深入了解当下人们对服装购买渠道的看法。

（二）调研安排

（1）准备阶段：2022年7月5日至7月22日，确定主题，小组讨论，制订调查方案，设计问卷。

（2）调查数据处理阶段：2022年7月23日至8月7日，问卷的发放与收回，处理数据，数据质量评估。

（3）资料整理和归纳阶段：2022年8月8日至8月26日，整理调查资料，分析研究，撰写文本初稿。

（4）总结和纠正阶段：2022年8月27日至9月5日，修改调整文本，文本成形打印，提交调研报告。

（三）问卷情况

我们向重庆市潼南区投放线上线下服装购买渠道的调查问卷223份，回收223份，经整理获得有效问卷223份，回收率100%，有效率100%。我们通过查找相关文献获得可靠的关联性资料，对相关研究内容形成更加全面的了解，从而完成对线上线下服装购买渠道这一问题的研究。

（四）调查目的

我们针对重庆市潼南区部分不同年龄段、不同学历、不同收入的消费者进行服装购买渠道的调查，以此满足调查的多样性和全面性。我们的主要目的是调查当下消费者对购买服装的渠道和看法、消费者对未来服装购买渠道发展趋势的看法和愿景，探寻其影响消费者服装购买渠道的因素以及为服装企业进一步发展、提高效益而提出建议。

四、调研内容

（一）样本人口基本特征

由于消费者在性别、年龄、文化程度、收入和居住地等个人基本属性方面存在一定的差异，因此表现出各自不同的服装购买渠道选择。本次调查选择了性别、年龄、受教育程度、家庭月收入、现居住地五项内容来观察调查样本的人口统计学特征。根据结果统计，被调查者的基本特征如表4所示。

表4 被调查者的基本特征统计

变量	mean	min	max	变量定义
性别	1.551 6	1	2	1=男，2=女
年龄	1.959 6	5	2	1=18岁及以下，2=19~35岁，3=36~50岁，4=51~70岁，5=70岁以上
受教育程度	3.739 9	1	4	1=小学，2=初中，3=高中，4=专科、本科及以上
家庭月收入	1.260 3	4	1	1=1 001~3 000元，2=3 001~5 000元，3=5 001~10 000元，4=10 000元以上
现居住地	1.309 4	2	1	1=城市，2=农村

1. 性别

在回收的223份有效问卷中，男性被调查者有100人，占有效样本总人数的44.84%；女性被调查者有123人，占有效样本总人数的55.16%。男女性别比例相对均衡，使得调查结果更为客观。

2. 年龄

被调查者年龄构成如图4所示。

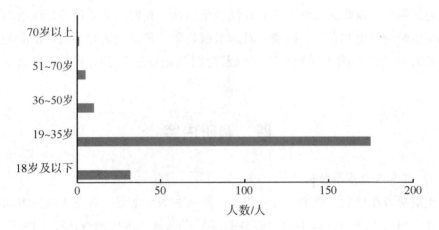

图4　被调查者年龄构成

研究样本年龄层主要集中在 19～35 岁，达到了 175 人，占有效样本总人数的 78.48%。为此，我们可以对"Z 世代"的消费群体进行深入分析。可能被调查者同龄人的圈子较为年轻的影响，36 岁及以上的被调查者较少。可能因为本次问卷调查使用电子问卷调查，很多年龄偏大的消费者很少愿意主动参与问卷的调查。因此，这些对样本的年龄结构造成了一定的影响，我们只能通过相关文献进行理论分析。

3. 受教育程度

受教育程度对消费者的消费行为、消费观念、消费结构、消费方式等方面都有重要影响。为更好地了解受教育程度对消费者服装购买的具体影响，我们通过问卷调查的方式，掌握了被调查者受教育程度（见图5）。

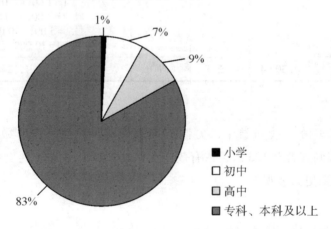

图5　被调查者受教育程度

调查结果显示，被调查者中初中及以下学历仅有 18 人，占样本总数的 8.07%，比例较小。高中学历有 20 人，占样本总数的 8.97%。专科、本科及以上学历的有 185 人，占样本总量的 82.96%。因此，从学历比重来看，被调查者受教育程度较高，主要以专科、本科及以上为主。

4. 家庭月收入

收入是影响消费者购买决策的关键因素。为了更清晰、更深入地了解消费者服装购买渠道，本次调研收集了被调查者的家庭月收入情况（见图6）。

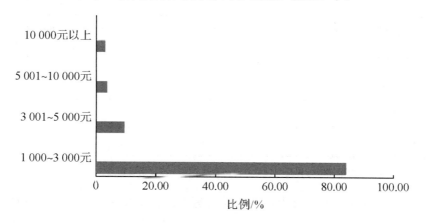

图6　被调查者的家庭月收入情况

调查问卷结果显示，被调查者家庭月收入多在 1 000~3 000 元，超过 3 000 元区间的人数累计有 36 人，占总人数的 16.14%；被调查者家庭月收入在 3 000 元及以下的占比为 83.86%。由此可以看出，大部分被调查者为学生或低收入群体。

5. 现居住地

受居住在城市或农村的影响，消费者的消费行为、消费方式等都有重大的变化，为更加清晰、深入地了解现居住地的具体影响，我们通过调查问卷的方式，掌握了被调查者的现居住地情况。被调查者大部分为城镇居民，占比为69%；少数为农村居民，占比为31%。

（二）消费者认知

依据"认知—态度—行为意愿"理论逻辑，我们在消费者服装购买决策影响因素的研究中，以消费者认知为出发点，发放相关问卷，探寻产品属性、消费者体验、消费者群体特性等认知对消费者关于服装购买渠道选择态度的影响。

1. 产品属性对服装购买渠道选择态度的影响

近年来，随着大数据、云计算、人工智能、物联网等新型数字技术的兴起以及城乡居民收入的不断提高，消费者的服装购买选择范围扩大，消费者的需求结构不断变化，对产品属性要求更高。为清晰地了解产品的各个属性对消费者购买服装渠道选择的影响，我们展开了调查。产品属性对服装购买渠道选择的影响如表5所示。

表 5 产品属性对服装购买渠道选择的影响

选项	小计/人	比例/%
质量	174	78.03
价格	180	80.72
舒适度	154	69.06
需求	120	53.81
个人爱好	168	75.34
本题有效填写人次	223	—

注：本题为多选题，表中比例为普及率，即选择某项的人数除以该题所选总人数的比例。

我们从表 5 可以发现，消费者关于服装购买，更多关注于价格、质量和个人爱好三个方面，占比分别为 80.72%、78.03%、75.34%。人们更加追求高性价比。人们不再追求满足生理和安全等基本需求，开始追求归属、尊重等高级心理需求以及自我认同、自我满足等。于是，服装的质量、价格只是消费者服装选择的最基础参照，而追寻个性化需求、个人爱好成为至关重要的影响因素。

2. 消费者体验对服装购买渠道选择态度的影响

随着互联网和自媒体的发展，品牌口碑的塑造和传播十分重要，人们对服务的要求越来越高。品牌方十分珍惜每一次为顾客提供服务的机会，尽量满足顾客的各种需求，让顾客在购物过程中得到预期的获得感，着重提升顾客的体验感，使顾客成为品牌方的忠实用户，不断再次消费。本次调研从消费者自身体验中探寻对线上和线下服装购买渠道选择态度的影响。购买方式特性对购买渠道选择的影响如表 6 所示。

表 6 购买方式特性对购买渠道选择的影响

被调查者认为线上购买服装的优点		
选项	小计/人	比例/%
便宜	191	85.65
样式多	198	88.79
方便、不用出门	181	81.17
客服态度好	42	18.83
被调查者认为线上购买服装的缺点		
选项	小计/人	比例/%
要等运送时间	134	60.09
有可能质量不好	193	86.55

表6(续)

有会买到假货的风险	137	61.43
有退货承担运费的风险	123	55.16
不能试穿	196	87.89
本题有效填写人次	223	—

注：本题为多选题，表中比例为普及率，即选择某项的人数除以该题所选总人数的比例。

我们通过对问卷调查结果分析得知，被调查者对线下实体服装店有真实、信任的体验感，进而对线下实体服装店购买渠道选择有认同感。消费者在实体服装店购买服装时，不仅可以现场试穿，感受服装质量，还可以增强对品牌形象的认同感和满足感。但是被调查者普遍认同实体服装店存在价格高、样式少等缺点，这些成为消费者线下渠道选择的主要阻碍。被调查者从网上购买服装时，体会到种类多的服装与移动端随时随地购买服装的便捷性，实现了消费者足不出户便可以买到商品的满足感。但是，消费者在网上购物时，由于无法获得对服装的真实体验，会对服装质量持有怀疑态度以及要承担相应的运输风险等。

3. 消费者群体特性对服装购买行为的影响

消费者行为是指消费者的购买行为及对消费资料的实际消费。本次调研从被调查者在线上线下消费服装的种类、服装消费频数及消费衣服价格的区间、未来更倾向的购买渠道等方面对消费者服装购买的行为意愿做了分析。

（1）被调查者线上线下购买服装种类。随着经济的发展，消费者可以购买的服装种类更加丰富，同时对服装的需求也更加多元化。本次调研调查了消费者对服装种类的消费选择（见图7和图8）。

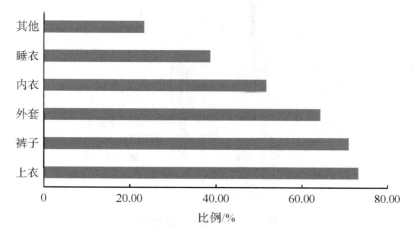

图7　线下实体店倾向购买服装的种类

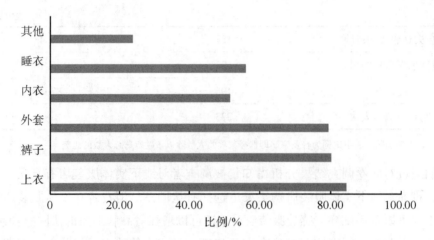

图 8　线上倾向购买服装的种类

我们发现，消费者在线上和线下都会购买各种各样类型的服装。线上和线下购买不同类型的服装比例基本一致，线上和线下购买服装都能满足人们对服装种类的需求。

（2）被调查者一个月购买服装的频率以及购买服装价格的区间。进入新时代，人们的消费潜力迸发。为了解消费者一个月消费服装的频率，本次调研对服装的月消费频数及消费衣服价格的区间分别进行了调查。

从图 9 中我们可以发现，92.38% 的消费者，一个月购买服装的次数为 0~5 次；6.72% 的消费者，一个月购买服装的次数为 6~10 次；0.90% 的消费者，一个月购买服装的次数为 10 次以上。这说明，消费者对服装有适宜的消费需求，购买趋于相对理性化。

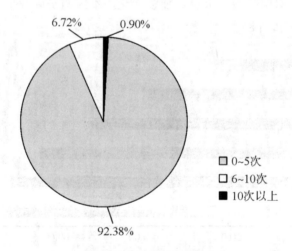

图 9　被调查者月消费频率

从图 10 我们可以发现，89.69% 的消费者每次购买衣服的价格区间在 0~300 元，7.62% 的消费者每次购买衣服的价格区间在 301~500 元，2.24% 的消费者每次购买衣服的价格区间在 501~1 000 元，0.45% 的消费者每次购买衣服的价格区间在 1 000 元以上。由此可以说明，被调查者购买服装主要集中在中低档区间，购买风格多为经济实惠型。

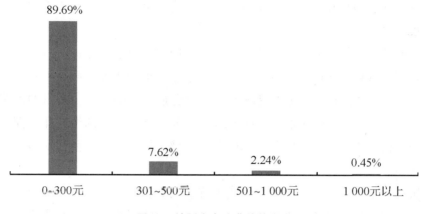

图 10　被调查者消费价格区间

（三）消费者渠道选择行为

在本次调研中，我们主要选取"线上""线下"两种购买渠道进行研究，调查结果显示，74.77%的被调查者表示平时更喜欢在线上购买，仅有25.23%的被调查者表示喜欢在线下购买。由此表明，线上购买服装的比例较高，越来越多的人喜欢在网上购买服装。特别是在互联网技术发达的背景下，数字经济正在渗透消费者生产和生活的每个方面，传统服装企业、传统渠道营销方式与数字经济深度融合是服装企业适应数字经济时代的必然要求，也是推动服装企业提高经济效益的有效举措。

五、结论、建议与启示

（一）消费者服装购买渠道影响因素的结论

调研数据显示，74.77%的被调查者倾向于线上购买服装，25.23%的被调查者喜欢在线下购买服装。两种销售方式存在着一定的矛盾和冲突，实体店因店面成本等费用，成本比电商平台高，导致服装价格比线上电商服装价格高。线上电商渠道的低价策略对于寻求低价的消费者来说具有很大的吸引力，由此消费者由线下转为线上购买服装，导致线下传统渠道的消费者急剧流失。同时，不少消费者会先去实体店对商品进行外观、性能等现场体验后，再通过对比线上商品的价格，选择了同款价格更低的线上购买渠道。线上和线下渠道存在矛盾和竞争。因此，服装企业改进营销策略势在必行。

在人口特征的影响因素中，从年龄、性别、受教育程度和家庭月收入等分析，本次被调查者多集中在19~35岁，学历多为专科、本科及以上，家庭月收入多为1 000~3 000元。由此可知，此次被调研者多为年轻消费者，其背后蕴藏着巨大的市场潜力，而这个庞大的消费群体追求时尚、趋于感性消费、储蓄动力小甚至提前消费、重视投资自己、注重享受型消费、购买欲望强、购买范围广。年轻人的消费越来越呈现出体验化、精神化的特点。因此，以年轻消费者为目标市场的服装企业应在充分掌握他们的消费心理和观念的基础上，制定相应的营销组合策略，提高市场占有率，实现企业的长期发展。

根据调研数据分析，爱好、舒适、实惠、实用、客服态度好、商品运送效率高等因素都在被调查者购买动机中占有较高比例，推动着消费者开展购买活动。在商品因素中，服装的价格、质量、舒适度等满足了消费者最基础的需要，是影响消费者购买动机的最主要因素。在经营因素中，销售员的服务态度、商品的个性化、商品的运送时间等能引起消费者产生特殊体验、偏好和信任感，使之习惯于前往实体店购买或线上平台购买。

调研数据显示，被调查者在线上和线下都会购买各种各样类型的服装，并且线上和线下购买不同类型的服装的比例基本一致，线上和线下购买服装都能满足人们对服装种类的需求。但是，如果线上和线下渠道投放的服装产品不存在任何样式差异，消费者就会更加倾向于从价格相对低的购买渠道，导致线上和线下销售渠道之间的直接竞争，造成资源的不必要浪费。消费者越来越注重个性化的产品，服装企业如果在线上和线下渠道的产品没有个性或品牌特色，那就不会引起消费者的注意。

调研数据显示，在消费者的消费行为中，被调查者月消费频率0~5次的占比达92.38%。可以发现，被调查者一个月内购买服装的次数较少，因此去实体店购买服装的次数也很少。服装企业可以对实体店的销售人员进行服装搭配技巧等培训，为顾客提供最新潮的搭配建议，打造个性化服装体验，并同时进行多件服装的推销，进行捆绑销售。售后人员可以拉顾客进商铺微信群等社交平台，并在群里或朋友圈及时分享新上市服装的穿搭照片，进一步推广产品。消费者从照片中挑选出自己喜欢的服装可以进行网上支付，店铺进行线下配送。这样实现了从线下实体店到线上销售的融合，可以进一步增加服装企业的销售额，提高经营效益。

（二）基于上述分析提出的建议

1. 实体店：提供舒适、美好的体验感

（1）优化店内环境，引起消费者注意，提高过柜率，实体店应采用适宜的色彩，打造独特美妙的外观形象，并灵活使用系列搭配、色彩搭配、功能搭配等商品陈列原则或技巧，将品牌在每个阶段的设计理念和主体元素"一览无余"地展现给顾客，在有限的空间内直观且美观地展示商品，营造既具有品牌个性特色又与区域整体相融合的局部氛围，以加深顾客对店铺的印象。店铺设计与品牌形象的一致性有助于顾客更加清晰地了解品牌与产品的定位，提升顾客进店的可能性。

（2）热情贴心服务，提升满足感。除具备专业的销售和服务技能外，销售人员要对顾客保持密切关注。销售人员不能只为走进柜台的顾客提供服务，对过往的其他顾客也应该给予关注，以便及时招呼和礼貌迎接，使顾客建立起对品牌的良好印象，为长远的销售创造可能。

（3）鼓励试穿，激发需求，打造个性化服务体验。销售人员应该运用沟通技巧，聆听顾客对产品属性、功能、价格、特性等方面的要求，再基于自己对产品的了解，通过条理清晰、热情且有所侧重的产品介绍，使顾客对产品产生兴趣，再及时为顾客取出适合的尺寸的具体产品，鼓励顾客试穿或试用。在此过程中，销售人员要时刻关注顾客的举动并提供力所能及的帮助，为顾客带来愉悦的试用体验。

（4）优化体验，提升印象。实体店需要不断更新收款系统，提升支付的便捷度，还可以拉顾客进商铺微信群等社交平台，并及时分享新上市服装的穿搭照片。实体店不仅在分享中宣传了新产品，也为顾客提供了优质的穿搭建议，进一步提升了顾客的体验感，使顾客成为实体店的忠实用户，不断回到店里进行消费，提升复购率。

2. 线上销售平台：着重宣传，做好售前售中售后服务，给顾客留下美好印象

线上销售平台需要对销售人员进行直播带货相关技能的培训。在直播带货过程中，销售人员要试穿服装，谈论对服装的体验感、对服装质量的详细说明等，弥补线上购物的不足之处，尽力给顾客打造实体店的真实体验感。

线上销售平台需要做好售后服务，发扬物流工作人员的团队协作精神，提高已购产品的包装效率和物流运输的效率，使运货时间缩短，提高消费者的满足感，以贴心的客户服务，提升消费者的复购意愿。

3. 对年轻消费群体的特殊建议

线下服装实体店选址应当在年轻人密集处，添加潮流、新颖的设计元素，打造知名品牌，营造舒适安逸的环境氛围，迎合年轻人的消费心理。例如，实体店可以努力打造成网红打卡店。

线上服装购物平台应加大宣传力度，通过年轻人熟知的直播带货或抖音、快手等短视频平台宣传线上店铺服装。广告宣传应在短时间内引起消费者对产品的注意，突出新奇和创意，晓之以理，动之以情，抓住消费者心理，诱发购买欲望。

服装企业应时刻关注社会服装时尚潮流的热门，准确追踪年轻人消费需求的变化并及时做出调整，做好及时更新和发布商品信息的安排。

服装企业应提供服装搭配技巧的贴心服务。年轻人普遍时间紧张且怕麻烦，因此服装企业可以对实体店的销售人员进行服装搭配技巧等培训，为顾客提供新潮的搭配建议，打造个性化服装体验，满足年轻消费者的消费心理。

服装企业可以通过赠券、获奖等形式刺激消费。年轻人虽然有购物自主权，但是资金未必充裕，因此合理的打折促销、发放优惠券可以缓解年轻消费者的压力，吸引消费者。

（三）消费者服装购买渠道影响因素的启示

调查发现，线上与线下购买服装的渠道存在矛盾。因此，服装企业要对线上和线下渠道进行整合。

第一，在服装产品进入导入期后，服装企业先要在线上和线下同时进行宣传和开展销售活动，使产品的知名度得到有效提高。

第二，在进入市场初期，服装企业应当先在线下渠道进行重点投放，给消费者直观的体验和感受，以此能够进一步加强服装产品的宣传工作，并且可以有效提高客户的满意度。

第三，服装产品进入成长期后，服装企业应加大线上和线下的宣传力度，以此提高商品的知名度。

第四，服装产品进入成熟期后，消费者对价格的敏感度较高，线上的产品价格应该远远低于线下的产品价格，并在线上开展产品的促销活动。

第五，当服装产品进入衰退期后，产品利润极低，服装企业需要对销售策略进行调整，放弃线下的销售渠道，使线下成本降低，单独利用线上的销售渠道进行销售，与此同时做好新产品向市场投放的准备工作。

随着线上和线下渠道的整合，服装企业各个部门的协作更加紧密，效率变得更高，线上和线下服装销售达成一致要求，减少了资源的浪费，保证了服装企业的销售利润和经济效益，增强了服装企业的影响力和竞争力，进而使服装企业能够得到更好的发展。

附件：调查问卷

您好，我们正在进行一项关于线上线下服装购买渠道的调查，想邀请您用几分钟的时间帮忙填答这份问卷。本问卷将用来统计分析，请您根据自己的实际情况填写。非常感谢您的帮助。

1. 性别
○ 男
○ 女

2. 您的受教育程度
○ 小学
○ 初中
○ 高中
○ 专科、本科及以上

3. 您的年龄
○ 18 岁及以下
○ 19~35 岁
○ 36~50 岁
○ 51~70 岁
○ 70 岁以上

4. 您现居住的地方

○ 城市

○ 农村

5. 您购买衣服的方式

○ 线上

○ 线下

○ 线上线下兼有

6. 个人收入（学生按生活费计算）

○ 1 000~3 000 元

○ 3 001~5 000 元

○ 5 001~10 000 元

○ 10 000 元以上

7. 一个月购买衣服的频率

○ 0~5 次

○ 6~10 次

○ 10 次以上

8. 购买衣服时关注的方面［多选题］

□质量

□价格

□舒适度

□需求

□个人爱好

9. 购买衣服的价格区间

○ 0~300 元

○ 301~500 元

○ 501~1 000 元

○ 1 000 元以上

10. 您觉得实体店购买衣服的优点［多选题］

□可以当场试穿

□到手时间快

□可以感受质量

11. 您觉得实体店购买衣服的缺点［多选题］

□价格稍贵

□样式少

□不方便

12. 您觉得网购的优点 [多选题]

☐ 便宜

☐ 种类多

☐ 方便，不用出门就可以购买

☐ 客服服务态度好

13. 您觉得网购的缺点 [多选题]

☐ 不能试穿

☐ 退货要承担运费的风险

☐ 买到假货的风险

☐ 有可能质量不好

☐ 要等运送的时间

14. 您会在实体店购买什么类型的衣服 [多选题]

☐ 上衣

☐ 裤子

☐ 外套

☐ 内衣

☐ 睡衣

☐ 其他

15. 您会在线上购买什么类型的衣服 [多选题]

☐ 上衣

☐ 裤子

☐ 外套

☐ 内衣

☐ 睡衣

☐ 其他

16. 您更喜欢哪一个 [单选题]

○ 线上购买

○ 线下购买

指导老师：杨海丽

关于新冠疫情对重庆市实体餐饮行业影响的调研报告

向荣　毛语月　李湘　吴欣怡

（重庆工商大学经济学院贸易经济专业，2021级）

摘　要： 2020—2023年新冠疫情不断冲击着世界经济，餐饮行业备受打击，很多餐饮企业甚至出现了相继倒闭的情况，经济受创的同时也大大增加了失业人群。研究新冠疫情对实体餐饮行业的影响，对分析实体餐饮行业今后的转型升级路径有着重要的意义。我们分别从需求侧和供给侧两个角度切入，针对消费者和商家两个不同群体的不同特点分别进行问卷调查，采取线上问卷和线下实地调研相结合的方式，进行深入分析。调研实施时间为2022年8月18日，线上线下同时进行问卷的发放和收回，主要的目标群体为重庆市渝北区龙兴镇、彭水县汉葭街道和巫溪县镇泉乡的实体餐饮行业的消费者和经营人。我们发出问卷157份，收回问卷157份，回收率100%，问卷数据可靠性高，具有研究价值。首先，我们对回收的问卷和访谈记录中营业额、成本费用、现金流、供应链、消费者消费倾向等进行数据分析。其次，我们通过统计学研究经营状况与新冠疫情情况的线性关系，采取SWOT分析法和PEST分析法从政治、经济、社会、技术、人口五个方面进行分析，研究转型企业在餐饮行业的处境。我们研究发现：第一，从需求侧来看，新冠疫情改变了民众餐饮消费能力、消费心理和消费行为。第二，新冠疫情下消费者选择实体餐饮的影响因素与月收入的变动相关，月收入越高，变动越小的人群，消费的频率越高。第三，消费者消费行为的变化导致对不同餐饮类型的影响是不一样的，对没有外卖服务的餐饮类型影响较大。第四，新冠疫情使消费者每月实体餐饮的开支显著降低，消费者的主动消费积极性不高。第五，新冠疫情对绝大多数餐饮企业造成影响。餐饮企业面临着企业负担重、业务难以为继、资金短缺、融资贷款难、客流量下降、间歇性闭店、员工流失、供应链断裂等问题。在诸多问题中，客流量下降为主要问题。第六，实体餐饮企业要在新冠疫情冲击下生存发展就离不开企业自救与政府扶持。调查建议如下，第一，新冠疫情对实体餐饮企业产生了冲击，但也带来了一些机遇。新冠疫情倒逼餐饮业改进，餐饮零售化趋势初显，线上餐饮外卖服务面临新机遇。餐饮企业要推动企业转型升级。第二，餐饮企业应采用新型经营模式，转变经营理念，采取特色经营模式，推出"无接触配送""大厨直播带货"等服务,满足消费者"零接触"用餐需求。第三,餐饮企业应强化抗风险能力,树立品牌形象。第四,餐饮企业应注重线上外卖业务和零售的发展,餐饮企业应进一步扩大线上优势,利用微信公众号、抖音等平台逐渐进行客户沉淀。第五,餐饮企业应提升餐饮智能化水平,推出"智能点餐""智能取餐柜""无人餐厅"等创新服务。

关键词: 新冠疫情;实体餐饮行业;调查研究;转型升级

一、引言

(一)研究的背景

在我国居民整体收入水平不断提升的大背景下,居民餐饮消费比例不断增加,实体餐饮行业也在不断发展。餐饮行业作为拉动经济增长的重要动力,保持较快的增长趋势有利于扩大内需。突如其来的新冠疫情使得实体餐饮行业受到了直接且巨大的冲击。广大实体餐饮行业尤其是中小型餐饮企业面对客源大幅下降、现金流紧张、融资贷款门槛高和难度大、供应链断裂和面临着因为疫情反复间歇性闭店的众多问题,维持企业的发展成为不得不面对的难题。

据中国烹饪协会的调查,2020年第一季度,全国餐饮行业收入6 026亿元,同比大幅下跌44.3%;限额以上单位餐饮收入1 278亿元,同比大幅下跌41.9%。新冠疫情是实体餐饮行业面临的一大挑战,受新冠疫情影响,绝大多数餐饮企业直至2022年才逐步恢复营业,餐饮企业营收大幅减少。美团研究院2022年2月的调查研究显示,15.3%的餐饮商户有关店想法,53.2%的餐饮商户打算维持现状,3.7%的餐饮商户打算扩张,另有27.8%的餐饮商户表示不清楚或没想好。截至2022年4月底,已有近140家连锁餐饮门店倒闭。

针对新冠疫情带来的影响,各实体餐饮企业都拿出了相应的应对措施。例如,开拓线上平台或渠道、增加销售产品品种、提供打包外卖和行业间跨界合作以及在灵活用工和金融信贷等方面进行探索式合作等。

(二)研究的意义

本次调研围绕新冠疫情对重庆市实体餐饮行业的影响展开。餐饮行业是现代服务业的重要组成部分,也是稳就业、保民生的重要行业之一。商务部数据显示,2021年社会消费品总额超过44万亿元,其中餐饮行业收入占社会消费品零售总额的10.6%。

我们通过研究新冠疫情对重庆市实体餐饮行业的影响可以发现餐饮行业面临的困境。第一,探究餐饮行业的新发展业态和转型路径。我们可以进一步厘清餐饮行业的经营现状、应对策略与未来发展方向。重塑与整合餐饮行业的内生发展机能并与外界环境相契合，是各类餐饮企业亟待解决的问题。第二，寻找我国餐饮行业经济发展动力机制的革新。我们研究分析了外部经济制度因素和内部经营管理机制，希望寻找我国餐饮行业新的经济发展动力机制。

二、文献综述

餐饮行业一直都在我国的服务业中占据着重要地位。严利强（2020）指出，餐饮行业市场巨大，消费者口味和心变化复杂，消费者越来越注重营养、卫生、健康等方面，更多人选择外出就餐，餐饮企业应该抓住消费者新的消费心理，进一步提高行业的竞争力。张冬霞、张彬（2020）认为，餐饮行业是重要的服务行业，而目前我国餐饮行业经营模式落后且服务水平低，餐饮企业数量多，应注重加强企业品牌建设，优化企业经营策略。田欢（2021）认为，餐饮行业是以顾客需求为主的服务行业，因此服务营销和人性化的管理制度是中小餐饮企业发展的关键。

自2019年年底新冠疫情暴发以来，新冠疫情对餐饮行业带来了巨大的影响。吴荻（2021）指出，新冠疫情暴发以来，国内很多中小企业被迫关闭。随着新冠疫情的有效防控，企业数量在下降后又缓慢上升，但新冠疫情过后中小企业经营风险显著增加。其从风险管理角度为中小企业面临的实际困难提出了解决办法和优化建议。韩天奇（2021）指出，受新冠疫情的影响，餐饮行业受到沉重打击。在新冠疫情得到有效控制后，餐饮行业不仅面临行业间更加激烈的竞争，还面临自身创新不足、人才缺乏、食品安全等问题。于敏（2020）指出，新冠疫情对于企业来说既是机遇又是挑战，企业要更加关注现金流管理、加快数字化转型等，提升危机管理能力。李玮、李文车（2020）研究数字化在新冠疫情中的作用，新冠疫情倒逼企业进行数字化转型。他们对中小企业数字化转型提出路径及政策建议，主张发挥宏观政策的逆周期调节作用，搭建以数字化平台为基础的虚拟产业集群，培养满足数字化需要的人才，保障转型过程中出现的数据和信息安全，保障企业的合法利益。

国内对餐饮行业的研究主要集中在新冠疫情给市场带来的影响。谢宗福等（2021）研究了新冠疫情前后餐饮行业的市场比较。结果表明，新冠疫情过后餐饮行业面临的困难增多，总体营业收入减少，经营要素改变，不同餐饮类型决定着不同的营收。李瑞聪（2021）研究了新冠疫情背景下餐饮企业营销策略，提出要将产品搭载文化，赋予含义，在口味上、形式上、服务上进行微创新，推动产品横向和纵向齐发展；建立以小程序为基础的企业私域闭环生态进行锁客，线上与线下渠道深度融合发展；灵活定价，避免低价竞争的恶性循环，基于消费者心理预期制定合理价格；依托互联网思维和技术另类促销，吸引眼球；员工奖惩分明，细化业务流程，注重打造个性化服务并打造新场景、新赛道、新形势的有形展示。黄庆华、周志波（2020）在研究新冠疫情对中小企业的影响中提出，中小企业面临的困境主要来自订单量减少、资金链断裂风险以及中小企业产业链问题。因此，他们认为，要给予中小企业财税、金融支持，跨部门合作，帮助中小企业渡过难关，调整产业链结构，提高中小企业竞争力。从短期来讲，政府要解决中小企业暂时的生存问题；从长期来看，政府要改善营商环境，促进中小企业长期可持续发展。黄茂兴、廖萌（2020）提出，不仅要关注中小企业的经营成本问题，还要关注中小企业的出口创汇问题。除政府方面的支持外，企业也要积极自救，用好用活优惠政策，转型升级，向高质量方向发展。面对着许多餐饮企业进行网络营销的选择，张会娟（2019）指出，随着互联网的发展，越来越多的消费者通过微博、微信、直播等各种新媒体方式获取外部信息。新媒体的发展推动了消费者习惯的改变，未来营销的主战场将从线下实体营销转移为线上新媒体平台营销。兰俊杰、段晓宁（2020）认为，新的形势下传统餐饮企业向互联网方向转型难度大，人才配备不足、营销思路无法打开。但是，互联网餐饮是餐饮行业发展的必然趋势，餐饮企业应积极主动构建线上发展体系，优化线上营销的渠道，提高消费者的消费体验感。蒋永其、伍建军（2022）提出，数字经济给餐饮行业带来新机遇，数字经济将数字技术与产业相结合助力产业实现转型升级。数字经济通过大数据等方式连接上下游关系，打破纵向和横向发展的边界从而推动产业深度融合。

国内外学者很早就进行了突发性公共卫生事件的研究。有学者提出，突发公共卫生事件处置的生命周期理论，即预兆（prodromal）、发生（breakout）、持续（chronic）、恢复（resolution）。这种划分方式能够帮助我们梳理出一条清晰的突发公共卫生事件处置流程。这种流程更加明确、更加便于实施，同时还能通过不同阶段的特征判断危机所处的具体阶段，从而能够制定有针对性的对策。应急管理面对的是各种突发事件，涉及不同层级的政府和部门，同时也涵盖了应急处置中缓解、准备、反应、恢复四个步骤，是一种综合性的管理方式。这种管理方式需要得到全社会的共同支持和参与，并且贯穿突发事件处置过程的始终。

三、研究思路与调查设计

（一）研究思路

本文的研究思路框架如图 1 所示。

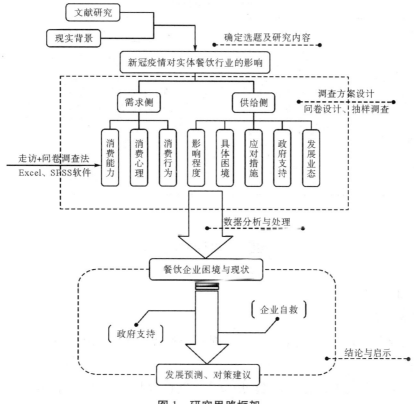

图 1　研究思路框架

（二）调查方案设计

1. 调查目的

调查目的是从新冠疫情对实体餐饮行业造成的影响和餐饮行业采取的措施来分析，得出相关的经验以更好地促进实体餐饮行业的发展，为我国的经济增长提供持续的动力。

2. 调查方法

我们采用线上问卷和线下问卷相结合的调查方式，通过问卷的发放和收回，分析数据、总结结论。

线上问卷：通过微信、QQ 等网络平台发放问卷，进行数据搜集。

线下问卷：主要从商家角度研究新冠疫情对实体餐饮行业的影响。

资料调研：网上收集和调研方向相关的资料。

3. 调研对象

调研对象主要来自重庆市渝北区龙兴镇、彭水县汉葭街道和巫溪县镇泉乡。

4. 调研安排

调研安排如表 1 所示。

表1　调研安排

调研阶段	调研时间	调研内容
准备阶段	2022年8月15日至8月18日	开会讨论，确定方向主题，设计问卷
调查数据	2022年8月18日至8月25日	线上线下同时进行问卷的发放和收回，对搜集到的数据进行整理分析和数据质量评估
资料整理和归纳阶段	2022年8月26日至9月5日	在数据分析的基础上撰写调研报告，并结合相关的文献资料丰富报告内容
总结和纠正阶段	2022年9月5日至9月14日	修改调整文本，文本成形打印，提交调研报告

四、调研内容

（一）需求侧

1. 样本构成

本次调查选择了性别、年龄、新冠疫情后月收入水平三项内容来调查样本的人口统计学特征。

（1）性别。为调查新冠疫情对重庆市实体餐饮行业的影响，本次调研共发放需求侧问卷101份，调研对象中男性有35人，女性有66人。被调查者性别构成如图2所示。

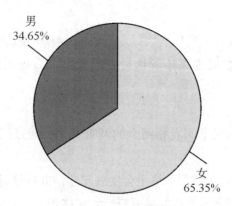

图2　被调查者性别构成

在回收的101份有效样本中，男性有35人，占有效样本的34.65%；女性有66人，占有效样本的65.35%。基于以往文献的分析，性别对新冠疫情下消费者餐饮消费的影响方向不确定，因此我们在调研过程中也并没有刻意去选择某种性别的被调查者。如果性别比例相对均衡，调查结果会更为客观。

（2）年龄。为调查新冠疫情对重庆市实体餐饮行业影响，本次调研共发放需求侧问卷101份。被调查者年龄构成如图3所示。

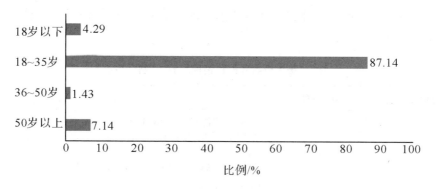

图3　被调查者年龄构成

样本年龄层主要集中在18~35岁，占有效样本总量的87.14%。50岁以上和18岁以下的被调查者较少，共占有效样本总量的11.43%。原因可能是18岁以下的消费者和50岁以上的消费者较少会去实体餐饮店消费，并且此次调研主要使用电子问卷调研，而这两个年龄段的被调查者较少使用电子问卷。36~50岁的被调查者较少，可能是因为本次调研主要使用电子问卷调研，很多年龄偏大的消费者很少愿意主动参与问卷的调查。因此，这些情况对样本的年龄结构造成了一定的影响，我们只能通过相关文献进行理论分析。

（3）新冠疫情过后个人月收入。

收入是影响消费者消费决策的关键因素。为调查新冠疫情对重庆市实体餐饮行业影响，本次调研共发放需求侧问卷101份。被调查者月收入分布情况如图4所示。

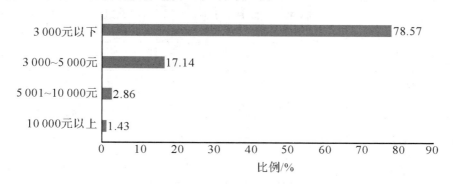

图4　被调查者月收入分布情况

调查结果显示，被调查者月收入多在3 000元以下，占总人数的78.57%。被调查月收入在3 000~5 000元的占总人数的17.14%。被调查者月收入在5 001元~10 000元的占总人数的2.86%。被调查者月收入在10 000元以上的占总人数的1.43%。由此可以看出，大部分被调查者为中低收入群体。

2. 消费者餐饮消费的行为调查概况

（1）被调查者的消费能力对实体餐饮的影响。在本次调研中，我们通过消费者新冠疫情前后的收入对比来了解被调查者的消费能力变化。被调查者新冠疫情前后收入变化情况如表 2 所示。

表 2　被调查者新冠疫情前后收入变化情况

疫情前后收入变化	比例/%	原因
升高	5.71	①相关一线医护人员得到政府的津贴补贴； ②生产相关防疫物资，如药品、口罩的企业的员工工资上涨； ③复产复工后企业运转加班加点的加班工资
基本不变	25.71	受访者所在行业性质稳定，如公务员、国企、教师等岗位
降低	68.58	①中小企业受到新冠疫情冲击，失业人员增多； ②财政紧缩，公司裁员、减薪； ③工资延期发放，资金周转不灵

由表 2 可知，有 68.58% 的人表示新冠疫情后收入降低，仅有 5.71% 的人月收入升高。这表明，新冠疫情让大部分人的月收入下降从而导致消费资金的减少。初步分析，受新冠疫情影响，很多企业停工停产。企业为了降低成本，降低工资或裁员，消费者收入下降。收入是影响消费者消费决策的关键因素，进而导致社会整体消费水平下降。

（2）被调查者的消费心理对实体餐饮的影响。通过被调查者新冠疫情前后每月实体餐饮的开支变化情况（见表 3），我们对被调查者的消费心理变化有了一定的了解。

表 3　被调查者新冠疫情前后每月实体餐饮的开支变化情况

金额	新冠疫情前每月用于消费实体餐饮的开支占比/%	新冠疫情后每月用于消费实体餐饮的开支占比/%
100 元以下	10	13.86
101～500 元	24.29	34.29
501～1 000 元	47.14	42.89
1 001～3 000 元	18.57	8.96
3 000 元以上	0	0

新冠疫情前，24.29% 的人每月消费 101～500 元用于实体餐饮的开支，新冠疫情后有 34.29% 的人每月消费 101～500 元用于实体餐饮的开支；新冠疫情前有 10% 的人每月消费 100 以下元用于实体餐饮的开支，新冠疫情后有 13.86% 的人每月消费 100 元以下用于实体餐饮的开支；新冠疫情前有 47.14% 的人每月消费 501～1 000 元用于实体餐饮的开支，新冠疫情后有 42.89% 的人每月消费 501～1 000 元用于实体餐饮的开支。由此

可见，新冠疫情后消费者每月实体餐饮的开支显著降低，消费者的主动消费积极性不高。

（3）被调查者的消费行为对实体餐饮的影响。在本次调研中，我们通过消费者疫情前后消费频率的对比以及被调查者在外就餐的消费餐饮类型偏好和餐饮类消费方式来对被调查者的消费行为变化有一定的了解（见表4、图5）。

表4　被调查者在新冠疫情前后实体餐饮店消费频率的变化情况

新冠疫情前后实体餐饮店消费频率	比例/%
升高	5.71
基本不变	42.86
降低	51.43

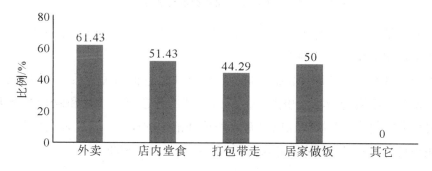

图5　被调查者餐饮类消费方式

51.43%的人表示新冠疫情后实体餐饮店消费频率降低，仅有5.71%的人表示新冠疫情后实体餐饮店消费频率增加。这表明，新冠疫情让大部分人实体餐饮店消费的次数减少。在被调查者餐饮类消费方式调查中，61.43%的人选择了外卖，44.29%的人选择了打包带走，人们更倾向以外卖和打包的方式进行餐饮消费。

（二）供给侧

1. 样本构成

为深入调查新冠疫情对实体餐饮行业的影响，本次调查选择餐饮类别、餐厅规模、餐饮企业人均消费额、员工因素四项内容来观察调查样本的统计学特征。

（1）餐饮类别。不同类别的餐饮新冠疫情的影响程度不同。为了更加清晰、透彻地了解新冠疫情对实体餐饮行业的影响，本次调研发放了56份问卷，其中被调查对象的餐饮类别构成如图6所示。

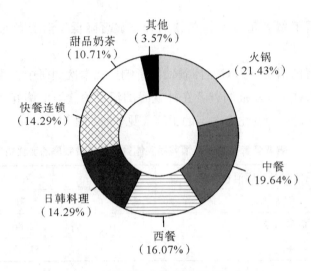

图6　被调查企业的餐饮类别构成

　　调查问卷结果显示，餐饮类别涵盖面较广且均衡。本次调研立足重庆，其地域特色美食火锅占比最高（21.43%）。

　　（2）餐厅规模。一般来说，企业规模与综合实力呈正相关关系。不同餐饮企业的规模、档次具有不同的市场竞争力，在新冠疫情的冲击下，生存和发展的能力不同。为了更好地研究餐饮企业规模在应对新冠疫情冲击中的作用，本次调研分析了被调查企业的规模情况，主要由门店数和投资资金体现（见图7和图8）。

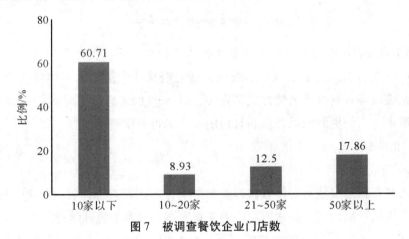

图7　被调查餐饮企业门店数

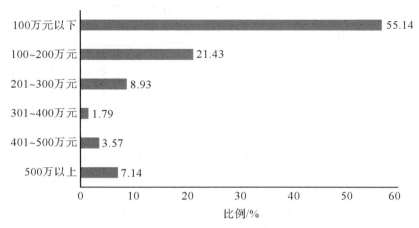

图8 被调查餐饮企业投资金额

统计数据显示，调研对象规模主要集中在中小餐饮企业。受地区繁华程度及新冠疫情防控等因素的影响，我们未能收集到更多的大规模餐饮企业信息。这可能对调研的总体分析造成了一定的影响，只能通过相关文献进行理论分析。

（3）餐饮企业人均消费额。在餐饮企业经营中，价格对消费者和经营者来说都是极为重要的因素，间接或直接地影响餐饮企业的客流量及利润。本次调研收集了被调查餐饮企业的人均消费额，如图9所示。

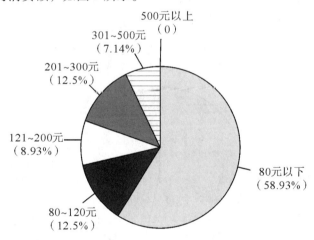

图9 被调查餐饮企业的人均消费额

在被调查餐饮企业中，33家餐饮企业的人均消费额在80元以下，占比58.93%；无餐饮企业的人均消费额在500元以上。由此可见，被调查餐饮企业大多定价中等偏低。

（4）员工因素。员工是一个企业赖以生存和发展的基石。通过问卷调查的方式，我们掌握了员工的年龄、学历、薪资三方面的情况。被调查餐饮企业员工基本特征统计如表5所示。

表5　被调查餐饮企业员工基本特征统计情况

变量	样本数	平均值	最小值	最大值	变量定义
年龄	56	1.982	1	4	1＝18~25岁，2＝26~35岁， 3＝36~45岁，4＝46岁及以上
学历	56	1.893	1	5	1＝高中以下，2＝高中， 3＝专科，4＝本科， 5＝本科以上
薪资	56	1.679	1	3	1＝3 500元以下， 2＝3 501~4 500元， 3＝4 501~5 500元

调查结果显示，被调查餐饮企业的员工较为年轻，年龄主要分布在18~35岁，其学历大致在高中水平，薪资水平中等。

2. 新冠疫情对实体餐饮行业的影响

为更加清晰具体地研究新冠疫情对实体餐饮行业的影响，我们首先对其影响程度进行了解，其次了解其盈利状态变化，最后逐步分析新冠疫情使实体餐饮行业面临的具体困境。

（1）新冠疫情对实体餐饮企业的影响程度。国家统计局发布的数据显示，2022年上半年，我国餐饮收入20 040亿元，下降7.7%。本次调研就新冠疫情对实体餐饮行业的影响程度展开调查，调查结果见图10。

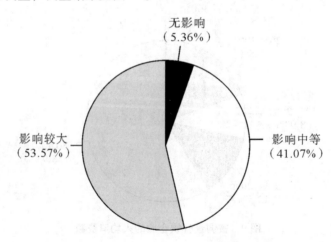

图10　新冠疫情对实体餐饮企业的影响程度

53.57%的实体餐饮企业认为新冠疫情对企业影响较大。41.07%的实体餐饮企业认为影响中等，仅有5.36%的实体餐饮企业认为无影响。由此可见，新冠疫情对绝大多数餐饮企业造成影响。

（2）实体餐饮企业盈利亏损变化。为深入了解新冠疫情对餐饮企业经营状况的影响，也本着尊重隐私权的态度，我们设立了"盈利增加""基本不变""略有亏损"三个选项供其选择。调查结果如图11所示。

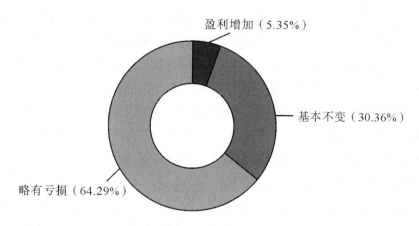

图11 餐饮企业盈利状况较之疫情前变化情况

由图11可知，在新冠疫情的冲击下，64.29%的实体餐饮企业盈利状况呈现亏损状态，30.36%的实体餐饮企业保持基本不变的盈利状态，只有5.35%的实体餐饮企业盈利增加。

（3）新冠疫情下实体餐饮行业面临的具体困境。新冠的暴发给我国及世界经济发展带来了广泛而深远的影响。餐饮企业面临着企业负担重、业务难以为继、资金短缺、融资贷款难、客流量下降、间歇性闭店、员工流失等问题。对此，我们展开了详细调查（见图12）。

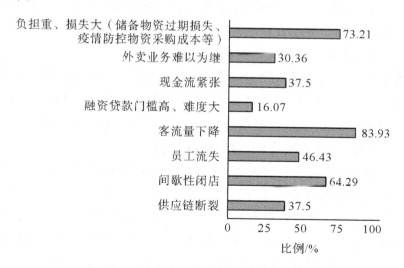

图12 新冠疫情下实体餐饮企业面临的困境

①负担重、损失大。在本次调研中，73.21%的餐饮企业面临着此种困境。在抗击新冠疫情期间，餐饮企业在面临营业收入损失严重的同时，还要承担着多种成本费用，如储备物资过期造成的损失、房租人工成本等固定支出、新冠疫情防护物资的采购成本。

②外卖业务难以为继。新冠疫情期间，以堂食为主、讲究就餐氛围的"重型餐饮"企业遭受巨大的打击。同时，线上办公的逐渐普及、对外卖食品安全的担忧使得人们更加倾向于居家做饭。在本次调研中，30.36%的餐饮企业认为外卖业务难以为继。

③现金流紧张，融资贷款门槛高、难度大。37.5%的餐饮企业面临着现金流紧张的问题，16.07%的餐饮企业存在着融资贷款门槛高、难度大的问题。餐饮行业是高周转率的行业，经营活动的现金流与当期收入联系紧密。餐饮行业具有小规模、高流动性、高替代率的特点，这使得餐饮企业获得银行贷款的难度加大。在遇到突发事件时，餐饮企业会出现现金流短缺甚至断裂的风险。

④客流量下降。在诸多问题中，客流量下降为主要问题，占比83.93%。新冠疫情期间，餐饮企业客流量急剧下降，这直接影响着餐饮企业的经营收入与利润。

⑤员工流失。受新冠疫情影响，各地防疫政策限制了务工人员的有序活动，员工的安全感随之下降，人员流动率增大。在本次调查中，46.43%的餐饮企业面临着员工流失的问题。

⑥间歇性闭店。鉴于新冠疫情防控的紧迫性，部分地方政府出台餐饮企业暂停营业的规定，导致餐饮店基本处于非营业状态，营业收入惨淡。在本次调研中，64.29%的餐饮企业面临着间歇性闭店的困境。

⑦供应链断裂。新冠疫情期间，物流运输缓慢甚至暂停，不同地方政府对当地复工政策及时间存在差异，可能造成部分物流车辆双向货源匹配上的困难。在本次调查中，37.5%的餐饮企业面临着此种难题。

3. 新冠疫情下餐饮企业的应对措施及政府支持

在新冠疫情背景下，实体餐饮企业既要自救，也要受到帮助。我们从企业与政府两方面来探寻新冠疫情下餐饮企业的破局突围的措施（问卷相关问题为多选题）。

（1）餐饮企业自救措施。新冠疫情下，为寻求自身生存发展，餐饮企业积极采取了相应的应对措施。本次调研就其所采取措施进行调查。

由图13可知，餐饮企业针对新冠疫情采取了相应的应对措施，推动自身企业不断转型升级。53.57%的餐饮企业充分运用"互联网+餐饮"，开拓了线上平台或渠道；51.79%的餐饮企业采取低价售卖或免费赠送等优惠方式吸引顾客；50%的餐饮企业满足消费者需求，增开窗口销售产品品种，提供打包外卖；28.57%的餐饮企业推出无接触餐厅模式，减少安全健康隐患；30.36%的餐饮企业进行行业间跨界合作，在灵活用工、金融信贷等方面进行探索合作。

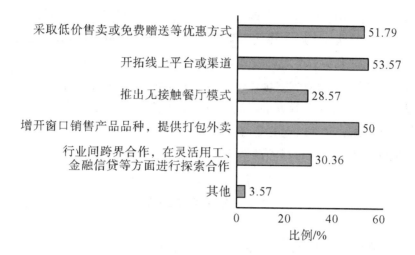

图 13　新冠疫情下餐饮企业的应对措施

（2）政府政策支持。为减轻餐饮企业在新冠疫情期间的压力，政府出台了一系列措施扶持餐饮企业。我们就政府对餐饮企业的扶持措施进行了调查。

调查结果显示（见图 14），50%的餐饮企业表示，当地政府提供了房租、水电费等补贴，缓解了企业固定成本高的压力；37.5%的餐饮企业表示，政府酌情对新冠疫情防控期间的企业贷款利息进行补贴，一定程度上减轻了企业融资贷款难的压力。除此之外，政府还帮助企业调配复工所需防疫物品，少数餐饮企业还获得了餐饮平台支持和媒体宣传支持。

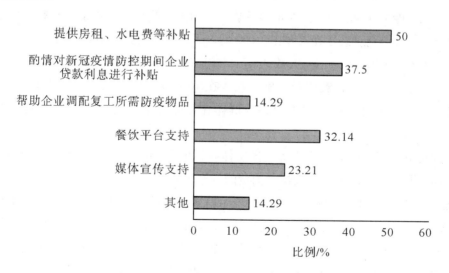

图 14　新冠疫情下政府对餐饮企业的扶持

4. 新冠疫情下餐饮行业发展态势

新冠疫情下，餐饮行业必将迎来转型升级新态势。从长远看，新冠疫情倒逼着餐饮行业进化。对此，我们就新冠疫情下餐饮行业发展态势对被调查企业进行询问。

调查结果显示，60.71%受访餐饮企业认为新冠疫情下餐饮行业结构重塑，多渠道发展餐饮业，线上餐饮外卖服务将面临新的发展机遇；55.36%的受访餐饮企业认为在新冠疫情冲击下，资金实力不足的餐饮企业面临被淘汰风险，存活下来的餐饮企业或将发展壮大；53.57%的受访餐饮企业认为新冠疫情倒逼餐饮行业进化，餐饮行业零售化趋势初显；51.79%的受访者表示新冠疫情驱动餐饮行业的标准提升，对餐饮行业的服务能力提出新要求；20%以上的受访餐饮企业认为半隔断包间会越来越多，厨房透明化和菜品透明化成为趋势，食材溯源系统或将上线。

五、结论和启示

（一）新冠疫情下消费者因素对实体餐饮行业的影响

从需求侧来看，新冠疫情改变了民众的餐饮消费能力、消费心理和消费行为。首先，为了防止新冠疫情扩散采取的措施将在一定时期影响社会的正常运营，很多企业停工停产，消费者收入缩减，而伴随消费者收入缩减的是消费能力的下降。其次，出于对接触风险的恐惧，消费者的边际消费倾向下降，消费欲望被抑制。

样本人口统计学特征通过性别、年龄、月收入水平三项内容来呈现。统计结果表明，男性占比34.65%，女性占比65.35%。研究样本年龄主要集中在18~35岁，占了有效样本总人数的87.14%；50岁以上和18岁以下的被调查对象较少，共占有效样本总量的11.43%；36~50岁的调查对象较少，占了有效样本总人数的1.43%，年龄样本过于单一，不能很好地解释年龄对消费的影响。对此，我们需要借助更有权威的数据进行理论分析。被调查对象月收入多在3 000元以下，占总人数的78.57%；被调查对象月收入在3 000~5 000元的，占总人数的17.14%；被调查对象月收入在5 001~10 000元的，占总人数的2.86%；被调查对象月收入在10 000元以上的，占总人数的1.43%。根据交叉统计结果分析，月收入越高的群体在新冠疫情后选择消费实体餐饮的频率越高。

由此可见，新冠疫情下消费者选择实体餐饮的影响因素与月收入的变动相关，月收入越高、月收入变动越小的人群，消费的频率越高。

统计结果显示，51.43%的被调查者表示新冠疫情后实体餐饮消费的频率降低，仅有5.71%的被调查者的该频率增加。这表明，新冠疫情让大部分消费者消费实体餐饮的次数减少。在被调查者新冠疫情下餐饮类消费方式的调查中，61.43%的被调查者选择了外卖，44.29%的消费者选择了打包带走。初步分析，新冠疫情之下人们更多选择以外卖和打包带走的方式进行餐饮消费，在选择店内堂食的时候更多选择火锅等没有外卖服务的餐饮类型。

新冠疫情后消费者每月实体餐饮的开支显著降低，消费者的主动消费的积极性不高，更多是被动消费。

综上所述，消费者的消费能力、消费心理等影响消费者实体餐饮消费。

(二) 新冠疫情对实体餐饮行业的影响

调查样本的统计学特征通过餐饮类别、餐饮企业规模、餐饮企业人均消费额、员工因素四项内容来体现。统计结果表明，受访的餐饮类别涵盖面较广且均衡，其中火锅类餐饮企业占比最高，达21.43%，这与重庆的地域特色有关。对餐饮企业规模的统计数据显示，受地区繁华程度及新冠疫情防控等因素的影响，研究样本主要集中在中小餐饮企业，未能收集到更多的大规模餐饮企业的信息，因此对调研的总体分析造成了一定的影响，只能通过相关文献进行理论分析。对于餐饮企业人均消费额而言，58.93%的餐饮企业人均消费额在80元以下，被调查餐饮企业大多定价中等偏低。受访餐饮企业的员工较为年轻，年龄主要分布在18~35岁，学历大致在高中水平，所得薪资中等。

通过调研结果可以了解到新冠疫情下餐饮企业所受到的冲击及面临的困境。新冠疫情对绝大多数餐饮企业造成影响，53.57%的实体餐饮企业认为新冠疫情对自身影响较大，41.07%的实体餐饮企业认为新冠疫情对自身影响中等。在新冠疫情的冲击下，64.29%的实体餐饮企业盈利状况呈现亏损状态。

受新冠疫情影响，餐饮企业面临着企业负担重、业务难以为继、资金短缺、融资贷款难、客流量下降、间歇性闭店、员工流失、供应链断裂等问题。在诸多问题中，客流量下降为主要问题，83.93%的餐饮企业存在着客流量下降的问题，这直接影响了餐饮企业的经营收入与利润。73.21%的餐饮企业表示在新冠疫情影响下，餐饮企业在营业收入损失严重的同时，还承担着多种成本费用，如储备物资过期造成的损失、房租人工成本等固定支出、疫情防护物资的采购成本，造成负担重损失大的局面。新冠疫情防控期间，部分政府出台餐饮业暂停营业的规定，导致餐饮企业基本处于非营业状态。在本次调研中，64.29%的餐饮企业面临着间歇性闭店的困境。

实体餐饮企业要在新冠疫情冲击下生存发展就离不开企业自救与政府扶持。在本次调查中，我们了解到，餐饮企业针对疫情现状提出了相应的应对措施，推动自身企业不断转型升级。53.57%的餐饮企业充分运用"互联网+餐饮"，开拓了线上平台或渠道；51.79%的餐饮企业采取低价售卖或免费赠送等优惠方式吸引顾客；50%的餐饮企业为满足消费者需求，增开窗口销售产品品种，提供打包外卖。此外，餐饮企业也逐渐进行行业间跨界合作，在灵活用工、金融信贷等方面进行探索合作。

为减轻餐饮企业在新冠疫情期间的压力，政府出台一系列措施扶持餐饮企业，如提供了房租、水电费等补贴，酌情对新冠疫情防控期间的企业贷款利息进行补贴，帮助企业调配复工所需防疫物品等。

(三) 新冠疫情对实体餐饮行业的影响的启示

新冠疫情对实体餐饮企业产生了冲击，同时也带来了一些机遇。新冠疫情倒逼餐饮企业发展，餐饮零售化趋势初现，线上餐饮外卖服务面临新机遇。餐饮企业应抓住机遇，促进自身业务的转型升级。对此，我们提出以下建议：

（1）餐饮企业应采取新的经营模式，转变经营理念。餐饮企业可以采取特殊的经营模式，推出"不接触送餐""厨师现场带货"等服务，满足消费者"零接触"用餐需求。

（2）餐饮企业应加强抗风险能力，完善制度建设。餐饮企业应尽快恢复经营状态，稳定员工队伍，树立品牌形象。

（3）餐饮企业应重点发展线上外卖业务和零售，进一步扩大线上优势，利用微信公众号、抖音等平台逐步沉淀客户。

（4）餐饮企业应提升餐饮智能化、无人化水平，推出"智能点餐"和"智能取餐柜台"。

（四）新冠疫情对实体餐饮行业的发展预测

1. 餐饮行业结构重塑，网上餐饮外卖服务面临新的发展机遇

餐饮行业应加快网商化进程，发展网络经济运行新模式。为应对新冠疫情，各餐饮企业纷纷转向网商自救。微信第三方服务商微盟宣布向全国餐饮企业免费开放微盟外卖小程序，并与美团、大大、邻家乐等第三方平台对接，支持餐饮企业开展外卖和电商零售业务。这些新技术的应用，进一步推动了餐饮企业的数字化办公和服务流程，为重构运营管理流程提供了技术支持，为提高行业的运营效率奠定了基础。

2. 半隔断包间越来越多，厨房透明化和菜品透明化进程加快，食材追溯系统可能上线

新冠疫情过后，餐饮企业迎来全渠道营销的新时代，通过线上线下商品数据打通、消费者数据打通、服务打通、营销推广策略打通，实现上下游品牌商、渠道商共建共享全渠道营销生态圈。

3. 餐饮行业扩张步伐变慢，转型升级步伐加快

餐饮行业属于高周转行业，应收账款较少，经营活动收到的现金流与当期营业收入密切相关。餐饮行业往往不断投入经营性现金布局新店，以规模和流量对冲人力和租金压力，保留的现金流往往只能应对 1~2 个月的经营期，遇到突发事件会出现现金流不足甚至断流的风险。新冠疫情暴发后，很多大中型企业都表示现金流不能超过 3 个月。各地政府密集出台多项金融支持政策，包括低成本贷款、贴息、应收账款融资、鼓励直接融资等，帮助餐饮企业缓解流动资金压力。新冠疫情过后，餐饮企业将更加注重管理效率的提高和模式的转型，设立行业专项发展基金或成为行业可持续发展的保障。

4. 新冠疫情倒逼餐饮行业进化，餐饮行业零售化趋势初现端倪

餐饮企业不仅要抓住行业风口，更重要的是抓住年轻消费者，与他们做好互动。有业内人士表示，基于零售产品和消费者运营，餐饮企业可以突破传统门店的服务半径。餐饮企业可能收获"零售渠道规模化"的业务增长，线上和线下业务形式相辅相成，零售或将反哺线下门店业务。

附件：调查问卷

问卷一

新冠疫情对实体餐饮行业的影响调查问卷

亲爱的餐饮企业经营者：

您好！首先非常感谢您抽出五分钟时间来参与本次问卷调研。

这是一份关于新冠疫情对实体餐饮行业影响的调查问卷，主要目的是了解新冠疫情下实体餐饮行业的发展现状。本问卷采用匿名的方式作答，请您根据实际情况，选择符合客观实际的选项（如无特殊说明，每题只有一个答案），非常感谢您的配合。

1. 疫情是否对您的餐厅产生影响？

 ○ 无影响   ○影响中等

 ○ 影响较大

2. 请问您的公司所属餐饮类别是什么？

 ○ 火锅   ○中餐

 ○ 西餐   ○日料

 ○ 快餐连锁   ○甜品奶茶

 ○ 其他

3. 您餐厅人均消费是多少？

 ○ 80 元以下   ○80~120 元

 ○ 121~200 元   ○201~300 元

 ○ 301~500 元   ○500 元以上

4. 您的餐厅全部门店数是多少？

 ○ 10 家以下   ○10~20 家

 ○ 21~50 家   ○50 家以上

5. 您的餐厅投资资金是多少？

 ○ 100 万元以下   ○100 万元~200 万元

 ○ 201 万元~300 万元 ○301 万元~400 万元

 ○ 401 万元~500 万元 ○500 万元以上

6. 您餐厅服务员的平均年龄段是多少？

 ○ 18~25 岁   ○26~35 岁

 ○ 36~45 岁   ○46 岁及以上

7. 您餐厅服务员的平均学历是什么？

 ○ 高中以下   ○高中

 ○ 专科   ○本科

 ○ 本科以上

8. 您餐厅服务员的平均到手薪资是多少?

○ 3 500 元及以下　　　　　　　　○ 3 501~4 500 元

○ 4 501~5 500 元

9. 相较于新冠疫情前,您外卖平台的收费状况如何?

○ 更高　　　　　　　　　　　　　○ 不变

○ 降低　　　　　　　　　　　　　○ 不提供外卖服务

10. 新冠疫情期间,您的餐厅面临哪些困难(多选题)?

□ 负担重、损失大(储备物资过期损失、疫情防控物资采购成本等)

□ 外卖业务难以为继

□ 现金流紧张

□ 融资贷款门槛高、难度大

□ 客流量下降

□ 员工流失

□ 间歇性闭店

□ 供应链断裂

11. 新冠疫情期间,您餐厅应对困难、自救解困的方法有哪些(多选题)?

□ 采取低价售卖或免费赠送等优惠方式

□ 开拓线上平台或渠道

□ 推出无接触餐厅模式

□ 增开窗口销售及产品品种,提供打包外卖

□ 行业间跨界合作,在灵活用工、金融信贷等方面进行探索合作

□ 其他

12. 当地政府对实体餐厅提供了哪些支持(多选题)?

□ 提供房租、水电费等补贴

□ 酌情对新冠疫情防控期间企业贷款利息进行补贴

□ 帮助企业调配复工所需防疫物品

□ 餐饮平台支持

□ 媒体宣传支持

□ 其他

13. 您认为新冠疫情对我国餐饮行业的发展趋势有什么影响(多选题)?

□ 餐饮行业结构重塑,线上餐饮外卖服务面临新的发展机遇

□ 半隔断包间会越来越多

□ 厨房透明化和菜品透明化进程加速,食材溯源系统或将上线

□ 新冠疫情驱动餐饮行业标准提升,对餐饮商户的服务能力提出新要求

□ 新冠疫情倒逼餐饮业进化,餐饮零售化趋势初显

☐淘汰资金实力不足的餐饮企业，存活下来的餐饮企业或将发展壮大

14. 您餐厅目前的盈利状况较新冠疫情前有何变化？

○ 盈利增加　　　　　　　　○基本不变

○ 略有亏损

问卷二

新冠疫情对消费者就餐选择的影响调查问卷

亲爱的朋友：

您好！首先非常感谢您抽出五分钟时间来参与本次问卷调研。

这是一份关于新冠疫情对消费者就餐选择的影响调查问卷，主要目的是了解新冠疫情下消费者就餐选择的变化及原因。本问卷采用匿名的方式作答，请您根据自己的实际情况，选择符合您真实想法的选项（如无特殊说明，每题只有一个答案），非常感谢您的配合。

1. 请问您的年龄段是多少？

○ 18 岁以下　　　　　　　　○18~35 岁

○ 36~50 岁　　　　　　　　○50 岁以上

2. 请问您的性别是什么？

○ 男　　　　　　　　　　　○女

3. 请问新冠疫情后您的月收入是多少？

○ 3 000 元以下　　　　　　　○3 000~5 000 元

○ 5 001~10 000 元　　　　　○10 000 元以上

4. 请问您的月收入较新冠疫情前如何变化？

○ 升高　　　　　　　　　　○基本不变

○ 降低

5. 请问新冠疫情前您每月用于实体店餐饮类消费的开支约为多少？

○ 100 元以下　　　　　　　　○100~500 元

○ 501~1 000 元　　　　　　　○1 001~3 000 元

○ 3 000 元以上

6. 请问新冠疫情后您每月用于实体店餐饮类消费的开支约为多少？

○ 100 元以下　　　　　　　　○100~500 元

○ 501~1 000 元　　　　　　　○1 001~3 000 元

○ 3 000 元以上

7. 请问新冠疫情下您每月外出就餐的次数是多少？

○ 10 次以下　　　　　　　　○10~20 次

○ 20 次以上

8. 请问相较于新冠疫情暴发前, 您的实体店餐饮类消费频率如何变化?

○ 降低 　　　　　　　　　　○ 基本不变

○ 升高

9. 请问您实体店餐饮类消费频率变化的原因是什么 (多选题)?

□ 响应新冠疫情防控政策

□ 新冠疫情防控出行不便利

□ 消费心理变化 (认为到店就餐前程序繁杂)

□ 消费能力下降

□ 新冠疫情防控情况下心仪的商家闭店

□ 其他

10. 请问目前您在外就餐的消费餐饮类型偏好是什么 (多选题)?

□ 地方菜 　　　　　　　　　□ 火锅

□ 日韩料理 　　　　　　　　□ 西餐

□ 快餐小吃 　　　　　　　　□ 面包甜点、饮品

□ 其他

11. 请问新冠疫情下您的餐饮类消费方式是什么 (多选题)?

□ 外卖 　　　　　　　　　　□ 店内堂食

□ 打包带走 　　　　　　　　□ 居家做饭

□ 其他

12. 请问您的实体店餐饮类消费诱因是什么 (多选题)?

□ 满足食欲 　　　　　　　　□ 公司团建聚餐

□ 朋友出游聚会 　　　　　　□ 其他

社群营销对社区消费者购买决策影响的调研报告

——以多多买菜为研究对象

蔡欣霞[1] 代利娟[2] 樊瑜渝[2]

（1. 重庆工商大学经济学院贸易经济专业，2020 级；

2. 重庆工商大学经济学院贸易经济专业，2021 级）

摘 要： 随着线上社区场景与线下门店的融合发展，社区团购成为新零售的主要发展形式之一，而社群营销是社区团购中的重要一环。"多多买菜"是通过网络思维成功运营的典型案例，对社区营销运营模式的研究具有参考意义。研究"多多买菜"社群可以就社群营销平台在激烈的市场竞争下，如何打开市场、进行品牌定位、提高客户忠诚度和品牌占有率提供实践指导意义。本文旨在了解当下社区消费者对社群营销的态度与看法，进一步分析消费者的购买意愿与行为，对社群营销中影响社区消费者的购买意愿和行为因素进行梳理与分析，据此为相关的社群营销提供有价值的参考意见和建议措施。本次调研采用研读文献、问卷调查和实地访谈的方式进行调研，以SOR 模型为理论依据，在文献资料和深度讨论的基础上设计问卷。调研实施时间为2022 年 7 月 24 日至 9 月 17 日，由团队成员分工合作完成。我们在问卷星平台上发放问卷230 份，回收 204 份，有效问卷 200 份。为增强研究的可信度，我们通过线下访谈，共走访 8 家多多买菜自提点，发放并收集了 30 份纸质问卷。我们发现，调查数据稳定性好，一致程度高，较为可靠。本文通过 Spss 软件对数据进行多重响应分析、卡方拟合优度检验，对消费者使用社群的情况与消费者的购买意愿做交叉分析等描述性统计分析。最后，我们按照设计机构模型去分析社群营销对社区消费者购买决策的影响。我们调研发现：第一，消费者偏好通过福利、红包等降低消费成本的方式进入社群。第二，消费者对社群平台销售产品的满意度较高。第三，以顾客需求为导向、努力提升服务质量的营销策略能够增加消费者的购物频次。第四，大多数消费者对社群平台推送的广告认可度高，认为其具有一定吸引力。第五，社群成员之间的高频率交流能对消费者决策起到推动作用。调查建议如下：第一，社群平台可以根据消费者需求找准市场定位、解决顾客单一问题。第二，提高产品质量，打造品牌效应。第三，完善服务、加强管理。第四，精准定位消费者需求。第五，构建与顾客良好的沟通关系。

关键词： 社群营销；购买意愿；购买决策；多多买菜

一、引言

（一）研究背景与意义

1. 研究背景

随着大数据、人工智能、第五代移动通信技术（5G）等技术的发展以及线上社区场景与线下门店的融合，社群团购成为新零售的主要发展形式之一，而社群营销是社群团购中的重要手段之一。

传统营销方式主要是 B2B 或 B2C 模式，这两种模式都需要经过多个环节才能将商品传递到消费者手中。社群营销是 S2B2C 模式，是由网络团购衍生而成的，以消费者所在的社区中心，通过商家的应用程序或商家组建的微信群聊下单，由群主或团长整合消费者的购买信息，提前支付货款，商家接受订单后，由物流平台统一发出货品，通过供应链运送到消费者所在的社群。

基于信息技术的社群营销正在从根本上改变传统的营销方式，人们不再是仅仅依靠专家、权威机构、主流媒体和大众广告来做购买决定，而是更加关注口碑、购买建议和售后评价。

其中，拼多多是通过网络思维成功运营的典型案例，多多买菜是拼多多在农产品领域的新业务，对社区营销运营模式具有参考意义。本次调研以多多买菜的社区营销作为研究对象，重点分析多多买菜的社群营销模式及社群营销中出现的问题，并提出优化建议。

2. 研究意义

在新零售背景下，我国社群营销逐渐步入正轨，一些大平台或小微型创业企业纷纷布局社群营销，试图在新零售爆发式发展的大环境下占得先机。但社群营销在实际运营过程中，还存在着产品、配送、售后、客户服务等一系列问题。消费者作为经济活动中的重要主体，了解其意愿有利于社群平台把握市场情况，分析营销推广策略。我们通过对消费者心理的分析和迎合，从而获取稳定的消费群体。

本次调研通过问卷调查、文献分析以及实地访谈的方式，试图对社群营销存在的问题进行深入探讨，了解社群营销在实际运营中的情况并提出针对性的解决措施。我们以多多买菜为研究对象，设计并发放问卷调查，分析其营销推广策略并提出优化建议，为社群营销的可持续健康发展提供一定参考。

拼多多的成功顺应了信息时代变化趋势，并且据此采取了一系列新型营销手段，研究拼多多旗下的多多买菜社群平台具有一定的参考意义。本次调研为社群营销平台在激烈的市场竞争环境下，如何打开市场、进行品牌定位、提高客户忠诚度和品牌占有率提供了实践指导意义。

（二）研究目的、研究内容与调研方法

1. 研究目的

本次调研通过对社群营销和消费者行为相关文献的查阅与解读，以多多买菜为例，了解当下社区消费者对社群营销的态度与看法，进一步分析其购买意愿与行为，对社群营销中影响社区消费者的购买意愿和行为因素进行梳理与分析，构建社群营销对社区消费者购买意愿与行为的影响模型，探究社群营销存在问题，为相关的社群营销提供有价值的参考意见和建议措施。

2. 研究内容

本次调研结合时代背景，并根据调研目的和调研选题，对当今社群营销的发展进行梳理和总结，基于多多买菜对社群营销中影响社区消费者购买决策的因素进行研究。本研究的主要内容如下：

第一，本文首先介绍了本次调研的研究背景和研究意义，在社群营销发展现状的背景下研究社群营销对社区消费者购买决策的影响，提出本次调研的研究问题、调研目的和研究内容。

第二，文献综述及相关理论。本文通过文献综述及理论的查阅与分析，系统梳理社群营销的概念、社群营销的影响因素以及消费者购买意愿和购买行为等相关领域的研究成果，查阅收集多多买菜的相关资料与信息，将多多买菜与相关研究成果进行融合解读，为后续研究提出假设、模型建立和问卷设计提供理论基础。

第三，研究假设的提出和理论模型的构建。本文在社群营销现有问题及相关文献的基础上，围绕社群营销的特点和影响因素，提出本次调研的研究假设，总结相关研究理论，构建理论模型。

第四，问卷设计与数据分析。本文借鉴文献研究明确变量定义，结合社群营销和社区消费者的实际情况，设计调查问卷的问题。我们通过文献评述和预调查形成了正式问卷，确定数据搜集方式以完成数据搜集与数据预处理。我们利用相关软件检验问卷信度，对数据进行描述性统计和相关分析，最后进行小结。

第五，结论与展望。本文对数据分析结果进行梳理与总结，将分析结果与相关假设进行验证，得出结论，为社群营销提出优化建议，并对未来的发展做出展望。

3. 调研方法

（1）文献调研。我们收集并研究国内外相关文献，利用网络平台搜索信息。我们通过对相关研究成果的分析，形成本调研的研究思路和写作框架，为调研的顺利进行提供充分指导和理论支持。

（2）问卷调查法。针对不同年龄段、不同学历、不同收入、不同地区的消费者，我们通过线上平台发放电子问卷，以此满足调查的多样性和全面性。我们对搜集的数据进行整理分析与数据分析，获得了本次研究的数据支撑。

（3）实地访谈。我们走访社群经营者和社区消费者，深入了解社群营销对社区消费者购买意愿和行为的影响，在访谈中交流切实体会，完善相关假设，从而增加可信度。

二、文献综述

（一）社群营销相关研究综述

1. 社群的相关论述

社群可以简单认为成一个群体，但是社群需要有一些它自己的表现形式。这可以通过社群自身的社交关系链来说明，即不仅只是拉一个群而是基于需求和爱好将大家聚合在一起，有稳定的群体结构和较一致的群体意识。成员有一致的行为规范、持续的互动关系。成员间分工协作，具有一致行动的能力，这样的群就可以称为社群。

社群的定义最早由社会学家和地理学家提出，是指在特定的边界、地区或领域中起作用的所有社会关系。它既包括实际的地理区域、社会关系，也包括抽象的思想关系。社群也被解释为一种由成员居住在一起，处于同一政府之中，有着相近的文化和历史背景，基于共同的特征和性质，进行情感和思想交流与共享，亲密传播和沟通的社会群体。社群强调"共同"和"交流"两个关键词。

2. 社群营销相关理论

（1）社群营销的定义。社群营销是在网络社区及社会化媒体营销基础上发展起来的用户连接及交流更为紧密的网络营销方式。网络社群营销的方式，主要通过连接、沟通等方式实现用户价值。经营者能够更好地与顾客沟通、了解顾客需求，顾客还能反馈意见、彼此相约活动，最终产生高频的重复消费，这就是最朴素的社群营销。在媒介技术和文化传播的影响下，社群营销的内涵不断丰富。有专家学者认为，社群营销是企业在互联网数字化社群的社会环境下，充分运用互联网工具，利用人类群体失智、情绪化的特点，激发社群所蕴含的巨大能量从而达到营销的目的。

（2）社群营销的价值。何方（2016）认为，社群营销的价值主要在于把蕴含在社群之中的人与人、人与产品、人与企业的连接中的价值释放出来，将这个价值转化为精准营销，由企业和消费者分享因此而降低的交易成本。匡文波和李芮（2017）把营销解读为协作场景下的场景传播，社群营销场景传播的价值在于通过社群对社群成员在多元场景下的信息获取，并在大数据支持下对社群成员消费意向的挖掘，从而有效提高营销的效率。

站在企业的角度，戴世富（2015）把品牌社群对企业的营销价值归结为三个方面：一是企业洞察消费者进行细分市场的有效途径；二是企业通过社群成员参与产品创新，能够增强产品的竞争力和顾客融入度；三是社群共同的价值观有利于提升企业品牌的社会认同度。

（3）新零售社群营销的发展现状。随着网络的不断发展，基于网络平台兴起的各类线上社群不断涌现。例如，基于兴趣社群发起的同城吃货圈、旅游圈、车友群，基于学习目的组建的亲子教育、职场普及群以及各类技术交流群等。尤其是在新冠疫情影响下，各类小区自发组建的社群买菜交流群等都是当前网络社群的主要载体。网络社群汇集了人流、信息流，是商家进行线上营销、推广与服务的重要媒介。在社群拼单方面，以低价为主的拼多多受到更多人的关注。2020 年 8 月，拼多多推出多多买菜后，在半年内完成了全国覆盖，订单量平均达到 2 000 万件/天，社群团购行业进入高速发展阶段。2020 年，多多买菜市场发展增长率超过 100%，市场规模达到 720 亿元，取得了相当不错的成绩。

在上述关于社群营销的研究中，定性与定量研究并存，并对各类行为、因素均有涉及，却并没有将社群营销与消费者购买意愿结合起来分析。因此，本文将建立模型，综合分析消费者在社群中受到的各类影响因素，并测量各类因素作为社群营销的变量对消费者产生购物意愿的影响力的大小。

（二）消费者行为相关研究综述

1. 消费者行为相关研究综述

国外学者对消费者行为的研究主要集中在宏观和微观两个层次。在宏观层面上，消费者行为与消费者生活方式相联系，它通常是对消费群体人口统计特征及消费行为特征的描述，这类研究更多的是描述性研究（descriptive research）。在微观层面上，消费者行为通常与消费者认知、态度、购买意愿以及决策过程等具体购买行为相联系，倾向于对消费者在具体的信息沟通、购买决策、产品使用、品牌态度等方面的行为进行解释和说明，更多是解释性研究（interpretive research）。

国内学者对消费者行为影响因素同样进行了大量的研究。青平和李崇光（2005）

以计划行为理论为依据对消费者行为影响因素进行了探究，认为消费者对商品或服务的认知水平、自控力的判断以及消费者参照群体情况，对消费者的理性消费行为具有重要影响。戴迎春（2006）等选取南京市的部分消费者为研究对象进行了研究，发现消费者年龄、受教育水平、个体信任度等对其消费行为具有显著影响。国内对消费者行为研究起步比较晚，但总体研究视角与国外研究视角类似。

综上所述，国内外学者对消费者行为的研究视角集中在消费者个性特征、消费者认知、消费环境因素、社会环境因素等方面。消费者个性特征涉及比较多的是性别、年龄与受教育水平；消费者认知，即消费者对商品或服务的认知程度，比如产品特性的认知与产品品牌的认知等；消费环境因素是指消费者面临的消费环境等。

2. 多多买菜消费者行为研究

（1）多多买菜简介。多多买菜于 2020 年 8 月上线，是拼多多顺应消费趋势推出的一项实惠、安心、便民的线上买菜服务。通过拼多多应用程序或微信小程序，消费者足不出户就可以选购全国农产品产区的精选好货。该种生鲜团购模式共有四类参与者，分别是供应商、生鲜社区团购企业、团长、社区居民。

（2）多多买菜消费者情况。拼多多持续投入买菜业务后，由于高频的生鲜消费属性，用户在平台上购买频率提高，也带动其他品类互补，形成"高频打低频"的结构。根据对多多买菜消费者的调查，我们从以下三点来分析多多买菜消费者行为影响因素。

①消费者个性特征。据调查，多多买菜消费者男女比例为 3：7，年龄主要集中在 18~35 岁，学历以大学本科与专科占比较高。

②消费环境因素。商品的功能和价格是消费者最看重的因素。刺激因素包括商品本身的功能、属性、包装、商标、价格、生产厂家的信誉和服务水平等。

③社会环境因素。据调查，家庭成员是多多买菜消费者最重要的参照群体，包括了消费者的血缘家庭和婚姻家庭的成员。由于长时间共同学习或在组织机构中合作共事，消费者也容易受到来自同学或同事的影响。在消费活动中，左邻右舍、亲朋好友的消费倾向和选择标准等也会成为人们的参照依据。

三、研究思路及理论模型

(一) 研究思路

本义的研究思路框架如图 1 所示。

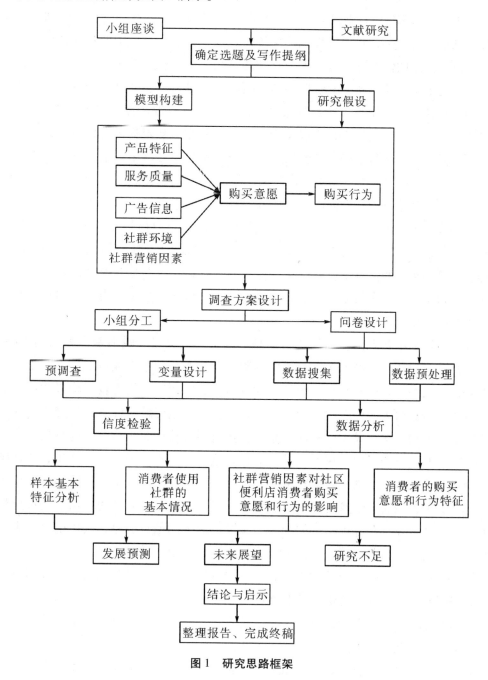

图 1　研究思路框架

（二）社群营销对消费者购买决策的直接效应

信息收集是消费者进行购买决策的基础。首先，产品特征信息的收集是消费者进行购买决策的基础环节。在复杂的购买中，消费者购买决策过程通常由引起需要、收集信息、评价方案、决定购买、购后行为五个阶段构成。消费者为了实现满足需求从而做出购买决策这一特定目标，往往都需要收集信息来进行下一步决策。消费者信息来源主要有个人来源、商业来源、公共来源、经验来源等。社群营销能够通过强化聚众传播效应促进消费者购买决策。聚众传播是基于人们在社群中的集体认同感，利用人际网络使信息的传播更加趋于个人化和圈子化。这颠覆了传统的单向传播方式，取而代之的是消费者参与其中的多向传播的网状传播结构。在社群营销环节，明确自身定位与独特性，吸引用户进行社群聚合，使得消费者获取产品信息的来源更加丰富，促进了消费者确认需求的进程。以小米公司为例，在最初聚集社群的阶段，小米公司充分利用微信、微博与论坛等平台的互动来维持用户在社群中的活跃度。小米公司在开发"米柚"（MIUI）的过程中，社群用户可以参与开发环节，对系统设计提出建议，工程师采纳合理建议进行产品改进。此外，小米公司举行了一系列线下活动，如"米粉节""爆米花论坛"，为用户提供多种场景体验，也从中得到了来自用户的信息反馈。这种聚众传播效应甚至会促进消费者确认非刚性需求，做出一系列适当的购买决策。同样，在多多买菜的社群中，社群用户通过参与社群讨论与信息交换的过程，在社群中可以获得多渠道、多角度的产品特征信息资源，从而促进消费者确认需求，有利于消费者进一步做出购买决策。

购买意愿是消费者进行购买决策的核心与关键，直接影响消费者做到购买决策。消费者购买意愿通常可以用来表示消费者购买某项产品的概率或可能性，在很多研究中被用来作为消费者做出购买行为的前置变量。通常而言，具有较强购买意愿的消费者，其做出购买行为的可能性就越大。此外，基于三感交融的社群营销融入社区消费者的情感，使用户沉浸式体验社区场景，直接为用户提供关于产品的隐性信息，极大地提高了用户能够购买到心仪产品的可能性。这里的三感交融是指参与感、成就感和尊重感的融合。以小红书的社群营销模式为例，其用户通过分享商品购买信息成为产品代销者，使消费者有了参与感，而通过分享者做出购买决策的用户给予的肯定便会增加分享者的成就感和尊重感。如同多多买菜社群中的信息分享，其中蕴含着来自产品的广告信息和一定购买氛围的社群环境，已下单的用户通过将已购买的产品链接发送到群中提醒团长，分享商品购买信息的消费者也会成为产品代销者。如此通过用户标识的商品还可以形成正确的消费趋势，鼓励更多消费者做出正确的消费决策。在此良好的社群氛围中，消费者便于进一步了解产品信息，消费者分享出的购物链接也可以作为相应的广告信息促进其他消费者做出购买决策。

选择评价是消费者进行购买决策的衡量标准。良好的社群品牌形象和服务质量有助于消费者的选择，社群营销创造的品牌效应能够直接降低消费者的感知不确定性，促进消费者做出购买决策。构建完整的服务评价体系也有助于消费者进行选择购买，社群营销创造的品牌效应能够有效满足消费者的实际需求，经常体现在消费者积极参与品牌社群的互动环节中。在这个过程中，消费者可以得到相应的产品信息和评价资格，能够体现消费社群的存在价值和提升消费者的地位，同时降低消费成本，提高与社群品牌的黏合度。以多多买菜社群平台为例，消费者在相应的社群中完成购买且收到商品后，部分消费者会在社群平台的商品链接下进行购后评价。消费者的反馈越多，社群平台收集到的消费者建议会越多，其他使用社群购买商品的消费者也能获得越多的产品信息，从而促进消费者做出购买决策，以此来形成一个完整的服务评价体系。社群营销创造的品牌价值也能相应增加。同样，这个过程也反映出社群品牌的服务质量，服务质量高的社群自然能获得更多消费者的青睐和重复使用。

基于上述分析，本文提出假设1。

假设1：社群营销能够显著影响消费者的购买决策。

（二）模型构建

通过研读相关文献及结合当前的研究基础，本文以 S-O-R 理论为基础构建了社群营销与社区消费者购买意愿和行为的关系模型。我们将对机体产生刺激的社群营销因素（S）设定为自变量，选取产品特征、服务质量、广告信息和社群环境四个维度作为社群营销因素；机体的认知和情绪以购买意愿（O）作为中介变量；消费者的购买行为（R）作为因变量，即模型中的反应变量。

基于文献及变量特征的研究分析，我们构建了社群消费者购买意愿和行为影响因素研究的概念模型（见图2）。

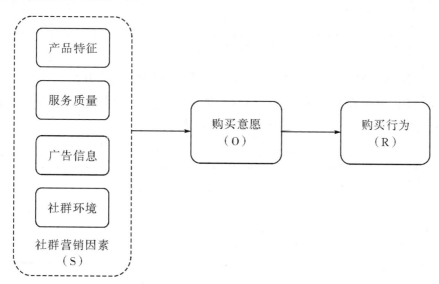

图2 概念模型

基于前述分析，为探究社群营销对社区消费者购买决策的影响，我们构建以下基准模型：

$$cpd_t = \alpha_0 + \alpha_1 \cdot sm_t + \alpha_2 \cdot control_t + \varepsilon_t \tag{1}$$

其中，cpd_t 表示 t 时期的消费者购买决策，sm_t 表示社群营销，α 表示待估系数，$control_t$ 表示控制变量，ε_t 表示随机误差项。式（1）检验的是社群营销对消费者购买决策的直接影响。

四、调查设计与数据分析

（一）问卷设计

1. 调研对象

本次调研对象均为参加社群营销的消费者。

2. 问卷信度检验

（1）可靠性分析。在本次可靠性检测中，我们抽取了 14 项消费者使用社群平台购物情况及消费意愿相关数据，信度系数值为 0.997，大于 0.9，说明研究数据信度质量很高（见表 1）。针对"项已删除的 α 系数"，任意题项被删除后，信度系数并不会有明显的上升，因此说明题项不应该做删除处理。综上所述，研究数据信度系数值高于 0.9，综合说明数据信度质量高，可用于进一步分析。

表 1 Cronbach 信度分析

项数	样本量	Cronbach α 系数
14	100	0.997

注：实现检验部分从参与了社群营销的 132 份完整问卷中，抽取 100 个样本，下同。

（2）KMO 和巴特利球形检验。从表 2 可以看出，KMO 值为 0.916，大于 0.6，满足主成分分析的前提要求；数据通过 Bartlett 球形度检验（$p<0.05$），说明调查影响消费者社群平台购物意愿的因素非常适合进行主成分分析。

表 2 KMO 和 Bartlett 的检验

KMO 值		0.916
Bartlett 球形度检验	近似卡方	2 808.906
	df	171
	p 值	0.000

（3）主成分提取。我们针对主成分提取情况及主成分提取信息量情况进行分析（见表 3）。主成分分析一共提取出四个主成分，特征根值均大于 1。这四个主成分的方差解释率分别为 52.118%、10.267%、7.772%、5.540%，累积方差解释率为

75.697%。这说明，19 个题目中提取的 4 个主成分对原始数据的解释度较理想。

表 3　方差解释率

编号	特征根			主成分提取		
	特征根	方差解释率/%	累积/%	特征根	方差解释率/%	累积/%
1	9.903	52.118	52.118	9.903	52.118	52.118
2	1.951	10.267	62.386	1.951	10.267	62.386
3	1.477	7.772	70.158	1.477	7.772	70.158
4	1.053	5.540	75.697	1.053	5.540	75.697
5	0.963	5.070	80.767	—	—	—
6	0.935	4.922	85.689	—	—	—
7	0.773	4.068	89.757	—	—	—
8	0.591	3.108	92.865	—	—	—
9	0.541	2.849	95.714	—	—	—
10	0.512	2.693	98.407	—	—	—
11	0.059	0.311	98.718	—	—	—
12	0.056	0.297	99.015	—	—	—
13	0.044	0.234	99.249	—	—	—
14	0.038	0.198	99.447	—	—	—
15	0.032	0.168	99.615	—	—	—
16	0.027	0.140	99.755	—	—	—
17	0.022	0.115	99.870	—	—	—
18	0.015	0.077	99.947	—	—	—
19	0.010	0.053	100.000			

3. 变量设计

（1）变量说明。

①被解释变量。本文模型的被解释变量为社区消费者的购买决策。根据前述分析，消费者的购买决策可以分为信息收集、购买意愿和选择评价三个部分。我们基于消费者购买决策实施内容，借鉴鲁钊阳等的研究，从购买行为、信息收集、选择评价三个维度选取相关指标，利用熵值法进行综合评价。消费者购买决策的评价指标体系参见表 4。

表 4　消费者购买决策的评价指标体系

维度	一级指标	二级指标	作用方向
社群营销	产品特征	产品性价比	正向
		产品新颖性	正向
		产品丰富度	正向
	广告信息	售后服务	正向
		线下自提	正向
	社群环境	物流配送	正向
		图文视频	正向
		促销活动	正向
		信息交换	正向
		成员关系	正向
		互动交流	正向
消费者购买决策	购买行为	购买次数	正向
		购买意愿	正向
	信息收集	公共来源	正向
		经验来源	正向
	选择评价	优先考虑	正向
		购后感受	正向

②核心解释变量。本文的核心解释变量为社群营销。考虑到社群营销对机体产生刺激通常包括多个影响因素，我们选取相关指标，利用熵值法进行综合评价。本文选取产品特征（pf）、服务质量（qos）、广告信息（af）和社群环境（ce）四个维度作为社群营销因素去分析社群营销对消费者购买决策的影响，并构建社群营销对社区消费者购买决策影响的指标体系。

③控制变量。本文将影响社区消费者购买决策的其他因素作为控制变量。我们选取如下控制变量：第一，消费者收入水平（cil），用消费者每月可支配收入来表示。居民可支配收入与消费者购买决策密切相关，较高的居民可支配收入有助于促进消费者做出购买决策。第二，消费者特征（cc1），用消费者性别、年龄以及学历来表示。女性消费者的购买决策相较于男性消费者会更容易做出，26～45 岁的消费者往往需要承担起一个家庭的购买决策，学历也会影响到购买决策的做出。第三，消费习惯（cc2），用使用社群购买的频率来表示，使用社群购买和线下购买的消费者决策会有所不同。第四，居住地发展水平（ld），用城市排名来表示，即一、二、三线城市等。一般来说，城市发展水平越高，居民的购买意愿越强，购买决策越丰富。研究变量与说明见表 5。

表 5　研究变量与说明

变量类型	变量名称与代码		变量说明
被解释变量	消费者购买决策（cpd）	消费者的购买意愿（cpi）	涉及购买行为、信息收集和选择评价三个方面的相关指标
		消费者的购买行为（cpb）	
核心解释变量	社群营销（sm）	产品特征（pf）	涉及产品性价比、新颖性和丰富度三个方面的相关指标
		服务质量（qos）	涉及售后服务、线下自提和物流配送三个方面的相关指标
		广告信息（af）	涉及图文视频、促销活动两个方面的相关指标
		社群环境（ce）	涉及信息交换、成员关系和互动交流三个方面的相关指标
控制变量	消费者收入水平（cil）		月可支配收入
	消费者特征（cc1）		消费者性别、年龄以及学历
	消费习惯（cc2）		使用社群购买的频率
	居住地发展水平（ld）		城市发展水平及排名

　　（2）变量的属性设计。从外延角度来看，变量是属性（attribute）的逻辑集合，变量设计包括确定变量所包含的属性过程。每种变量的属性构成符合以下分类：完备性、独立性、准则唯一性、不得跳跃逻辑性等。例如，在问卷中，"消费者性别"变量只有男性或女性。"消费者的年龄"变量属性设置成了"18 岁以下""18～25 岁""26～35 岁""36～45 岁""46～55 岁""55 岁以上"等。"学历"变量属性设置成了"高中及以下""专科""大学本科""研究硕士生""博士研究生"。

　　（3）尺度选择。不同的属性要用不同的尺度来衡量属性之间的差异，即测量时根据一定的规则将数字或序号分派于所研究的属性，而不同尺度满足一定的测量特性。重要的测量特性有同一性、优先性和可加性（见表 6）。

表 6　重要的测量特性

同一性	将统一属性的不同事物归为一类作为研究对象
优先性	用以比较属性的大小、强弱、快慢、好坏程度上的差异
可加性	属性值之间可以进行加减运算

　　4. 问卷形成

　　问卷包含标题、关键词、正文三个部分。首先，我们确定调查目的是通过对社群营销和消费者行为相关文献的查阅与解读，以多多买菜为例，了解当下社区消费者对社群营销的态度与看法，进一步分析其购买意愿与行为；对社群营销中影响社区消费者购买意愿和行为的因素进行梳理与分析；构建社群营销对社区消费者购买意愿与行为的影响模型；探究社群营销存在问题，为相关的社群营销提供有价值的参考意见和建议措施。其次，我们确定调查对象。最后我们根据变量假设设计问项与答项。

（二）数据收集

1. 数据搜集

本次问卷调查始于 2022 年 8 月 15 日，通过网络投放和线下访谈进行调查。2022 年 8 月 27 日问卷调查结束。为保证问卷质量，考虑到线上调研具有便捷性与广域性，可以减少因地域性限制对调查造成的干扰，并且也是基于以社群营销影响因子为研究对象分析消费者的购买意愿，我们借助问卷星平台进行编辑、发放和回收电子问卷，在各社交媒体平台进行转发投放，投放渠道包括但不限于微信、QQ、品牌社群、微博等。在 2 周的时间，我们共发放了 230 份电子问卷，回收 204 份。为增加研究的可信度，我们通过线下访谈，共走访 8 家多多买菜自提点，发放并收集了 30 份纸质问卷。

2. 数据预处理

我们通过设定自动筛选，发现录入不规范、样本空白、IP 地址重复、填写所用时间长度不满足（60 秒<时间<1 000 秒）等问题，通过删除 IP 地址重复、答题时间过短、检测异常等无效问卷，排除没有社群购物体验的消费者冒充填写的可能性，共剔除样本 4 份，最终筛选出有效问卷 200 份，有效问卷回收率达到 98%。调查问卷样本满足数据分析的要求，调查问卷的调研对象来自全国各地不同年龄段、不同学历、不同收入、不同职业的社区消费者，保证了样本的差异性和多样性，满足研究需求。

（三）数据分析

1. 样本基本特征分析

本次调研共收集了 200 份有效样本，样本特征包括性别、年龄、学历、职业、月可支配收入、被调查者所在地六个方面。样本基本特征统计如表 7 所示。

表 7　样本基本特征统计

项目	类别	频次	占比/%
性别	男	68	34
	女	132	66
年龄	18 岁以下	6	3
	18~25 岁	119	59.5
	26~35 岁	50	25
	36~45 岁	17	8.5
	46~55 岁	8	4
	55 岁以上	0	0

表7(续)

项目	类别	频次	占比/%
学历	高中及以下	15	7.5
	专科	22	11
	本科	142	71
	硕士研究生	19	9.5
	博士研究生	2	1
职业	学生	101	50.5
	企业公司职员	55	27.5
	政府机构及事业单位人员	23	11.5
	个体经营者或自由职业	11	5.5
	其他	10	5
月可支配收入	2 000元及以下	83	41.5
	2 001~3 500元	42	21
	3 501~5 000元	36	18
	5 000元以上	39	19.5
被调查者所在地	一线城市	66	33
	二、三线城市	74	37
	四、五线城市	28	14
	县城或农村	26	13
	其他	6	3

从性别来看，男性占34%，女性占66%。我们在研究各消费者在多多买菜平台的购物意愿过程中，考虑性别对消费者购买意愿的影响可能受家庭结构、人物性格等因素影响，发现女性的购物频率可能更高。

从年龄来看，被调查者主要分布在18~25岁和26~35岁，占比分别为59.5%、25%，初步表示青年人通过社群购物的意愿较强。55岁以上的被调查者为零，不排除本次调查数据来自电子问卷，年龄较大的消费者未被完全统计，我们可以参考相关理论数据进行分析。

从被调查者的受教育程度来看，高中及以下学历占7.5%，专科学历占11%，本科学历占71%，硕士研究生占9.5%，博士研究生占1%。因此，从学历比重上来看，被调查者的受教育程度较高，主要分布于本科及以上，消费思想较成熟，并且有一定的消费能力。

从职业来看，受调查者主要为学生，占样本总量的50.5%；企业公司职员占27.5%；政府机构及事业单位人员占11.5%；个体经营者或自由职业占5.5%；其他占5%。

从月可支配收入来看，被调查者月可支配收入多在2 000元及以下，占41.5%；2 001~3 500元的被调查者占21%；3 001~5 000元的被调查者占18%；5 000元以上被调查者占 19.5%。由此可知,大部分被调查对象为中等收入群体。

从被调查者所在地来看,被调查者主要分布在一线城市,二、三线城市,占比分别为 33%、37%;分布在四、五线城市,县城或农村的被调查者占 13% 左右;其他占 3%。由调查数据可知,被调查者所在地区大部分是比较发达的,说明社群营销发展到了一定程度。

2. 消费者使用社群的基本情况

我们通过问卷收集、整理和分析,了解消费者使用社群的基本情况、购买行为和消费习惯,进而逐步分析影响其购买意愿和购买行为的因素。我们从消费者对社群的了解途径、浏览频率、使用次数、购物费用、最喜欢的营销活动、存在问题、最关注的因素等方面进行分析,进一步从消费者对社群的使用情况、消费者在社群中的消费情况以及消费者的使用感受及问题三个方面剖析消费者使用社群的基本情况。

(1) 消费者对社群的使用情况。调研结果显示(见表 8),有 82 名被调查者是通过"福利进群"了解社群,占比 41%;被调查者通过"营销广告"和"邀请进群"了解社群的占比均为 21.5%;被调查者通过"朋友圈晒单"了解社群的占比最低(16%)。可以说明,消费者更偏好于福利、红包等形式加入社群。

表 8　消费者对社群营销的了解途径

类别	频次	百分数/%
营销广告	43	21.5
福利进群	82	41.0
朋友圈晒单	32	16.0
邀请进群	43	21.5

如表 9 所示,"较为频繁,每天定期查看"和"不太频繁,偶尔查看"的被调查者较多,占比分别为 36% 和 39%。由此可见,消费者使用社群的频率较高。我们通过访谈了解到,大多数消费者会利用碎片化和空闲时间查看社群消息。

表 9　消费者看在线社群的频率

类别	频次	百分数
非常频繁,随时查看	21	10.5%
较为频繁,每天定期查看	72	36.0%
不太频繁,偶尔查看	78	39.0%
不频繁,很长时间才看一次	29	14.5%

(2) 消费者在社群中的消费情况。由表 10 可知,被调查者平均每周使用社群购物的次数大多集中于 1~2 次,占比 46%,仅有 3.5% 的被调查者几乎每天使用社群购物,

表明社区消费者在社群的购买率并不高，与消费者使用社群频率的调研结果相吻合。从购物费用来看，花费的费用为50元以下和50～100元的被调查者的占比分别为33%和46.5%，花费的费用为150元以上的被调查者仅占7%。这说明，消费者平均每次在社群上购物所花费的费用多为100元以下，消费金额相对较低。

表10　消费者在社群中的消费情况

项目	类别	频次	百分数/%
消费者平均每周使用社群购物的次数	很少消费	65	32.5
	1～2次	92	46.0
	3～5次	36	18.0
	几乎每天	7	3.5
消费者平均每次在社群购物所花费的费用	50元以下	66	33.0
	50～100元	93	46.5
	101～150元	27	13.5
	150元以上	14	7.0

（3）消费者的使用感受及问题。本次调研从消费最喜欢的营销活动、最关注的因素两个方面探究消费者对社群的使用感受，并分析社群营销过程中存在的问题。由于问卷中相关问题多为多选题，本次调研通过运用 Spss 软件对问卷中的调研数据进行多重响应分析，分析各项的选择比例情况等，针对多选题各选项选择比例分布是否均匀，使用卡方拟合优度检验进行分析（见表11、表12、表13）。

表11　社群营销中消费者最喜欢的营销活动

项目	响应		普及率（$n=100$）/%
	样本（n）	响应率/%	
秒杀	47	15.88	47.00
打折	65	21.96	65.00
拼团	64	21.62	64.00
满减	45	15.20	45.00
积分兑换	41	13.85	41.00
赠送优惠券	33	11.15	33.00
其他	1	0.34	1.00
汇总	296	100	—

注：拟合优度检验 $\chi^2=66.439$，$p=0.000$。响应率用于对比各个选项的相对选择比例情况，普及率用于表示某项的选择普及情况。

由表 11 可知，拟合优度检验呈现出显著性意味着各项的选择比例具有明显的差异性，可以通过响应率或普及率具体对比差异性。具体来看，打折、拼团这两项的响应率和普及率较高。其中，打折的响应率和普及率分别为 21.96% 和 65%，拼团的响应率和普及率分别为 21.62% 和 64%。秒杀、满减、积分兑换、赠送优惠券等社群营销活动的普及率均不超过 50%，赠送优惠券的普及率最低。由此我们可以看出，打折和拼团是消费者较为喜欢的社群营销活动。在社群营销中，我们可以充分运用这两个营销手段，再适当辅以秒杀、满减、积分兑换等活动，进而提高消费者的购买意愿。

表 12 社群购物时消费者最关注的因素

项目	响应		普及率（n = 100）/%
	样本（n）	响应率/%	
产品的包装	30	8.20	30
产品的质量	66	18.03	66
产品丰富度	44	12.02	44
促销优惠力度	53	14.48	53
售后服务是否有保障	52	14.21	52
物流配送及时高效	48	13.11	48
产品价格	42	11.48	42
隐私安全	31	8.47	31
汇总	366	100	—

注：拟合优度检验 $x^2 = 70.082$，p = 0.000。响应率用于对比各个选项的相对选择比例情况，普及率用于表示某项的选择普及情况。

表 13 社群存在的问题

项目	响应		普及率（n = 100）/%
	样本（n）	响应率/%	
实物和照片不符，质量不好	47	15.31	47.00
产品种类少，缺乏我想要的	55	17.92	55.00
社群营销套路令人不适	48	15.64	48.00
售后服务不及时、不到位	47	15.31	47.00
生鲜产品不新鲜	47	15.31	47.00
自提点货物随意堆放	39	12.70	39.00

表13（续）

项目	响应		普及率（$n=100$）/%
	样本（n）	响应率/%	
曾出现误取、漏取等情况	22	7.17	22.00
其他	2	0.65	2.00
汇总	307	100	—

注：拟合优度检验：$x^2=56.909$，$p=0.000$。响应率用于对比各个选项的相对选择比例情况，普及率用于表示某项的选择普及情况。

由表12可知，拟合优度检验呈现出显著性（$x^2=70.082$，$p=0.000<0.05$），意味着各项的选择比例具有明显的差异性，可以通过响应率或普及率具体对比差异性。具体来看，产品的质量、促销优惠力度、售后服务是否有保障、物流配送及时高效四项的响应率和普及率明显较高。其中，产品的质量的关注度最高，有66人，响应率为18.03%，促销优惠力度、售后服务是否有保障和物流配送及时高效的响应率分别为14.48%、14.21%和13.11%。在社群营销中，企业应从消费者角度出发，从产品质量、促销力度、售后服务、物流配送等方面着手，全方面保护消费者权益，多角度满足消费者需求。

由表13可知，拟合优度检验呈现出显著性（$x^2=56.909$，$p=0.000<0.05$），意味着各项的选择比例具有明显差异性，可以通过响应率或普及率具体对比差异性。具体来看，"实物和照片不符，质量不好""产品种类少，缺乏我想要的""社群营销套路令人不适""售后服务不及时、不到位""生鲜产品不新鲜"五项的响应率和普及率明显较高，频数之间差异不大。其中，"产品种类少，缺乏我想要的"响应率最高，占比为17.92%，因此企业在社群营销中应提高产品丰富度，增加产品种类，满足消费者的多元化需求，进而提高消费者的购买意愿；在200名被调查者中，48%的被调查者认为"社群营销套路令人不适"，47%的被调查者认为"实物和照片不符，质量不好""售后服务不及时、不到位""生鲜产品不新鲜"。

根据以上问卷数据分析，大多数样本人群可以体现社区消费者的特征，可以充分反映研究对象的情况。

3. 产品特征对社区便利店消费者购买意愿与行为的影响

社区便利店的消费群体的购买特征大多是多功能、全天候、碎片化的便利需求，一般会在社区周边解决。一般来说，社区便利店能够提供的产品种类内容少，产品更新速度慢，消费者需求不容易得到满足。消费者消费的半径短，外溢的可能性高。线上社群营销为社区便利店的消费群体提供了更多产品选择。

为了了解社区便利店消费者对社群营销的产品特征的满意程度，我们对消费者基于多多买菜社群的产品相关特征满意程度展开调查，并回收有效问卷132份以及对产品特征和消费者平均使用社群购物的情况做了交叉分析（见表14）。

表14　消费者使用社群购物的基本情况与产品特征交叉分析

使用情况	类别	多多买菜社群的产品性价比高		多多买菜社群的产品更新快		多多买菜社群的产品种类丰富	
		同意	不同意	同意	不同意	同意	不同意
每周使用社群购物次数	很少消费	29	2	28	3	28	3
	1~2次	63	4	61	6	61	6
	3~5次	28	1	27	2	27	2
	几乎每天	5	0	5	0	5	0
所占比例/%		94.7	5.3	91.67	8.33	91.67	8.33
平均每次在社群购物上花费的费用	50元以下	29	2	27	4	27	4
	50~100元	68	4	66	6	69	3
	101~150元	15	1	15	1	13	3
	150元以上	13	0	13	0	12	1
所占比例/%		94.7	5.3	91.67	8.33	91.67	8.33
看在线社群信息的频率	非常频繁	15	0	13	2	14	1
	较为频繁	55	3	55	3	54	4
	偶尔查看	46	4	45	4	45	5
	不怎么看	9	1	8	1	8	1
所占比例/%		94.7	5.3	91.67	8.33	91.67	8.33

注："非常同意""同意""一般"为同意，"不同意""非常不同意"为不同意。

（1）产品性价比。在本次调研中，我们做了关于消费者使用社群的情况与产品特征的交叉分析表，希望分析产品性价比对消费者使用社群的购买意愿和行为的影响程度。由表14可知，将近94.7%的被调查者认为多多买菜社群的产品性价比高。在同意多多买菜社群产品性价比高的消费者中，大部分人每周使用社群购物的次数为1~2次，平均每次在社群购物上花费50~100元，浏览信息频率频繁。从整体上看，社群产品性价比高，会正向影响到消费者每次在社群中购买所花费的费用和使用情况。

（2）产品更新速度快。统计结果表明，有大约91.67%的被调查者都同意多多买菜社群的产品更新速度快。在同意多多买菜社群产品更新速度快的被调查者中，有61人每周使用社群购物的次数为1~2次，占比50.41%；有66人平均每次在社群购物上花费的费用为51~100元，占比54.54%；有68人看在线社群信息的频率频繁，占比56.20%。这表明，多多买菜社群在线购物的产品更新速度满足了大多数消费者的需求。

（3）产品种类丰富。由表14可知，有91.67%的被调查者同意多多买菜社群的产品种类丰富。随着人们生活质量的提高，市面上的消费品种类也趋于多样化。在同意多多买菜社群产品种类丰富的调查对象中，有 61 人每周使用社群购物的次数为 1~2 次，占比 50.41%；在同意多多买菜社群产品种类丰富的被调查者中，有 69 人平均每次在社群购物上花费的费用为 51~100 元，占比 57.02%；有 68 人看在线社群信息的频率频繁，占比 56.20%。目前，线下渠道仍是消费的主流，线上渠道的产品种类多样性可以适当吸引消费者的目光。

4. 服务质量对社区便利店消费者购买意愿与行为的影响

在新零售时代背景下，基于信息技术的用户社群正在从根本上改变传统的营销方式，人们在购买产品时不再仅满足于产品质量的好坏，也更加关注服务态度与售后服务。因此，我们调研了有关服务质量对社区便利店消费者购买意愿与行为的影响。

从表 15 中我们可以得知，在消费者对社群服务质量的满意程度的调研中，对于多多买菜社群的售后服务问题处理及时高效、多多买菜的物流配送及时且商品新鲜完好、多多买菜的线下自提点提货很方便来说，29.29% 的被调研者选择"一般"，48.23% 的被调研者选择"同意"，15.15% 的被调研选择"非常同意"。

表 15　消费者对社群服务质量的满意程度

题目	非常不同意	不同意	一般	同意	非常同意
多多买菜社群的售后服务问题处理及时高效	1（0.76%）	6（4.55%）	40（30.3%）	67（50.76%）	18（13.64%）
多多买菜的线下自提点提货很方便	3（2.27%）	7（5.3%）	33（25%）	68（51.52%）	21（15.91%）
多多买菜的物流配送及时且商品新鲜完好	3（2.27%）	9（6.82%）	43（32.58%）	56（42.42%）	21（15.91%）
小计	7（1.77%）	22（5.56%）	116（29.29%）	191（48.23%）	60（15.15%）

为了进一步分析社群中服务质量与消费者行为意愿的关系，并有针对性地提出提升服务质量的建议，我们对服务质量和消费者平均使用社群购物的情况进行交义分析（见表 16）。

表16　消费者使用社群购物的基本情况与服务质量交叉分析

使用情况	类别	多多买菜社群的售后服务问题处理及时高效		多多买菜社群的线下自提点提货很方便		多多买菜社群的物流配送及时且商品新鲜完好	
		同意	不同意	同意	不同意	同意	不同意
每周使用社群购物次数	很少消费	30	1	29	2	30	1
	1~2次	62	5	62	5	60	7
	3~5次	28	1	26	3	25	4
	几乎每天	5	0	5	0	5	0
所占比例/%		94.7	5.3	92.42	7.58	90.91	9.09
平均每次在社群购物上花费的费用	50元以下	30	1	30	1	31	0
	50~100元	67	5	63	9	64	8
	101~150元	15	1	16	0	14	2
	150元以上	13	0	13	0	11	2
所占比例/%		94.7	5.3	92.42	7.58	90.91	9.09

注："非常同意""同意""一般"为同意,"不同意""非常不同意"为不同意。

（1）售后服务问题处理及时高效。在同意多多买菜社群的售后服务问题处理及时高效的被调查者中,所占人数比例最高的是每周使用社群购物次数为1~2次,有62人,占比为46.6%;平均每次在社群购物上花费的费用为50~100元,有67人,占比为53.6%。由此可知,偶尔使用多多买菜社群购物的用户对多多买菜社群的售后服务质量还是满意的,多多买菜社群购物方式的售后服务获得了大多数消费者的好评。

（2）线下自提点提货便利性。业内人士表示,"线上下单,线下自提"的自提模式可以减少二次配送、缓解末端配送压力,有助于降低物流成本。对于消费者来说,线上购物、线下自提的便利程度较高。在我们的调研对象中,51.52%的被调查者同意多多买菜的线下自提点提货很方便,15.91%的被调查者非常同意多多买菜社群的线下自提点提货很方便。

（3）物流配送及时且商品新鲜完好。我们就当日线上下单,次日社区内自提这种模式下对多多买菜社群的物流配送进行了调查。结果表明,有将近90.91%的被调查者同意多多买菜社群的物流配送及时且商品新鲜完好,但也有9.09%的被调查者不同意多多买菜社群的物流配送及时且商品新鲜完好。因此,我们建议多多买菜社群平台可以精准解决不满意物流配送消费者的购物问题。

5. 广告信息对社区便利店消费者购买意愿与行为的影响

广告的传播效果和消费者购买行为存在极为密切的联系,广告的任务是促使消费者对广告主所宣传的产品产生预期的积极反应,从而形成有利于销售量增长的消费者购买行为。

为了分析广告信息对消费者的吸引力与影响，是否形成对商品的认知与印象，进而形成消费需要、做出购买决策，我们就消费者对广告信息的接受程度和使用频率做了交叉分析（见表17）。

表17　消费者对广告信息的接受程度和使用频率的交叉分析

使用情况	类别	多多买菜社群推送的广告、图文、视频很有吸引力				如果有促销活动愿意接受多多买菜社群的推送广告			
		同意	占比	不同意	占比	同意	占比	不同意	占比
每周使用社群购物次数	很少消费	29	93.55	2	6.45	29	93.55	2	6.45
	1~2次	62	92.54	5	7.46	61	91.04	6	8.96
	3~5次	27	93.1	2	6.9	27	93.1	2	6.9
	几乎每天	4	80	1	20	5	100	0	—
所占比例/%		92.42	—	7.58	—	92.42	—	7.58	—
平均每次在社群购物上花费的费用	50元以下	29	93.55	2	6.45	30	96.78	1	3.23
	50~100元	65	90.28	7	9.72	66	91.67	6	8.33
	101~150元	15	93.75	1	6.25	14	87.5	2	12.5
	150元以上	12	92.3	1	7.7	12	92.3	1	7.7
所占比例/%		91.67	—	8.33	—	92.42	—	7.58	—
看在线社群信息的频率	非常频繁	14	93.33	1	6.67	15	100	0	—
	较为频繁	55	94.83	3	5.17	55	94.38	3	5.17
	偶尔查看	45	90	5	10	43	86	7	14
	不怎么看	8	88.89	1	11.11	9	100	0	—
所占比例/%		92.42	—	7.58	—	92.42	—	7.58	—

注："非常同意""同意""一般"为同意，"不同意""非常不同意"为不同意。

（1）多多买菜社群推送的广告图文视频很有吸引力。在交叉分析平均每次在社群购物上花费的费用与消费者对广告信息的接受程度时，我们发现，91.67%的调研对象都同意"多多买菜社群推送的广告、图文、视频很有吸引力"。在这些消费者中，平均每次在社群购物上花费的费用为101~150元的消费者同意率最高，占比93.75%；其次是平均每次花费50元以下的消费者，占比93.55%；再次是平均每次花费150元以上的消费者，占比92.3%。关于看在线社群信息的频率和广告信息的接受程度，我们发现，不怎么看在线社群消息的消费者在整体中同意率较低，同意率为88.89%；其他查看信息较为频繁和非常频繁的消费者同意率较高，都达到90%以上。从整体来看，我们可以推断出多多买菜社群的广告信息对在线社群的消费者起到了积极影响，帮助消费者丰富了生活和消费方式。

（2）如果有促销活动愿意接受多多买菜社群的推送广告。调研结果显示，在"如果有促销活动愿意接受多多买菜社群的推送广告"这个假设条件下，同意率最高的消费者类别分别为几乎每天使用社群购物的消费者，同意率为 100%；平均每次购物花费的费用在 50 元以下的消费者，同意率为 96.78%；看社群信息频率非常频繁和不怎么看的消费者，同意率都为 100%。由此可知，广告推送的人群可以重点关注使用频率高、单次消费较少、看信息频率非常频繁和不怎么看的消费者。

6. 平台或社群对社区便利店消费者购买意愿与行为的影响

平台或社群的建立和环境影响也对消费者的购买决策起到推动作用。我们对消费者看在线社群信息的频率和消费者对使用多多买菜社群的参与程度进行了交叉分析（见表 18）。

表 18　消费者对在线社群的参与程度和使用频率的交叉分析

使用情况	类别	多多买菜社群成员之间的信息交换程度高		在社群中乐意给其他成员提供帮助		在社群中经常与其他成员进行互动交流	
		同意	不同意	同意	不同意	同意	不同意
每周使用社群购物次数	很少消费	28	3	28	3	25	6
	1~2 次	59	8	61	6	58	9
	3~5 次	29	0	26	3	26	3
	几乎每天	5	0	5	0	4	1
所占比例/%		91.67	8.33	90.91	9.09	85.61	14.39
看在线社群信息的频率	非常频繁	15	0	15	0	15	0
	较为频繁	55	3	54	4	51	7
	偶尔查看	42	8	43	7	40	10
	不怎么看	9	0	8	1	7	2
所占比例/%		91.67	8.33	90.91	9.09	85.61	14.39

注："非常同意""同意""一般"为同意，"不同意""非常不同意"为不同意。

（1）多多买菜社群成员之间的信息交流程度高。统计结果显示，91.67%的被调查者都同意多多买菜成员之间的信息交换程度高。在这些选择同意选项的被调查者中，其中同意率占比最大的是每周使用社群购物次数为 3~5 次和几乎每天使用的被调查者，占比 100%；看信息频率频繁程度同意率最高的是非常频繁的被调查者和不怎么看的被调查者，都占比 100%，这说明，较多使用多多买菜社群平台的消费者普遍同意社群成员之间的信息交换程度高。

（2）在社群中乐意给其他成员提供帮助。有 90.91%的被调查者都同意在社群中乐意给其他成员提供帮助。其中，几乎每天购物的被调查者同意率为 100%，看在线社群信息频率为非常频繁的被调查者同意率为 100%。由此我们可以大致推测出，使用多多买菜社群频率越高、购买次数越多，消费者越乐意去给其他成员提供帮助。

（3）在社群中经常与其他成员进行互动交流。相较于成员之间的信息交流和给其他成员提供帮助，在社群中与其他成员进行互动交流的整体同意率较低，85.61%的被调查者同意在社群中经常与其他成员进行互动交流。我们可以发现，使用多多买菜社群频率越高、购买次数越多，消费者越愿意在社群中经常与其他成员进行互动交流。

7. 消费者的购买意愿和行为特征

（1）消费者对在线社群相关产品的购买意愿。消费者购买意愿是购买行为的基础，可以用来预测消费者的行为。我们针对消费者对在线社群相关产品的感兴趣程度、关注度做了调查，试图分析消费者对在线社群相关产品的购买意愿。我们就消费者对在线社群的关注度和查看频率进行交叉分析（见表19）。

表19   消费者对在线社群的关注度和查看频率交叉分析

使用情况	类别	对于感兴趣的产品广告愿意点开链接进一步了解		乐于经常浏览社群推荐的相关产品信息		同类商品更倾向于关注社群推荐的产品	
		同意	不同意	同意	不同意	同意	不同意
每周使用社群购物次数	很少消费	29	2	25	6	27	4
	1~2次	66	1	59	8	61	6
	3~5次	28	1	26	3	25	4
	几乎每天	5	0	5	0	5	0
所占比例/%		96.97	3.03	87.12	12.88	89.39	10.61
看在线社群信息的频率	非常频繁	15	0	14	1	15	0
	较为频繁	57	1	51	7	53	5
	偶尔查看	48	2	43	7	43	7
	不怎么看	8	1	7	2	7	2
所占比例/%		96.97	3.03	87.12	12.88	89.39	10.61

注："非常同意""同意""一般"为同意，"不同意""非常不同意"为不同意。

如表19所示，我们可以了解到每周使用社群购物次数为几乎每天和看在线社群信息频率非常频繁的被调查者同意率都为100%，他们不仅对感兴趣的产品广告愿意点开链接进一步了解，而且乐于经常浏览社群推荐的相关产品信息，还在同类商品当中更倾向于关注社群推荐的产品。由此我们可以得知，在线社群平台的产品对使用频率频繁和查看消息及时的消费者具有很强的消费黏性，对使用相对没有那么频繁和查看消息没有那么及时的消费者可以适当采取吸引其消费的活动与降价措施。

（2）消费者对在线社群相关产品的购买行为。本次调研就消费者在多多买菜在线社群优先购买考虑、社群品牌忠诚度、重复购买率、推荐程度做了综合调查（见图3）。

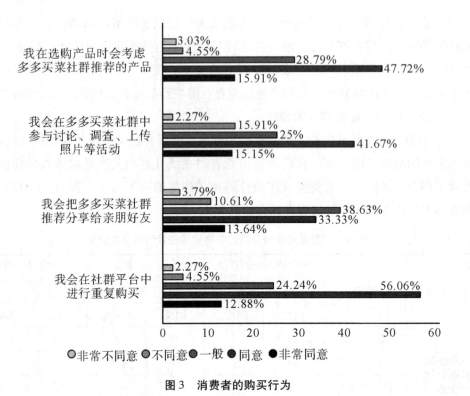

图3 消费者的购买行为

由图 3 可知，47.72%的被调查者同意在选购产品时会考虑多多买菜社群推荐的产品，15.91%的被调查者表示非常同意；超过一半的被调查者（56.06%）同意会在社群平台中进行重复购买，12.88%的消费者对此表示非常同意。

①在选购时优先考虑多多买菜社群推荐的产品。由表 20 可知，几乎每天使用社群购物的被调查者选购商品时会优先考虑多多买菜社群平台的购买意愿最强，同意率为100%；其次是每周 3~5 次使用社群购物的消费者。从整体上来看，每周使用社群购物的次数越多的消费者，优先使用多多买菜社群推荐的产品的意愿越强。

②会在多多买菜社群中参与讨论、调查等活动。统计结果表明，同意会在多多买菜社群中参与讨论、调查等活动的被调查者占比为 81.82%，相较于其他使用情况与购买意愿的整体同意率最低。这说明，消费者在使用多多买菜社群时参与率较低，如果使用社群参与讨论、调查的活动不影响消费者对平台的良好感受和购买决策，则活动讨论参与率可以不作为一个重点营销因素。

③会把多多买菜社群推荐分享给亲朋好友。统计结果表明，单项同意率占比随着每周使用社群购物次数的减少而降低，这可以体现出多多买菜社群拼团功能的使用情况。消费者通过参加好友拼团，在朋友帮助下可以快速满足自己的拼团需求，并可以将低价优惠带给亲朋好友。对于社群运营者来说，开展拼团活动可以通过人与人之间的联系，去吸引并促使用户主动将商品信息分享给亲友。

表 20　消费者每周社群购物次数与购买行为交叉分析

类别	使用情况	每周使用社群购物的次数				所占比例/%
		很少消费	1~2次	3~5次	几乎每天	
在选购时优先考虑多多买菜社群推荐的产品	同意	28	61	28	5	92.42
	不同意	3	6	1	0	7.58
会在多多买菜社群中参与讨论、调查等活动	同意	24	52	27	5	81.82
	不同意	7	15	2	0	18.18
会把多多买菜社群推荐分享给亲朋好友	同意	25	56	27	5	85.61
	不同意	6	11	2	0	14.39
会在社群平台中进行重复购买	同意	28	63	27	5	93.18
	不同意	3	4	2	0	6.82

注："非常同意""同意""一般"为同意，"不同意""非常不同意"为不同意。

④会在社群平台中进行重复购买。随着消费的转型升级，消费者的购买方式、渠道都更加多样。如何保持较高的复购率也是企业应当认真思考的一个问题。统计结果表示，整体上有将近93.18%的调研对象都愿意在社群平台中重复购买，其单项同意率占比也是随着每周使用社群购物次数的减少而降低。这说明，满足消费者的使用感受还有些许可提升空间。对提升复购率，平台可以重点采取用户体验、满足用户需求以及提供低价好物等举措。

（四）实证分析

1. 基准回归分析

我们先在混合回归（pooled regression model）模型、固定效应（FE）模型、随机效应（RE）模型中选择研究基准模型。我们对混合回归模型与固定效应模型进行比较后发现，固定效应模型对应的 F 统计量为 12.023，p 值为 0.001，在 1% 的水平上拒绝使用混合回归模型的原假设。我们对固定效应模型与随机效应模型进行比较发现，豪斯曼（Hausman）检验对应的 F 统计量为 46.01，p 值为 0.000，在 1% 的水平上拒绝使用随机效应模型的原假设。因此，我们选用固定效应模型进行基准回归分析。

表 21 中（1）列、（2）列分别对应未考虑控制变量和考虑控制变量这两种情况下的基准回归结果。我们可以发现，社群营销的系数均在 5% 的水平上显著为正，这说明社群营销促进了消费者做出购买决策，假设 1 初步得证。实践表明，社群营销在人们日常生活中的推广影响了一系列消费者做出购买决策。从控制变量看，消费者特征、

居住地水平对消费者购买决策具有正向作用，但效果不显著；消费者收入水平对消费者决策具有负向作用，但效果不显著；消费习惯对消费者决策具有负向作用，并且效果显著。这说明，消费习惯是影响消费者决策的一个重要影响因素。

表 21　基准回归检验结果

变量	基准回归			
	（1）		（2）	
	回归系数	p 值	回归系数	p 值
社群营销	0.333（0.096）	0.001	0.270（0.094）	0.005
消费者收入水平			−0.003（0.073）	0.964
消费者特征			0.196（0.103）	0.060
消费习惯			−0.288（0.101）	0.006
居住地水平			0.112（0.077）	0.150
样本量	100		100	
可决系数（R^2）	0.144		0.232	

注：括号内数值为标准误差，本表省略了常数项的估计结果。

2. 稳健性检验

我们借鉴数字经济赋能农业高质量发展的实证研究中的方法，考虑到本文核心解释变量社群营销是由产品特征、服务质量、广告信息、社群环境四个维度的指标构建而成的，为验证基准回归结果的可靠性，分别用产品特征、服务质量、广告信息、社群环境四个变量替换解释变量并重新进行回归。表 22 中（2）列、（3）列、（4）列、（5）列分别展示了产品特征、服务质量、广告信息、社群环境对消费者购买决策的回归结果。产品特征、服务质量、广告信息、社群环境的系数在 5% 的显著水平上为正，这表明产品特征、服务质量、广告信息、社群环境均能促进消费者的购买决策，并且产品特征的影响更大。综上所述，前述结论稳健，假设 1 进一步得到验证。

表 22　稳健性检验结果

变量	替换解释变量				
	（1）	（2）	（3）	（4）	（5）
	回归系数	回归系数	回归系数	回归系数	回归系数
社群营销	0.333（0.01）				
产品特征		0.321（0.037）			
服务质量			0.054（0.035）		

表22(续)

变量	替换解释变量				
	(1)	(2)	(3)	(4)	(5)
	回归系数	回归系数	回归系数	回归系数	回归系数
广告信息				0.050 (0.046)	
社群环境					0.059 (0.024)
样本量	100	100	100	100	100
R^2	0.144	0.044	0.037	0.032	0.044

注：括号内为对应的 p 值。

五、结论与启示、研究不足和未来展望

(一)结论与启示

1. 结论

我们通过调研分析社群营销对消费者购物意愿与行为的结论如下：

(1)消费者偏好通过福利、红包减少消费成本的方式进入社群。我们通过分析消费者使用社群的基本情况得知，消费者偏好通过福利进群，消费者大多在闲暇时查看社群消息，并且在社群平台上的单次消费金额不高（多在 100 元以下）。

(2)消费者对社群营销的产品比较满意。我们通过对消费者使用社群购物的情况与产品特征进行交叉分析，发现绝大多数消费者认为社群产品性价比高，平台产品更新迭代的速度能满足大部分消费者的需要，社区产品种类日趋丰富。

(3)制定提升服务质量、以顾客需求为导向的营销策略能增加消费者购物频次。我们通过分析服务质量对消费者的购物意愿的影响得知，售后问题处理高效且及时、物流配送效率高、商品新鲜和自提点方便能有效提升顾客购买的便利性和满意度。

(4)大多数消费者认为社群平台推送的广告有吸引力。我们通过分析广告对消费是否起到预期的正向宣传作用得知，社群平台推送的广告、图文、视频有吸引力，大多数顾客对广告信息的接受度高，但平时不怎么看社群消息的顾客对广告信息的接受度很低。在商品促销的前提下，几乎所有消费者都愿意接受广告信息。

(5)社群成员之间交流程度高能对消费者做出决策起推动作用。我们通过调查可知，社群成员之间信息交换的程度很高，并且大部分社区消费者愿意根据购物情况为其他成员提供帮助。但是，消费者经常在社群平台交流的频率不是很高。

2. 启示

新零售时代，社区营销进入黄金发展时期，社区商业投资成本低、成熟周期短，为社区消费者提供了更多的选择。社区营销需要精准把握消费市场，对社区消费者购买意愿进行把控。

社群平台提高社区消费者购物意愿可以从以下几个方面努力：

（1）扩充市场定位、解决顾客单一问题。社群营销的女性用户偏多，并且在社群平台分享沟通的人也大多也是女性。与女性相比，男性消费者的耐心和宽容度都要低很多，社群营销在方便社群用户购物的同时，也要向男性和年轻一代发展。社群平台应优化入群路径，尽量简洁利落；根据用户画像设计初步运营环境，挖掘价值点进行产品销售，增强用户黏性。

（2）提高产品质量，打造品牌效应。社群营销要建立全员产品质量管理的意识，将以顾客需求为中心的思想融入为企业文化的一部分，根据顾客反馈及时调整产品种类，保证产品新鲜度，调整产品更新迭代速度。社群营销应将商品来源引入可视化平台，上传原材料的采购信息、生产日志、检测报告等所有信息，增加消费者的放心度。调研结果显示，消费者更愿意选择性价比高的产品，社群平台可以通过大数据对消费者需求进行预测并制定产品优惠服务方案，提升消费者心中的性价比指数，提高消费者对社群平台的认可度。

（3）完善服务、加强管理。用户经常会把感知服务与期望服务进行比较，如果服务未达到期望水平，用户就会失望。社区营销应增加附加服务，不仅让用户满意，而且可以超出用户预期，给用户带来惊喜。社群平台应建立规章制度专门处理退换货问题，应该做到快速处理顾客问题、退换货或退款及时、信息反馈及时。与此同时，完善物流服务是满足顾客需求的重要保障。社群平台应通过移动设备检查商品库存，缓解商品供需矛盾，降低库存成本；响应消费者对多渠道的订单需求，完善生鲜产品冷链配送服务；注重传播媒介、沟通渠道的多样性和畅通性，合理推送广告，将促销活动、商品特征融入广告，减少广告弹窗。社群平台应提高团长的运营水平和服务水平，团长在很大程度上管理着社区团购，社群平台提高用户满意度最有效、最显著的方法就是大量发展优质的团长。因此，社群平台要拿出时间和资源对团长进行培训。

（4）精准定位消费者需求。社群营销只有满足顾客需求、提升顾客购物的体验感，才能将顾客转为忠实粉丝。浏览记录、收藏商品和消费历史映射消费者需求。社群平台可以通过大数据分析将相关产品推送给顾客，精准定位，有效推广。产品的情感属性更能吸引消费者。在信息时代，商品信息极其丰富甚至泛滥，其功能也存在同质化现象，而情感属性是区分差异的好方法。情绪化的定位能赢得更多消费者的好感。社群平台也可借助大数据，对用户精准制定各项产品优惠服务方案。

（5）构建与顾客良好的沟通关系。社区团购可以通过线上线下相融合来提高社区用户的忠诚度，从而带来用户数量的增多并带来用户数据和订单数量的增长，社群平台与消费者之间的双向沟通能够增强消费者的购物意愿。为更好地促进沟通，社群平台可以大量发展优秀的社区团长，对消费者提出的要求和问题及时做出回应并时刻关注社交网络的动态，通过用户消费信息，根据用户特性进行沟通，并推送相关产品信息，提升复购率。社群平台应及时回访用户，让用户分享商品，强化用户沟通、增强影响力。

3. 社群营销发展预测

我们以多多买菜为典型研究对象，设计并发放问卷调查，根据回收结果进行分析总结，并回归社区营销研究主题。我们根据调研结果和理论研究对社群营销发展做出预测。

如今的社群经济正在逐步被证实，未来的发展趋势是线上大数据抓准消费市场需求且以需定量，线下实体门店推广。开放化和共享资源化展现出更为普遍的个性特征。情感营销是对外开放和资源共享的关键。社群营销将朝着特色化、多样化、系统化、情景化方向发展。

（二）研究不足和未来展望

1. 研究不足

根据本次研究的过程与结论，我们对研究结果是比较满意的，但是仍是有一些不足的地方。我们主要的调研方法是通过调查问卷来搜集数据，研究方法单一，量化分析较少，虽然能基本满足研究的需求，但导致我们得到的信息比较主观，并且对品牌社群营销与顾客忠诚度、顾客感知价值、品牌形象提升之间的作用机理的研究还不够全面。

2. 未来展望

社群经济从产生到发展都不断经历着演变，作为一种新型的经济形态，目前对其进行的理论探究还未成熟，潜在研究价值有待挖掘。未来，研究者可以从企业的角度出发来搜集一些企业数据进行研究，有助于研究企业与消费者之间的深入联系。

附件：调查问卷

一、消费者的基本情况

1. 您的性别是什么？

○ 男

○ 女

2. 您的年龄是多少？

○ 18 岁以下

○ 18~25 岁

○ 26~35 岁

○ 36~45 岁

○ 46~55 岁

○ 55 岁以上

3. 您的学历是什么?

○ 高中及以下

○ 专科

○ 大学本科

○ 硕士研究生

○ 博士研究生

4. 您的职业是什么?

○ 学生

○ 企业公司职员

○ 政府机构及事业单位人员

○ 个体经营者或自由职业者

○ 其他_____

5. 您的每月可支配收入是多少?

○ 2 000 元及以下

○ 2 001~3 500 元

○ 3 501~5 000 元

○ 5 000 元以上

6. 您所在的地区属于什么?

○ 一线城市

○ 二、三线城市

○ 四、五线城市

○ 县城或农村

○ 其他

二、消费者使用社群的基本情况

7. 您是否加入过在线平台社群?

○ 是

○ 否（跳转至 22 题）

8. 您对社群营销的了解途径是什么?

○ 营销广告

○ 福利进群

○ 朋友圈晒单

○ 邀请进群

9. 您看在线社群信息的频率是多少?

○ 非常频繁，随时查看

○ 较为频繁，每天定期查看

○ 不大频繁，偶尔查看

○ 不频繁，很长时间才看一次

10. 您平均每周使用社群购物的次数是多少？

○ 很少消费

○ 1~2 次

○ 3~5 次

○ 几乎每天 1 次

11. 请问您平均每次在社群上购物所花费的费用？

○ 50 元以下

○ 50~100 元

○ 101~150 元

○ 150 元以上

12. 社群营销中您最喜欢的营销活动有哪些（多选题）？

☐ 秒杀

☐ 打折

☐ 拼团

☐ 满减

☐ 积分兑换

☐ 赠送优惠券

☐ 其他

13. 您认为社群有哪些方面存在问题（多选题）？

☐ 实物和照片不符，质量不好

☐ 产品种类少，缺乏我想要的

☐ 社群营销套路令人不适

☐ 售后服务不及时、不到位

☐ 生鲜产品不新鲜

☐ 自提点货物随意堆放

☐ 曾出现误取、漏取等情况

☐ 其他_____

14. 在社群购物时，您最关注的因素是什么（多选题）？

☐ 产品的包装

☐ 产品的质量

☐ 产品丰富度

☐ 促销优惠力度

☐ 售后服务是否有保障

☐ 物流配送及时高效

☐ 产品价格

☐ 隐私安全

☐ 其他

15. 您是否通过多多买菜平台购买过产品或加入过多多买菜社群?

○ 是

○ 否（问卷到此结束，感谢您的参与）

三、社群营销因素（选项）

请根据您使用多多买菜社群的实际情况和真实体验选择最符合的题项。

16. 产品特征（见表23）

表23 产品特征

项目	非常不同意	不同意	一般	同意	非常同意
多多买菜社群的产品性价比高	○	○	○	○	○
多多买菜社群的产品更新快	○	○	○	○	○
多多买菜社群提供的产品种类和内容很丰富	○	○	○	○	○

17. 服务质量（见表24）

表24 服务质量

项目	非常不同意	不同意	一般	同意	非常同意
多多买菜社群的售后服务问题处理及时高效	○	○	○	○	○
多多买菜的线下自提点提货很方便					
多多买菜的物流配送及时且商品新鲜完好	○	○	○	○	○

18. 广告信息（见表25）

表25 广告信息

项目	非常不同意	不同意	一般	同意	非常同意
多多买菜社群推送广告、图文、视频很有吸引力	○	○	○	○	○
如果有促销活动我愿意接受社群推送广告	○	○	○	○	○

19. 平台或社群环境（见表 26）

表 26　平台或社群环境

项目	非常不同意	不同意	一般	同意	非常同意
多多买菜社群成员之间信息交换程度高	○	○	○	○	○
在社群中我乐于给其他成员提供帮助	○	○	○	○	○
在社群中我经常与其他成员进行互动交流	○	○	○	○	○

四、消费者的购买意愿和行为

20. 消费者的购买意愿（见表 27）

表 27　消费者的购买意愿

项目	非常不同意	不同意	一般	同意	非常同意
对感兴趣的产品的广告，我愿意点开链接进一步了解					
我乐于经常浏览社群推荐的相关产品信息					
对同类商品，我倾向于关注社群推荐的产品					

21. 消费者的购买行为（见表 28）

表 28　消费者的购买行为

项目	非常满意	较满意	一般	不满意	非常不满意
我在选购产品时会考虑多多买菜社群推荐的产品					
我会在多多买菜社群中参与讨论、调查、上传照片等活动					
我会把多多买菜社群推荐分享给亲朋好友					
我会在社群平台中进行重复购买					

22. 您没有使用过社群购买产品的原因是什么？

○ 没有听说过

○ 对社群推荐的产品质量不信任

○ 操作比较麻烦

○ 更喜欢在线下购买

○ 其他_____

（依赖于第 7 题第 2 个选项）

23. 如果您没有使用过社群，您的亲朋好友是否使用过社群？

○ 是

○ 否

24. 您未来是否会考虑使用社群购买？

○ 是

○ 否

（依赖于第 7 题第 2 个选项）

参考文献

［1］马忠君. 虚拟社群中社群自我的建构与呈现［J］. 现代传播（中国传媒大学学报），2011（6）：139-141.

［2］蒋慧敏，许祥云. 消费升级背景下新零售社群营销的发展逻辑及策略［J］. 商业经济研究，2020（8）：89-92.

［3］鞠凌云. 社群营销［M］. 北京：电子工业出版社，2016：35.

［4］何方. 社群经济与企业转型发展［J］. 浙江社会科学，2016（2）：65-67.

［5］匡文波，李芮. 论社群营销中的聚众传播机制及趋势［J］. 出版广角，2017（8）：6-9.

［6］戴世富，郑书琴. 品牌社群营销价值挖掘与策略分析［J］. 视听，2015（12）：174-175.

［7］青平，李崇光. 消费者计划行为理论及其在市场营销中的应用［J］. 理论与实践，2005（2）：78-80.

［8］戴迎春，朱彬，应瑞瑶. 消费者对食品安全的选择意愿：以南京市有机蔬菜消费行为为例［J］. 南京农业大学学报（社会科学版），2006（1）：52-57.

［9］王华芳. 社群营销的思维转变与策略研究：以小红书为例［J］. 北方经贸，2022（4）：50-52.

［10］谢昕. 基于消费者价值的品牌社群营销思路与对策研究［J］. 商场现代化，2022（15）：64-66.

指导老师：宋瑛

关于消费者对社区团购认知度的调研报告

李昊　王冰

（重庆工商大学经济学院贸易经济专业，2020级）

摘　要： 随着国家经济的发展，零售业不断优化升级，社区团购作为新兴零售渠道快速兴起，社区团购平台也呈爆发式增长。如何让社区团购高质量发展从而带给我们更多生活便捷，是行业内外专家学者一直在探索的问题。本次调研旨在考察消费者对社区团购的认知度，探究社区团购平台商业模式能否被消费者接受；同时，分析社区团购平台快速增长的原因以及存在的问题，并提出针对性建议。调研实施时间为2022年7月16日至9月15日。本次调查问卷发放始于8月16日，共回收335份问卷，最终剔除掉答题时间过少的样本，共保留有效问卷327份，问卷回收率97.61%。信效度检验结果显示，问卷维度划分较为合理，稳定性好，一致程度高，较为可靠。调查发现：第一，消费者更倾向于利用社区团购平台购买食品品类，消费者接触社区团购的时间不长、频次不高、单次消费金额不大。第二，消费者认为社区团购平台提供了高性价比的产品、使用起来方便易操作，并且可以节约时间成本。第三，消费者认为团长在社区团购中发挥着重要的作用。第四，消费者会担心社区团购平台的口碑是否真实，反映出消费者的谨慎心理。调查建议：第一，丰富商品种类、提高商品质量、提高售后服务水平。第二，完善供应链和仓储体系。社区团购平台对供应链的建设要有自己的思路，或者采用高效的物流运输管理体系，加强对物流信息的实时监控管理，或者与稳定可靠的物流公司合作，提高物流运输效率。

关键词： 社区团购；平台认知；影响因素；调研报告

一、引言

（一）研究背景与意义

1. 研究背景

随着我国经济实力和科学技术水平日益增长，网络化购物越来越受到消费者的青睐。中国互联网信息中心（CNNIC）发布的第48次《中国互联网络发展状况统计报告》数据显示，2021年，我国网上零售额达11.76万亿元，较2020年增长10.9%。其中，实物商品网上零售额 9.76 万亿元，占社会消费品零售总额的 24.9%。截至 2021 年 12 月底，我国网络购物用户规模达 7.82 亿人，较 2021 年 3 月增长 7 215 万人，占网民总体的 79.1%。

社区团购顺应了网络化购物的趋势，作为一种新兴的零售渠道悄然出现。社区团购是居住在社区内居民团体的一种购物消费行为，是依托真实社区的一种区域化、本地化的团购形式，是通过社区商铺为周围居民提供的团购形式。2016 年，社区拼团平台"你我您"在长沙成立，社区团购作为一种新型的电商模式起步。2018 年，社区团购迎来高速发展期，资本开始入场布局。当年，社区团购平台融资事件约 23 起，融资额高达 40 亿元。社区团购企业进入规模化扩张阶段。2019 年，社区团购市场集中度提高，行业洗牌重组。2020 年，新冠疫情期间，居民外出购物受阻，社区统一采购配送等模式逐步普及。可以说，疫情对社区团购的发展起到了极大的催化作用。

2. 研究意义

互联网用户增量主要来自下沉市场，由于一、二线城市的流量增长已经见顶，且部分互联网巨头急于寻找自己的第二增长曲线，各巨头相继入局，社区团购再成风口。宋寒业（2021）认为，过多的企业纷纷涌入，面对竞争，有些企业就采用低价吸引等手段，但又难以为继，很多社区像走马灯式地更换社区服务商，很难形成忠诚度，因此洗牌是必然的。郭鹏宇等（2021）认为，现阶段社区团购存在着团购模式简单易复制、生鲜产品未能标准化等一系列问题。那么，社区团购将会何去何从？

在每一个购物模式兴起的背后，都包含了消费者不同的认知水平及态度。每一种新的购物模式的出现都会面对同样的问题：如何快速吸引大量消费者。社区团购也一样，要想在激烈的竞争中占据一席之地，必须吸引足够多的忠诚的消费者。究竟这些消费者使用这种团购形式进行消费的意愿会受到哪些因素影响呢？本次关于消费者对社区团购认知度的调查研究就是在此背景下产生的，希望通过对不同年龄、地域等情况的消费者关于社区团购的认知程度的调查，进一步了解社区团购在消费者群体中的普及情况及影响力，从而对社区团购平台提出建议，更好地搭建优质平台，促进社区团购为消费者带来更多的便捷与实惠，让社区团购继续展现强大的生命力。

3. 社区团购 PEST 分析

（1）政治环境（P）：物流业高质量发展是国家实现现代化战略的重要组成部分。国家物流业发展需求巨大，政府持续大力推进物流业的发展，着力在技术、制度、资源、行业环境等方面下功夫，推动物流综合化、一体化发展。这些对社区团购行业的重要环节——供应链优化有着积极意义。

（2）经济因素（E）：传统电商业务发展进入瓶颈期，获客成本、物流成本、资金成本较高。社区团购运营模式相对而言占有优势，盈利模式较为清晰。国内主要资本力量看好新型电商模式，投资热情较高、投资注入较为密集。

（3）社会因素（S）：国民收入不断增长，国内消费需求一直处于一个持续上涨的阶段。居民对生鲜食品等消费频率保持了一个较高的水平，复购率也十分可观。电子商务的便利性和性价比深入人心，消费者对新模式的接受程度较好。

（4）技术因素（T）：相关平台早期通过餐饮外卖等业务在一、二线城市构建了良好的发展生态，在采购、仓储、配送、供应链方面有着一定的技术储备，对社区团购用户识别和用户偏好筛选具有很大助力。

（二）研究思路

本文的研究思路框架如图1所示。

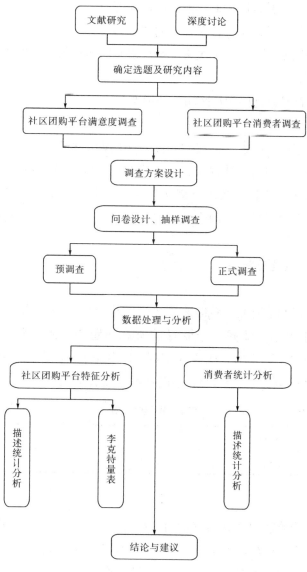

图1　研究思路框架

二、调查方案设计

（一）调查的目的

本次调查的目的如下：

（1）了解消费者在社区团购平台的消费行为。

（2）了解消费者对社区团购商业模式的接受度。

（3）了解现有的社区团购平台存在的问题。

（4）为社区团购平台方等相关决策者解决现有问题提供一定参考。

（二）调查对象

本次调查的调查对象是接触社区团购的消费者。

（三）问卷设计

问卷设计的过程如下：首先，我们查阅社区团购的相关文献资料、行业现状及政策；其次，我们确定调查的具体内容，就问卷维度、问题及选项设置、题量题型、答题顺序等方面与指导老师和团队成员多次讨论，得出问卷初稿，进行预调查；最后，我们根据预调查反馈的结果，对问卷的题量、题型设置等方面进行修改完善，得到最终的调查问卷。

（四）问卷的信效度检验

1. 信度分析

信度是指量表在衡量研究变量时表现出来的稳定性和一致性。一份问卷的信度通常用内部一致性来表示，即同一个变量的所有问题的一致性程度，克隆巴赫系数Cronbach's α，达到 0.7 以上时，属于高信度，0.5~0.7，可靠性一般，可以做进一步分析。本次问卷的整体信度为 0.928，信度良好（见表1）。

表 1　可靠性统计

Cronbach's α	项数
0.928	43

2. 效度分析

效度是指一项测验能测量其预测量内容的特质。我们主要讨论内容效度和构建效度，并以因子分析作为效度分析的工具。一般而言，KMO 值>0.6，通过巴赫利特（Bartlett）球形检验，意味着数据具有效度。经检验，本问卷的 KMO 值为 0.923，本问卷具有效度（见表2）。

表 2　KMO 和巴特利特球形度检验

	近似卡方	8 133.664
巴特利特球形度检验	自由度	0.903
	显著性	0.000
KMO 取样适切性量数		0.923

三、调查实施

（一）调查的整体安排

准备阶段：2022 年 7 月 16 日至 8 月 15 日，我们查阅文献资料，进行小组讨论，设计调查方案，进行问卷初稿、定稿设计。

调研数据处理阶段：2022 年 8 月 16 日至 9 月 1 日，我们开展调查问卷的发放与收回，进行数据处理。

资料整理和总结阶段：2022 年 9 月 1 日至 9 月 10 日，我们整理调查资料，进行分析研究，得出结论，进行过程总结。

收尾阶段：2022 年 9 月 11 日至 9 月 15 日，我们进行细节修改，完成报告。

（二）数据的预处理

本次调研问卷发放于 2022 年 8 月 16 日开始，共回收 335 份问卷，最终剔除掉答题时间过少的样本，获利有效问卷 327 份，问卷回收率 97.61%。

四、调研结果分析

（一）人口结构统计分析

1. 性别、年龄与城市

本次调研中，总样本量为 327，男性样本量为 99 人，占比 30.3%，女性样本量为 228 人，占比 69.7%（见图 2）。总体来说，本次调研中女性消费者要多于男性消费者。相关研究机构数据显示，社区团购用户具有十分清晰的用户画像，其中女性用户占比高达 83%，因此本次调研的样本具有参考意义。

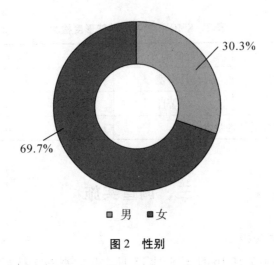

图 2　性别

　　处于一线城市的被调查者有 20 人，占总样本的 6.1%；处于新一线城市的被调查者有 128 人，占总样本的 39.1%；处于二线城市的被调查者有 50 人，占总样本的 15.3%；处于三线城市及以下的被调查者有 129 人，占总样本的 39.4%（见图 3）。据相关研究统计，2017 年，一线城市网购人群渗透率为 73%，而四五线城市网购人群渗透率均不及 60%。这说明中小城市的网购人群渗透率有更大的提升空间，下沉市场是未来潜在网购用户的主要来源。未来互联网和电商获取流量的一个重要战场在于竞争下沉市场的"增量"。本次调研人群与社区团购的相关性较高，对相关方做决策具有一定参考意义。

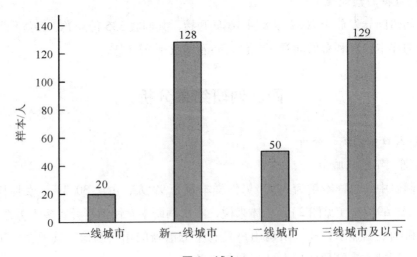

图 3　城市

　　年龄在 20 岁以下的有 125 人，占比 38.2%；年龄在 20~29 岁的有 117 人，占比 35.8%；年龄在 30~39 的有 45 人，占比 13.8%；年龄在 40~49 的有 35 人，占比 10.7%；年龄在 50 岁及以上的有 5 人，占比 1.5%。本次调研年龄在 18~40 岁的共有 287 位，占样本总数的 87.8%。这个群体相较于更年轻的群体通常拥有更高的决策权，相较于年老的群体更熟悉互联网，并且对新鲜事物的态度通常较为开放，更具有消费能力。

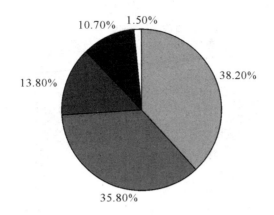

图 4 年龄

2. 学历、职业与年收入。

在本次调研中，学历为初中及以下的有 23 人，占比 7%；学历为普高（中专、技校、职高）的有 39 人，占比 11.9%；学历为专科的有 38 人，占比 11.6%；学历为本科的有 201 位，占比 61.5%；学历为硕士的有 26 位，占比 8%（见图 5）。学生有 194 人，占比 59.3%；在国有企业就职的人员有 33 人，占比 10.1%；在事业单位就职的人员有 38 人，占比 11.6%；公务员有 6 人，占比 1.8%；在民营企业就职的人员有 56 人，占比 17.1%（见图 6）。年收入在 30 000 元及以下的有 221 人，占比 67.6%；年收入在 30 001~90 000 元的有 79 人，占比 24.2%；年收入在 90 001~360 000 元的有 27 人，占比 8.3%（见图 7）。我们可以发现，在被测数据中，大多数人为本科学历，年收入在 30 000 元及以下的占比超六成，低收入群体比较多。我国有 14 亿人口，消费基数巨大，但人均可支配收入并不高。社区团购主销低价生活必需品，契合多数消费者的核心关注点。在本次调研中，我们可以进一步了解低收入群体对社区团购的认知度。

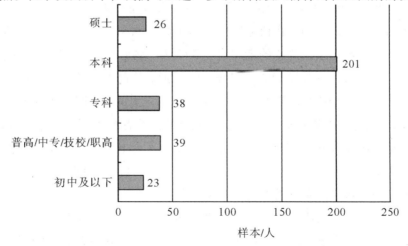

图 5 学历

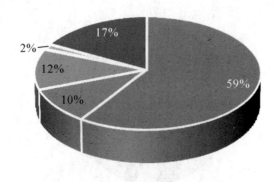

■学生 ■国有企业 ■事业单位 ■公务员 ■民营企业

图 6　职业

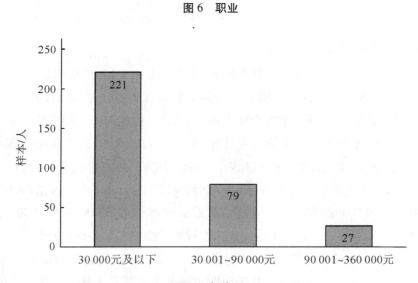

图 7　年收入

（二）消费者在社区团购平台上购买的产品种类详情分析

我们通过调研数据得知，在社区团购平台上购买水果生鲜的消费者有 213 人，占总样本的 65.1%；购买粮油调味的消费者有 117 人，占总样本的 35.8%；购买零食饮料的消费者有 165 人，占总样本的 50.5%；购买家居用品的消费者有 101 人，占总样本的 30.9%；购买洗护用品的消费者有 67 人，占总样本的 20.5%；购买母婴用品的消费者有 16 人，占总样本的 4.9%；购买其他商品的消费者有 46 人，占比 14.1%。由此我们可以看出，超过六成的消费者主要在社区团购平台上购买水果生鲜类商品。水果生鲜类商品主要有水果、蔬菜、肉品、水产、干货及日配、熟食和糕点。作为生活必需品的一日三餐的食材具有刚需特性。从调研数据中可以看到，位于三线城市及以下的消费者占总样本的近四成，这些城市居民可能更倾向于自己买菜在家做饭，在支出结构上会有更大量的水果生鲜消费需求。越下沉的用户，其在食品上的开支占其总开支的比重越高，这从我国城乡居民恩格尔系数的差距中能够得到直观体现。2020 年，我国城镇居民恩格尔系数为 29.2%，农村居民恩格尔系数为 32.7%，意味着农村居民在"吃"上的开支占总支出之比要比城镇居民高 3.5 个百分点。上文还提到，社区团购用户具有十分清晰的用户图像——以三、四线城市中青年女性为主，再结合社区团购本就是为了获取下沉市场的增量，可以说水果生鲜这个品类是社区团购商业模式运营的关键品类。

（三）消费者购物行为分析

1. 消费者使用社区团购的时间

从调研数据可以得知，使用社区团购时间在 1 年以下的消费者共有 235 人，占比 71.9%；使用社区团购时间在 1~2 年的消费者有 65 人，占比 19.9%；使用社区团购时间在 2~3 年的消费者有 19 人，占比 5.8%；使用社区团购时间在 3~5 年的消费者共有 8 人，占比 2.4%（见表 3）。

表 3　消费者使用社区团购的时间

项目		频率/人	百分比/%	有效百分比/%	累积百分比/%
有效	1 年以下	235	71.9	71.9	71.9
	1~2 年	65	19.9	19.9	91.8
	2~3 年	19	5.8	5.8	97.6
	3~5 年	8	2.4	2.4	100
	总计	327	100	100	

2. 消费者在社区团购平台上的消费频次

在社区团购平台上每天至少 1 次消费的消费者有 19 人，占比 5.8%；在社区团购平台上每周 3~5 次消费的消费者有 28 人，占比 8.6%；在社区团购平台上每周 1~2 次消费的消费者有 46 人，占比 14.1%；在社区团购平台上每月 1~2 次消费的消费者有 31 人，占比 9.5%；在社区团购平台上仅偶尔消费的消费者有 203 人，占比 62.1%（见表 4）。

表 4　消费者在社区团购上的消费频次

项目		频率/人	百分比/%	有效百分比/%	累积百分比/%
有效	每天至少 1 次	19	5.8	5.8	5.8
	每周 3~5 次	28	8.6	8.6	14.4
	每周 1~2 次	46	14.1	14.1	28.5
	每月 1~2 次	31	9.5	9.5	38.0
	仅偶尔消费	203	62.1	62.1	100
	总计	327	100	100	

3. 消费者在社区团购平台上的单次消费金额

调研数据表明，在社区团购平台上消费金额在 50 元以下的消费者有 191 人，占比 58.4%；消费金额在 50~100 元的消费者有 84 人，占比 25.7%；消费金额在 101~300 元的消费者有 33 人，占比 10.1%；消费金额在 301~500 元的消费者有 15 人，占比 4.6%；消费金额在 500 元以上的有 4 人，占比 1.2%（见表 5）。

表5　消费者在社区团购平台上的单次消费金额

	项目	频率/人	百分比/%	有效百分比/%	累积百分比/%
有效	50 元以下	191	58.4	58.4	58.4
	50~100 元	84	25.7	25.7	84.1
	101~300 元	33	10.1	10.1	94.2
	301~500 元	15	4.6	4.6	98.8
	500 元以上	4	1.2	1.2	100.0
	总计	327	100.0	100.0	

4. 消费者了解到社区团购的渠道概况

从调研数据中可知，通过社区微信群了解到社区团购的消费者有 190 人，占总样本比例为 58.1%；通过身边的邻居朋友介绍了解到社区团购的消费者有 137 人，占总样本的比例为 41.9%；通过朋友圈广告了解到社区团购的消费者有 139 人，占总样本的比例为 42.5%；通过小区商铺广告了解到社区团购的消费者有 74 人，占总样本的比例为 22.6%；通过自己在网上搜索了解到社区团购的消费者有 5 人，占总样本的比例为 16.8%；通过其他途径了解到社区团购的消费者有 63 人，占总样本的比例为 19.3%（见表 6）。

作为开放式平台及生态系统，微信提供数量庞大且有黏性的用户流量、数字化支付系统。微信的流量触点包括微信即时通信、微信朋友圈、微信公众号以及微信小程序，带动社交裂变。

表6　消费者接触社区团购的渠道

选项	选择数/人	百分比/%
社区微信群	190	58.1
身边的邻居朋友介绍	137	41.9
朋友圈广告	139	42.5
小区商铺广告	74	22.6
自己在网上搜索	55	16.8
其他	63	19.3

5. 消费者选择社区团购的原因（相较于线下购物）

由调研数据可知，因为方便省时、送货上门选择社区团购的消费者有 231 人，占总样本的比例为 70.6%；因为价格实惠选择社区团购的消费者有 182 人，占总样本的比例为 55.7%；选择品质保证，新鲜度好的消费者有 111 人，占总样本的比例为 33.9%；因为品种多、有不同层次商品选择社区团购的消费者有 92 人，占总样本的比例为 28.1%；因为和邻居一起购物有乐趣及信任感选择社区团购的消费者有 62 人，占总样本的比例为 19.0%；因为及时退换货选择社区团购的消费者有 37 人，占总样本的比例为 11.3%（见表 7）。

表 7　消费者选择社区团购的原因

选项	选择数/人	百分比/%
方便省时、送货上门	231	70.6
价格更实惠	182	55.7
品质保证、新鲜度好	111	33.9
品种多、有不同层次商品	92	28.1
和邻居一起购物有乐趣及信任感	62	19.0
及时退换货	37	11.3

6. 消费者认为社区团购上还存在的问题

有 152 位消费者认为社区团购平台存在商品质量不稳定的问题，占总样本的比例为 46.5%；有 99 位消费者认为社区团购平台仓配体系缺乏经验、配送时间较长的问题，占总样本的比例为 30.1%；有 64 位消费者认为社区团购平台存在服务质量差的问题，占总样本的比例为 19.6%；有 154 位消费者认为社区团购平台存在商品种类过少、缺少大品牌、选择范围小的问题，占总样本的比例为 47.1%；有 76 位消费者认为社区团购平台存在欺骗消费者的情况（虚构原价等），占总样本的比例为 23.2%；有 57 位消费者认为社区团购平台存在恶性竞争、无序扩张（烧钱补贴等）的问题，占总样本的比例为 17.4%；有 64 位消费者认为社区团购平台存在过度依赖微信小程序的问题，占总样本的比例为 19.6%；有 48 位消费者选择其他选项，占总样本的比例为 14.7%（见表 8）。

表 8　消费者认为平台现存的问题

选项	选择数/人	百分比
商品质量不稳定	152	46.5
仓配体系建设缺乏经验、配送时间较长	99	30.1
服务质量差	64	19.6

表8(续)

选项	选择数/人	百分比
商品种类过少，缺少大品牌，选择范围小	154	47.1
存在欺骗消费者的情况（虚构原价等）	76	23.2
恶性竞争、无序扩张（烧钱补贴等）	57	17.4
过度依赖微信小程序	64	19.6
其他	48	14.7

7. 消费者愿意将社区团购推荐给身边的人的程度

为了方便认知消费者的态度，我们将同意和非常同意统一划分为同意，将非常不同意和不同意划分为不同意。调研数据显示，愿意将社区团购推荐给身边人的消费者有216人，占总样本的比例为66.1%；不同意将社区团购推荐给身边人的消费者有18人，占总样本的比例为5.5%；选择无所谓态度的消费者有93人，占总样本的比例为28.4%（见表9）。

表9 消费者推荐意愿

类别	频次/人	百分比/%
非常同意	65	19.9
同意	151	46.2
无所谓	93	28.4
不同意	13	4.0
非常不同意	5	1.5

8. 消费者对社区团购平台发展的意见

调研数据显示，有143位消费者认为社区团购平台应该增加自提点数量，占总样本的比例为43.7%；有173位消费者认为社区团购平台应该丰富产品种类，占总样本的比例为52.9%；有166位消费者认为社区团购平台应该提高产品质量，占总样本的比例为50.8%；有132位消费者认为社区团购平台应该优化平台使用体验，占总样本的比例为40.4%；有97位消费者认为社区团购平台应该提高团长服务质量和水平，占总样本的比例为29.7%；有102位消费者认为社区团购平台应该打造良好的供应链和仓储配送体系，占总样本的比例为31.2%；有87位消费者认为社区团购平台应该逐渐规范价格体系，26.6%；有43位消费者选择其他选项，占总样本的比例为13.1%（见表10）。

表 10　消费者对平台改善意见概述

选项	选择数/人	百分比/%
增加自提点数量	143	43.7
丰富产品种类	173	52.9
提高产品质量	166	50.8
优化平台使用体验	132	40.4
提高团长服务质量与水平	97	29.7
打造良好的供应链和仓储配送体系	102	31.2
逐渐规范价格体系	87	26.6
其他	43	13.1

（四）社区团购平台特征分析

本次调研从产品特性、服务质量、团长效度、时间成本、平台商信誉五个角度衡量社区团购平台特征。社区团购平台特征衡量问题归纳如表 11 所示。

表 11　社区团购平台特征衡量问题归纳

层面	研究对象	衡量问题
社区团购平台特征	产品特性	该平台的产品质量比较可靠
		该平台的商品口碑较好
		该平台的商品价格实惠
		该平台的产品信息齐全（生产日期、规格、产地等）
	服务质量	该平台上的物流配送服务准时周到
		该平台的售后服务流程透明清晰
		我感觉社区团购平台上的查询、订货、付款等流程都很容易操作
	团长效度	我担心该平台/团长会私自将我的信息透露给第三方
		我能够及时通过团长获取商品信息
		该平台的团长自提点较多，比较方便
		团长能够及时回应并解决我的问题
社区团购平台特征	时间成本	使用该社区团购平台能够极大地节约时间
		该平台广告投放合理，大部分能够切中我的需求
		我不会考虑不知名的社区团购平台
	平台商信誉	该平台的口碑较好
		该平台提供其他消费者的信息作为参考
		我担心社区团购平台会进行虚假宣传等欺骗消费者的行为

为了方便认知消费者的态度，本文将同意和非常同意统一划分为同意，将非常不同意和不同意划分为不同意。

1. 产品特性

（1）该平台的产品质量比较可靠。调研数据显示，认为该平台的产品质量比较可靠的消费者有 217 人，占总样本的比例为 66.4%；不认为该平台的产品质量可靠的消费者有 41 人，占总样本的比例为 12.5%；选择无所谓态度的消费者有 69 人，占总样本的比例为 21.1%（见表 12）。

表 12　该平台的产品质量比较可靠

	项目	频率/人	百分比/%	有效百分比/%	累积百分比/%
有效	非常同意	47	14.4	14.4	14.4
	同意	170	52.0	52.0	66.4
	无所谓	69	21.1	21.1	87.5
	不同意	36	11.0	11.0	98.5
	非常不同意	5	1.5	1.5	100.0
	总计	327	100.0	100.0	

（2）该平台的商品口碑较好。调研数据显示，认为该平台的商品口碑较好的消费者有 217 人，占总样本的比例为 66.3%；不认为该平台的商品口碑好的消费者有 44 人，占总样本的比例为 13.4%；选择无所谓态度的消费者有 66 人，占总样本的比例为 20.2%（见表 13）。

表 13　该平台的商品口碑较好

	项目	频率/人	百分比/%	有效百分比/%	累积百分比/%
有效	非常同意	37	11.3	11.3	11.3
	同意	180	55.0	55.0	66.3
	无所谓	66	20.2	20.2	86.5
	不同意	38	11.6	11.6	98.1
	非常不同意	6	1.8	1.8	100.0
	总计	327	100.0	100.0	

（3）该平台商品价格实惠。调研数据显示，认为该平台商品价格实惠的消费者有 240 人，占总样本的比例为 73.4%；不认为该平台商品价格实惠的消费者有 25 人，占总样本的比例为 7.6%；选择无所谓态度的消费者有 62 人，占总样本的比例为 19.0%（见表 14）。

表 14　该平台商品价格实惠

项目		频率/人	百分比/%	有效百分比/%	累积百分比/%
有效	非常同意	45	13.8	13.8	13.8
	同意	195	59.6	59.6	73.4
	无所谓	62	19.0	19.0	92.4
	不同意	24	7.3	7.3	99.7
	非常不同意	1	0.3	0.3	100.0
	总计	327	100.0	100.0	

（4）该平台的产品信息齐全（生产日期、规格、产地等）。调研数据显示，认为该平台的产品信息齐全（生产日期、规格、产地等）的消费者有 227 人，占总样本的比例为 69.4%；不同意该平台的产品信息齐全（生产日期、规格、产地等）的消费者有 32 人，占总样本的比例为 9.8%；选择无所谓态度的消费者有 68 人，占总样本的比例为 20.8%（见表 15）。

表 15　该平台的产品信息齐全（生产日期、规格、产地等）

项目		频率/人	百分比/%	有效百分比/%	累积百分比/%
有效	非常同意	49	15.0	15.0	15.0
	同意	178	54.4	54.4	69.4
	无所谓	68	20.8	20.8	90.2
	不同意	28	8.6	8.6	98.8
	非常不同意	4	1.2	1.2	100.0
	总计	327	100.0	100.0	

2. 服务质量

（1）社区团购平台物流配送服务准时周到。调研数据显示，认为社区团购平台物流配送服务准时周到的消费者有 238 人，占总样本的比例为 72.8%；不认为社区团购平台物流配送服务准时周到的消费者有 33 人，占总样本的比例为 10.1%；选择无所谓态度的消费者有 56 人，占总样本的比例为 17.1%（见表 16）。

表16　社区团购平台的物流配送服务准时周到

项目		频率/人	百分比/%	有效百分比/%	累积百分比/%
有效	非常同意	55	16.8	16.8	16.8
	同意	183	56.0	56.0	72.8
	无所谓	56	17.1	17.1	89.9
	不同意	29	8.9	8.9	98.8
	非常不同意	4	1.2	1.2	100.0
	总计	327	100.0	100.0	

（2）社区团购平台上的商品售后服务周到。调研数据显示，认为社区团购平台上的商品售后服务周到的消费者有216人，占总样本的比例为66.1%；不认为社区团购平台上的商品售后服务周到的消费者有48人，占总样本的比例为14.7%；选择无所谓态度的消费者有63人，占总样本的比例为19.3%（见表17）。

表17　社区团购平台上的商品售后服务周到

项目		频率/人	百分比/%	有效百分比/%	累积百分比/%
有效	非常同意	45	13.8	13.8	13.8
	同意	171	52.3	52.3	66.1
	无所谓	63	19.3	19.3	85.4
	不同意	40	12.2	12.2	97.6
	非常不同意	8	2.4	2.4	100.0
	总计	327	100.0	100.0	

（3）社区团购平台上的查询、订货、付款等流程都很容易操作。调研数据显示，认为社区团购平台上的查询、订货、付款等流程都很容易操作的消费者有242人，占总样本的比例为74%；不认为社区团购平台上的查询、订货、付款等流程都容易操作的消费者有27人，占总样本的比例为8.3%；选择无所谓态度的消费者有58人，占总样本的比例为17.7%（见表18）。

表18　社区团购平台上的查询、订货、付款等流程都很容易操作

	项目	频率/人	百分比/%	有效百分比/%	累积百分比/%
有效	非常同意	55	16.8	16.8	16.8
	同意	187	57.2	57.2	74.0
	无所谓	58	17.7	17.7	91.7
	不同意	19	5.8	5.8	97.5
	非常不同意	8	2.4	2.4	100.0
	总计	327	100.0	100.0	

3. 团长效度

（1）能够及时通过团长获取商品信息。调研数据显示，认为其能够及时通过团长获取商品信息的消费者有215人，占总样本的比例为65.8%；不认为其能够及时通过团长获取商品信息的消费者有36人，占总样本的比例为11%；选择无所谓态度的消费者有76人，占总样本的比例为23.2%（见表19）。

表19　能够及时通过团长获取商品信息

	项目	频率/人	百分比/%	有效百分比/%	累积百分比/%
有效	非常同意	48	14.7	14.7	14.7
	同意	167	51.1	51.1	65.7
	无所谓	76	23.2	23.2	89.0
	不同意	29	8.9	8.9	97.9
	非常不同意	7	2.1	2.1	100.0
	总计	327	100.0	100.0	

（2）该平台的团长自提点较多，比较方便。由调研数据可知，认为平台的团长自提点较多，比较方便的消费者有216人，占总样本的比例为66.1%；不认为平台的团长自提点较多，比较方便消费者有45人，占总样本的比例为13.8%；选择无所谓态度的消费者有66人，占总样本的比例为20.2%（见表20）。

表20 该平台的团长自提点较多,比较方便

	项目	频率/人	百分比/%	有效百分比/%	累积百分比/%
有效	非常同意	52	15.9	15.9	15.9
	同意	164	50.2	50.2	66.1
	无所谓	66	20.2	20.2	86.3
	不同意	40	12.2	12.2	98.5
	非常不同意	5	1.5	1.5	100.0
	总计	327	100.0	100.0	

(3)该平台的团长能够及时回应并解决问题。在接受调查的消费者中,认为平台的团长能够及时回应并解决其问题的消费者有227人,占总样本的比例为69.4%;不认为平台的团长能够及时回应并解决其问题的消费者有33人,占总样本的比例为10.1%;选择无所谓态度的消费者有67人,占总样本的比例为20.5%(见表21)。

表21 该平台的团长能够及时回应并解决问题

	项目	频率/人	百分比/%	有效百分比/%	累积百分比/%
有效	非常同意	42	12.8	12.8	12.8
	同意	185	56.6	56.6	69.4
	无所谓	67	20.5	20.5	89.9
	不同意	28	8.6	8.6	98.5
	非常不同意	5	1.5	1.5	100.0
	总计	327	100.0	100.0	

(4)担心社区团购平台/团长会将个人信息透露给第三方。由调研数据可知,担心社区团购平台/团长会将个人信息透露给第三方的消费者有254人,占总样本的比例为77.7%,不担心社区团购平台/团长会将个人信息透露给第三方的消费者有30人,占总样本的比例为9.2%;选择无所谓态度的消费者有43人,占总样本的比例为13.1%(见表22)。

表22 担心社区团购平台/团长会将个人信息透露给第三方

	项目	频率/人	百分比/%	有效百分比/%	累积百分比/%
有效	非常同意	70	21.4	21.4	21.4
	同意	184	56.3	56.3	77.7
	无所谓	43	13.1	13.1	90.8
	不同意	24	7.3	7.3	98.1
	非常不同意	6	1.8	1.8	100.0
	总计	327	100.0	100.0	

4. 时间成本

（1）使用该社区团购平台极大地节约时间。调研数据显示，认为使用该社区团购平台极大地节约消费者的时间的消费者有 225 人，占总样本的比例为 68.8%；不认为使用该社区团购平台能极大地节约消费者的时间的消费者有 32 人，占总样本的比例为 9.8%；选择无所谓态度的消费者有 70 人，占总样本的比例为 21.4%（见表23）。

表23　使用该社区团购平台极大地节约我的时间

项目		频率/人	百分比/%	有效百分比/%	累积百分比/%
有效	非常同意	45	13.8	13.8	13.8
	同意	180	55.0	55.0	68.8
	无所谓	70	21.4	21.4	90.2
	不同意	25	7.6	7.6	97.8
	非常不同意	7	2.1	2.1	100.0
	总计	327	100.0	100.0	

（2）该平台广告投放合理，大部分能够切中消费者需求。调研数据显示，认为该平台广告投放合理，大部分能够切中消费者需求的消费者有 214 人，占总样本的比例为 65.4%；不认为该平台广告投放合理，大部分能够切中消费者需求的消费者有 44 人，占总样本的比例为 13.5%；选择无所谓态度的消费者有 69 人，占总样本的比例为 21.1%（见表24）。

表24　该平台广告投放合理，大部分能够切中消费者需求

项目		频率/人	百分比/%	有效百分比/%	累积百分比/%
有效	非常同意	37	11.3	11.3	11.3
	同意	177	54.1	54.1	65.4
	无所谓	69	21.1	21.1	86.5
	不同意	34	10.4	10.4	96.9
	非常不同意	10	3.1	3.1	100.0
	总计	327	100.0	100.0	

（3）消费者不会考虑不知名的社区团购平台。调研数据显示，认为消费者不会考虑不知名的社区团购平台的消费者有 221 人，占总样本的比例为 67.5%；不认为消费者不会考虑不知名的社区团购平台的消费者有 44 人，占总样本的比例为 13.5%；选择无所谓态度的消费者有 62 人，占总样本的比例为 19.0%（见表25）。

表 25 消费者不会考虑不知名的社区团购平台

	项目	频率/人	百分比/%	有效百分比/%	累积百分比/%
有效	非常同意	60	18.3	18.3	18.3
	同意	161	49.2	49.2	67.5
	无所谓	62	19	19	86.5
	不同意	36	11	11	97.5
	非常不同意	8	2.4	2.4	100
	总计	327	100	100	

5. 平台商信誉

（1）该平台的商品口碑较好。调研数据显示，认为该平台的口碑较好的消费者有231 人，占总样本的比例为 70.6%；不认为该平台的商品口碑较好的消费者有 25 人，占总样本的比例为 7.6%；选择无所谓态度的消费者有 71 人，占总样本的比例为21.7%（见表 26）。

表 26 该平台的商品口碑较好

	项目	频率/人	百分比/%	有效百分比/%	累积百分比/%
有效	非常同意	41	12.5	12.5	12.5
	同意	190	58.1	58.1	70.6
	无所谓	71	21.7	21.7	92.3
	不同意	22	6.7	6.7	99.0
	非常不同意	3	0.9	0.9	100.0
	总计	327	100.0	100.0	

（2）该平台提供其他消费者的信息作为参考。调研数据显示，认为该平台应该提供其他消费者的信息作为参考的消费者有 229 人，占总样本的比例为 70.1%；不认为该平台应该提供其他消费者的信息作为参考的消费者有 35 人，占总样本的比例为10.6%；选择无所谓态度的消费者有 63 人，占总样本的比例为 19.3%（见表 27）。

表 27 该平台提供其他消费者的信息作为参考

	项目	频率/人	百分比/%	有效百分比/%	累积百分比/%
有效	非常同意	45	13.8	13.8	13.8
	同意	184	56.3	56.3	70.1
	无所谓	63	19.3	19.3	89.4
	不同意	30	9.2	9.2	98.6
	非常不同意	5	1.5	1.5	100.0
	总计	327	100.0	100.0	

（3）担心社区团购平台会有虚假宣传、虚构原价等欺骗消费者的行为。从调研数据中不难看出，担心社区团购平台会有虚假宣传、虚构原价等欺骗消费者的行为的消费者有 242 人，占总样本的比例为 74%；不认为社区团购平台会有虚假宣传、虚构原价等欺骗消费者的行为的消费者有 33 人，占总样本的比例为 10.1%；选择无所谓态度的消费者有 52 人，占总样本的比例为 15.9%（见表 28）。

表 28　担心社区团购平台会有虚假宣传、虚构原价等欺骗消费者的行为

	项目	频率/人	百分比/%	有效百分比/%	累积百分比/%
有效	非常同意	66	20.2	20.2	20.2
	同意	176	53.8	53.8	74
	无所谓	52	15.9	15.9	89.9
	不同意	26	8	8	97.9
	非常不同意	7	2.1	2.1	100
	总计	327	100	100	

五、结论及社区团购未来发展前景与方向

（一）结论

1. 消费者消费习惯与理念

（1）消费者更倾向于利用社区团购平台购买食品类商品。

（2）消费者接触社区团购的时间不长。

（3）消费者使用社区团购的频次不高、单次消费金额不大。

2. 消费者对社区团购平台特征的认知度

（1）在产品特性方面，社区团购由于源头直接，去掉了中间环节，降低了物流费用与在途物资，因此能够最大限度地降低成本。这也给消费者提供了高性价比的产品，使消费者体验到好货不贵。

（2）在服务质量方面，认为社区团购上的查询、订货、付款等流程都很容易操作的消费者占比最高。社区团购平台最主要的特性就是使用方便、容易操作，带给消费者舒适的体验。

（3）在团长效度方面，消费者认为团长在社区团购中发挥着重要的作用。社区团购平台运营方只有提高团长的素质，处理好团长与消费者的关系，才能促进社区团购平台的良性发展。

（4）在时间成本方面，消费者认为使用社区团购平台可以节约时间成本。

（5）在平台信誉方面，好的口碑是平台长期发展的重要因素。同时，消费者也会出现担心好口碑是否真实的顾虑，反映了消费者的谨慎心理。

3. 消费者选择社区团购的影响因素

（1）消费者主要通过社区微信群、朋友圈广告以及身边的朋友和邻居了解社区团购。

（2）消费者选择社区团购主要是因为相较于传统线下购物，社区团购更方便快捷及商品具有优惠的价格。

（二）社区团购未来发展前景与方向

1. 前景

本次的调研数据反映，虽然消费者认为社区团购平台存在着一些问题，如商品质量不稳定、种类过少、可选择范围小，但是整体而言，消费者对社区团购的发展前景还是保持着乐观态度，超半数的消费者表示愿意将社区团购平台推荐给身边的人。

2. 方向

综合上述结论，我们认为，社区团购未来的发展可以从生产、销售、售后三个阶段进行完善，从而建立起平台优势，形成强大的核心竞争力。

（1）生产：丰富商品种类、提高产品质量。只有高质量的产品才能留住消费者，因此社区团购平台要做好产品的品控工作，从制作到分拣，层层把关；同时，开展实地调研，真正了解不同消费者的需求，设计产品时要多元化，满足大众的需求。

（2）销售：完善供应链和仓配体系。社区团购平台在供应链的建设上要有自己的思路，或者采用高效的物流运输管理体系，加强对物流信息的实时监控管理；或者与稳定可靠的物流公司合作，提高物流运输效率。只有保障了供应链与仓配体系的完整性，才能应对市场扩张带来的运营压力。社区团购平台要提高团长服务质量与水平。随着社区团购平台的发展，越来越多的人成为团长。社区团购平台能否做好团长的管理工作，是社区团购能否健康发展的重要保障。保证团长的专业性才能给消费者带来更好的消费体验。

（3）售后：提高售后服务质量。生鲜产品不同于常温产品，仓储、运输环节把控不好的话，消费者收到的生鲜产品可能变质，影响消费体验。因此，社区团购平台的售后服务至关重要。第一，社区团购平台应通过培训，提升售后团队的整体素质，为消费者带来良好的服务体验。第二，社区团购平台应建立售后服务评价机制。服务事项完毕后，消费者可以对服务质量做出评价，评价分为满意、基本满意、不满意三个等次，社区团购平台将服务质量评分纳入相关人员工资考核。

附件：调查问卷

关于消费者对社区团购认知度的调查

您好，非常感谢您在百忙之中能够抽出时间来填写这份关于社区团购的调查问卷。您提供的宝贵信息将是对本研究的重要支持。我们承诺对您的资料予以保密并妥善保管。

说明：

（1）问卷中的问题有的是针对个人的主观愿望，有的是针对个人的客观事实，请注意区别。

（2）问卷中的问题是关于您个人对社区团购平台的一些看法，即使您没有使用过相关的社区团购平台，您也可以根据自己对问题的主观感觉，选出自己认为可能的观点，所填结果均无正确答案。

（3）问卷填写大约会花费您5分钟时间。

一、消费者个体信息

1. 您的年龄是多少（单选）？

○ 20岁以下

○ 20~29岁

○ 30~39岁

○ 40~49岁

○ 50岁及以上

2. 您的性别是什么（单选）？

○ 男

○ 女

3. 请选择您的最高学历（单选）。

○ 初中及以下

○ 普高/中专/技校/职高

○ 专科

○ 本科

○ 硕士

○ 博士

4. 请选择您所在的地区（单选）。

○ 一线城市（上海、北京、深圳、广州）

○ 新一线城市（成都、杭州、重庆、西安、苏州、武汉、南京、天津、郑州、长沙、东莞、佛山、宁波、青岛和沈阳）

○ 二线城市（合肥、昆明、无锡、厦门、济南、福州、温州、大连、哈尔滨、长春、泉州、石家庄、南宁、金华、贵阳、南昌、常州、嘉兴、珠海、南通、惠州、太远、中山、徐州、绍兴、台州、烟台、兰州、潍坊、临沂）

○ 三线城市及其他

5. 请选择您的职业类型（单选）。

○ 学生

○ 国有企业

○ 事业单位

○ 公务员

○ 民营企业

○ 外资企业

6. 您的年收入是多少（单选）?

○ 30 000 元及以下

○ 30 001～90 000 元

○ 90 001～360 000 元

○ 360 000 元以上

7. 您是通过什么渠道了解到社区团购的（多选）?

□ 社区微信群

□ 身边的邻居朋友介绍

□ 朋友圈广告

□ 小区商铺广告

□ 自己在网上搜索

□ 其他

8. 您使用社区团购平台的时间有多久（单选）?

○ 1 年以下

○ 1～2 年

○ 2～3 年

○ 3～5 年

9. 您在社区团购平台上的消费频次是多少（单选）?

○ 每天至少 1 次

○ 每周 3～5 次

○ 每周 1～2 次

○ 每月 1～2 次

○ 仅偶尔消费

10. 您在社区团购平台上的单笔消费金额是多少（单选）?

○ 50 元以下

○ 50～100 元

○ 101～300 元

○ 301～500 元

○ 500 元以上

11. 您使用社区团购平台的原因是什么（多选）?

□ 商品价格优惠

☐ 节省时间

☐ 邻友曾成功使用过

☐ 交易流程操作简单，购买方式便利

☐ 身边多人使用

☐ 社区团长值得信赖

☐ 能在线下快速售后

☐ 售后服务好

☐ 自身隐私得到保护

☐ 好奇

☐ 平台的品牌知名度高

12. 相对于线下购物，您选择社区团购的原因是什么（多选）？

☐ 方便省时，送货上门

☐ 价格更实惠

☐ 品质保证，新鲜度好

☐ 品种多，有不同层次的商品

☐ 和邻居一起购物有乐趣及信任感

☐ 及时退换货

13. 您在社区团购平台上经常购买什么（多选）？

☐ 水果生鲜

☐ 粮油调味

☐ 零食饮料

☐ 家居用品

☐ 洗护用品

☐ 母婴用品

☐ 其他

14. 我愿意将社区团购平台推荐给身边的人（单选）。

○ 非常同意

○ 同意

○ 无所谓

○ 不同意

○ 非常不同意

15. 您认为社区团购平台现有的问题是什么（多选）？

☐ 商品质量不稳定

☐ 仓配体系建设缺乏经验，配送时间较长

☐ 服务质量差

□ 商品种类过少，缺少大品牌，选择范围小

□ 存在欺骗消费者的情况（虚构原价等）

□ 恶性竞争、无序扩张（烧钱补贴等）

□ 过度依赖微信小程序

□ 其他

16. 您对社区团购平台的发展有什么改善意见（多选）？

□ 增加自提点数量

□ 丰富产品种类

□ 提高产品质量

□ 优化平台使用体验

□ 提高团长服务质量与水平

□ 打造良好的供应链和仓配体系

□ 逐渐规范价格体系

□ 其他

二、消费者认知部分

消费者认知如表 29 所示。

表 29　消费者认知

项目	非常同意	同意	无所谓	不同意	非常不同意
我总是能够在社区团购平台上精准检索到想要的商品	○	○	○	○	○
我感觉社区团购平台的物流配送服务准时周到	○	○	○	○	○
我感觉大部分社区团购平台的产品售后服务周到	○	○	○	○	○
我感觉社区团购平台上的商品比其他平台上的商品性价比高	○	○	○	○	○
我感觉社区团购平台上的商品种类丰富，选择多样	○	○	○	○	○
我觉得社区团购比其他的购物方式（超市购物等）更为方便	○	○	○	○	○
我觉得社区团购平台上的查询、订货、付款等流程都很容易操作	○	○	○	○	○

表29(续)

项目	非常同意	同意	无所谓	不同意	非常不同意
我觉得团长/社区团购平台值得信赖，不会泄露我的个人信息	○	○	○	○	○
我能够及时通过团长获取商品信息	○	○	○	○	○
我觉得在社区团购平台上购物能够提升我的生活质量	○	○	○	○	○

三、认知风险部分

认知风险如表30所示。

表30　认知风险

项目	非常同意	同意	无所谓	不同意	非常不同意
我担心在社区团购平台上购买的商品的质量不佳	○	○	○	○	○
我担心社区团购平台上商品种类较少，选择范围较小	○	○	○	○	○
我担心在平台购物时会因为购物流程不便而浪费时间	○	○	○	○	○
我担心我所购买的商品的平台仓配体系不好，配送时间较长	○	○	○	○	○
我不会考虑不知名的社区团购平台	○	○	○	○	○
我担心购买的商品不是那么具有性价比	○	○	○	○	○
我担心社区团购平台会有虚假宣传、虚构原价等欺骗消费者的行为	○	○	○	○	○
我担心社区团购平台/团长会私自将我的信息透露给第三方	○	○	○	○	○
我担心使用部分社区团购平台会使我显得不上档次	○	○	○	○	○

四、社区团购平台特征部分

社区团购平台特征（矩阵量表）如表 31 所示。

表 31　社区团购平台特征

项目	非常同意	同意	无所谓	不同意	非常不同意
该平台的产品质量比较可靠	○	○	○	○	○
该平台的商品口碑较好	○	○	○	○	○
该平台商品价格实惠	○	○	○	○	○
该平台的产品信息齐全（生产日期、规格、产地等齐全）	○	○	○	○	○
该平台布局美观，下单等操作便捷	○	○	○	○	○
该平台的售后服务流程透明清晰	○	○	○	○	○
该平台的团长能够及时回应并解决我的问题	○	○	○	○	○
该平台提供其他消费者消费信息作为参考（如商品评价等）	○	○	○	○	○
该平台的消费者认知度较高	○	○	○	○	○
该平台的口碑较好	○	○	○	○	○
该平台促销活动多，优惠力度大，价格相对较低	○	○	○	○	○
使用社区团购平台极大地节约了我的时间	○	○	○	○	○
该平台广告投放合理，大部分能够切中我的需求	○	○	○	○	○
该平台的团长自提点较多，比较方便	○	○	○	○	○
可以在微信群/微信小程序购物，互动性和及时性很强	○	○	○	○	○
该平台上的商品物超所值	○	○	○	○	○

参考文献

［1］宋寒业. 社区团购面临"洗牌"重构［N］. 中华工商时报，2021－08－30（04）.

［2］郭鹏宇，王全春.新零售背景下社区团购发展对策浅析［J］.中国储运，2021（9）：168-169.

［3］胡永仕.实体零售与网络零售融合发展：研究现状与展望［J］.中国流通经济，2020，34（7）：25-33.

［4］于慧.电子商务环境下消费者行为影响因素研究［D］.哈尔滨：哈尔滨工业大学，2008.

指导老师：张桂君

农村居民网络购物影响因素的调研报告

——以大足区石马镇新立村为研究对象

冯梦妮　杨文　林鑫妍　王元杰

（重庆工商大学经济学院贸易经济专业，2020级）

摘　要： 近年来，随着农村地区经济的进一步发展，线上购物在农村居民日常生活中逐渐占据越来越重要的地位，农村居民线上购物平台选择也愈发多样化。以此为出发点，我们采用线上问卷的调查方式，调查当前农村居民网络购物的影响因素。通过问卷调查与分析，我们初步了解到大部分农村居民愿意通过线上购物平台购买商品且进行线上购物的群体趋向于年轻化。同时，我们通过调查发现，各影响因素与农村居民线上购物行为之间存在的一定关系。以此为基础，我们为当下线上购物平台提出一些合理化建议，以期达到不断优化平台管理、更好地满足农村居民需求的效果。

关键词： 农村居民；线上购物；影响因素；调查

一、引言

（一）研究背景与意义

1. 研究背景

党的二十大报告指出："全面推进乡村振兴。全面建设社会主义现代化国家，最艰巨最繁重的任务仍然在农村。坚持农业农村优先发展，坚持城乡融合发展，畅通城乡要素流动。"数商兴农，构建农村物流体系，推动电商与农村经济深度融合，已成为产业结构调整、统筹城乡发展、接续推进乡村振兴的重要抓手。电商的发展使农村居民参与网购的人数逐渐增多，网络购物能够提高农村居民生活水平，推动经济建设，但网络购物还存在一定问题。2018年的一项研究表明，农村信息技术发展落后，物流成为影响农民网络购物的主要障碍，农民网络消费意识有待增强。中国互联网络信息中心（CNNIC）的《第50次中国互联网络发展状况统计报告》显示，2022年，我国新增网民1 919万人，互联网普及率达74.4%，农村地区互联网基础设施建设全面强化，我国现有行政村已实现"村村通宽带"，推动农村地区互联网普及率较2021年12月提升 1.2 个百分点，达 58.8%。在网络接入环境方面，网民人均每周上网时长为 29.5 个小时，较 2021 年 12 月提升 1 小时。随着互联网及电商的发展，农村居民对网络购物的接受度普遍上升，农民已有一定的网络消费意识。从互联网的普及率和农村电商的发展来看，未来网络购物将会成为主流。

2. 研究意义

抗击新冠疫情时期，常态化防疫的社会环境使得网络购物赢得了更多人的青睐。在农村地区，智能手机的普及和互联网的迅猛发展使越来越多的农村居民开始接触网络购物，网络购物逐渐成为其日常生活的一部分。根据相关分析，90% 以上的县域农村居民都会上网，每天的上网时长为 3~5 小时。县域农村居民从未参与网络购物的比例仅为 10%，而未听说网络购物的人群还不到 1%。有 30% 消费者的网络购物频率在每月 1~5 次。在抗击新冠疫情期间，人们足不出户，快递的优势使得网络购物越来越受欢迎。同时，短视频平台给居家隔离的居民提供了很好的消遣方式，获得了巨大的流量，吸引着越来越多的商家在短视频平台进行直播带货。直播带货以其商品直观、讲解生动、互动性强等特点吸引了很多用户在直播间下单购买商品。这使得网络购物的浪潮更加汹涌。

随着网络购物被大众接受，线上购物平台发展迅速，打破了时空的限制，发挥着其独特的优势。借助线上购物平台，消费者实现了资源共享，足不出户通过浏览网页就能买到与线下商店相比价格更低、质量更优、款式更新的商品。当下，网络购物已经成为人们购物的主要形式之一。但是，大部分农村居民依旧对网络购物存在一定的担忧，如商品质量、物流安全、支付安全、隐私安全等。此外，由于大量农村劳动力选择外出务工，农村居民以老年人、青少年和假期在家的大学生为主，老年人对智能设备使用逐渐熟练、青少年易于接受新事物、线下商店商品种类有限且价格较贵，网络购物在农村地区有着很大的发展空间。

互联网的发展、网络购物范围的扩大给农村地区带来了发展契机，促进了农村的经济发展，提高了发展效益，使得农产品有稳定的销售渠道；同时也使农村居民实现消费便利性，使农村居民可以买到物美价廉的产品，激发农村消费的内生动力。商品质量与价格、物流安全、支付安全、隐私安全等因素影响着农村居民的网络购物。因此，我们以重庆市大足区石马镇新立村村民及其附近村民为主进行了农村居民网络购物影响因素的研究。通过这一研究，我们可以了解农村居民对网络购物的看法，让电商平台对调研发现的不足进行改进，对优势进行发展，让网络购物打开更广泛农村市场。

（二）研究思路

本文的研究思路框架如图 1 所示。

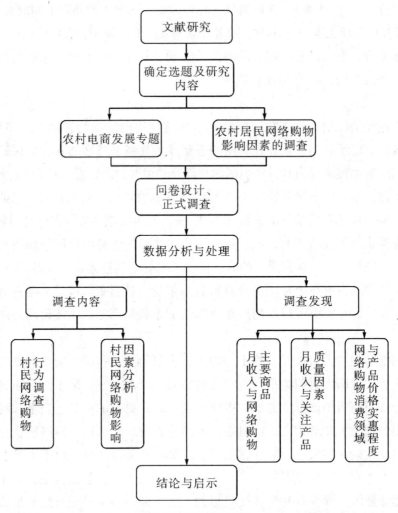

图1　研究思路框架

二、调查方案设计

（一）调研对象

调研对象主要是调研小组成员所处的农村地区的村民。我们以重庆市大足区石马镇新立村村民及其附近村民为主要调研对象。

（二）调研目的和调研方法

调研目的：了解农村居民线上购物的情况及其影响因素。

调研方法：问卷调查法、文献法。

（三）问卷设计

问卷设计的过程如下：首先，我们查阅消费者网购的影响因素的相关文献资料；其次，我们确定问卷设计简单明了，符合农村居民偏好；再次，我们确定调查的具体内容，就问卷维度、问题及选项设置、题量题型、答题顺序等方面与指导老师和团队成员多次讨论；最后，我们不断对问卷的题量题型等进行修改完善，得到最终的调查问卷。问卷设计框架如图 2 所示。

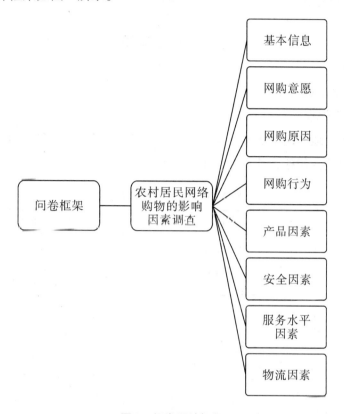

图 2　问卷设计框架

（四）问卷的信效度检验

我们对农村居民网络购物影响因素调查问卷的效度和信度进行了检验，检验结果分别见表 1、表 2。

表 1　问卷 KMO 和 Bartlett 检验

KMO 值		0.940
Bartlett 球形度检验	近似卡方	1 320.868
	自由度	28
	p 值	0.000

表 2　问卷可靠性统计量

样本量	项目数	克隆巴赫 α 系数
213	8	0.985

从表 1 可以看出，效度检验的 KMO 值为 0.940＞0.5；Bartlett 检验的 p 值为 0.000，小于显著性水平 0.05，说明问卷具有较强的结构效度；从表 2 可以看出，信度检验的克隆巴赫 α 值为 0.985，说明问卷的内在一致性较好，具有较强的可靠性。

三、调查实施

（一）调查的整体安排

1. 调查时间安排

为了高效有序地完成本次调研活动，我们将调研过程分为了四个阶段，并细化了各阶段的任务。调查任务及时间安排如表 3 所示。

表 3　调查任务及时间安排

阶段	任务	时间安排
准备阶段	确定选题	2022 年 7 月 18 日至 2022 年 8 月 12 日
	查阅文献资料	
	设计调查方案	
	设计调查问卷	
调查数据处理阶段	发放调查问卷	2022 年 8 月 13 日至 2022 年 8 月 28 日
	收回调查问卷	
	数据处理	
	数据质量评估	
资料整理与总结阶段	整理调查资料	2022 年 8 月 29 日至 2022 年 9 月 5 日
	分析研究数据	
	得出结论	
	过程总结	
收尾阶段	细节修改	2022 年 9 月 6 日至 2022 年 9 月 15 日
	完成报告	

2. 调查人员分工

一次成功的调研活动和一份完整的调研报告离不开团队协作。合理分工是团队协作的前提，是提高团队协作效率的关键。调研活动分工如表 4 所示。

表 4　调研活动分工

任务	负责人
问卷设计	冯梦妮、杨文

表4(续)

任务	负责人
发放问卷	冯梦妮、杨文
数据处理	林金妍、王元杰
数据分析	冯梦妮、杨文、林金妍、王元杰
	冯梦妮、杨文、林金妍、王元杰
撰写报告	冯梦妮、杨文、林金妍、王元杰

（二）调查的实施过程及结果

本次调研主要采用问卷调查法。我们首先对问卷的内容进行了探讨和初步设计，之后依照指导老师的建议进行二次修改和完善。问卷设计完成后，我们通过问卷星平台发放问卷并由组内居住于重庆市大足区石马镇新立村的组员负责椎进问卷的填写与回收工作，收回有效问卷213份。我们通过对被调查者基本信息和网购行为的了解，从产品、安全、服务水平、物流四个角度分析了农村居民网络购物的影响因素，从而得出结论。

（三）数据的预处理

1. 问卷的预处理

在预处理过程中，我们剔除了答题时间过短及回答有明显矛盾等不合理的问卷。具体数据如下：发放问卷220份，收回有效问卷213份，有效率为96.82%。

2. 问卷的信效度检验

在问卷设计方面，我们的问卷内容主要针对三个部分，分别是被调查者基本信息、消费者网购行为调查和消费者网购影响因素分析（见表5）。其中，消费者网购影响因素分别从产品、安全、服务、物流四个方面来分析。

表5 问卷结构

部分	方面	题数
被调查者基本信息	—	5
消费者网购行为	—	10
消费者网购影响因素	产品	6
	安全	2
	服务	1
	物流	3

在调查问卷中，产品和安全两个方面的问题设计采用了李克特量表的形式。因此，我们在调查完成后使用Spss软件对产品和安全两个方面与全量表分别进行了信度与效

度分析。其中，信度分析以克隆巴赫（Cronbach）α 系数为指标（见表6），效度分析以 KMO（Kaiser-Meyer-Olkin）检验统计量为指标（见表7）。

表6　问卷信度分析

方面	项数	克隆巴赫 α 系数
产品	6	0.980
安全	2	0.975
全量表	8	0.985

表7　问卷效度分析

方面	项数	KMO 系数
产品	6	0.928
安全	2	0.500
全量表	8	0.944

由于安全方面的项数仅有两项，KMO 系数为 0.5，因此我们结合安全方面两个问题的因子载荷系数对问卷的效度进行分析（见表8）。

表8　安全方面效度分析

名称	因子载荷系数
支付比较安全	0.986
隐私比较安全	0.986

根据信度与效度分析可知，该问卷克隆巴赫 α 系数大于 0.9，说明该问卷稳定性好、一致程度高，较为可靠；该问卷 KMO 系数大于 0.9，其中仅有两项（安全方面）虽然 KMO 系数为 0.5 但是因子载荷系数均大于 0.4，可见问卷划分较为合理，内部一致性好，可以从数据中有效提取信息。

四、调研内容

（一）调查对象的基本信息

本次调查选择了性别、年龄、受教育程度、职业以及月收入水平五项内容来观察调查样本的人口统计学特征。

1. 性别

本次调查共收回有效问卷 213 份，其中男性占有效样本的 51.17%，有 109 人；女性占有效样本的 48.83%，有 104 人。样本性别比例均衡，性别对调查对象网络购物影响方向不确定，调查分析不客观。因此，我们在调研过程中并没有刻意去选择调查样本的性别。

2. 年龄

为调查年龄对农村居民网络购物的影响，我们对被调查者的年龄构成进行了分析（见图3）。

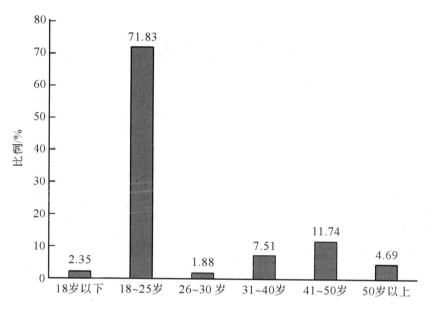

图3　被调查者的年龄构成

样本年龄段主要集中在18~25岁，共有153人，占比71.83%。18岁以下的被调查者有5人，占比2.35%。31~40岁的被调查者有16人，占比7.51%。26~30岁的被调查者有4人，占比1.88%。41~50岁的被调查者有25人，占比11.74%。50岁以上的被调查者有10人，占比4.69%。18岁以下和50岁以上的被调查者较少。原因是18岁以下的消费者很少会进行网购，50岁以上的村民手机设备使用不熟悉，很少愿意参加本次问卷调查。可能受调查者年龄影响，同龄段18~25的被调查者较多，对年龄结构造成了一定的影响。

3. 受教育程度

受教育程度对村民网络购物行为、网络购物观念、网络购物意愿等有重要影响。为调查受教育程度对农村居民网络购物的影响，我们调查了被调查者的受教育程度（见图4）。

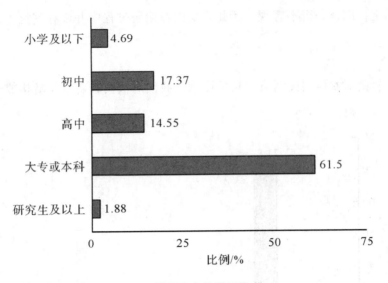

图 4 被调查者的学历构成

调查结果显示，被调查者中小学及以下学历的有 10 人，占样本总数的 4.69%，比例较低。初中学历的有 37 人，占样本总数的 17.37%。高中学历的有 31 人，占样本总数的 14.55%。大专或本科学历的有 131 人，占样本总数的 61.5%。研究生及以上学历的有 4 人，占样本总数的 1.88%。从学历比重来看，被调查者受教育程度主要集中在大专或本科。

4. 职业

职业将通过影响农村居民的收入水平对网络购物产生影响，本次调查收集了被调查者的职业构成（见图 5）。

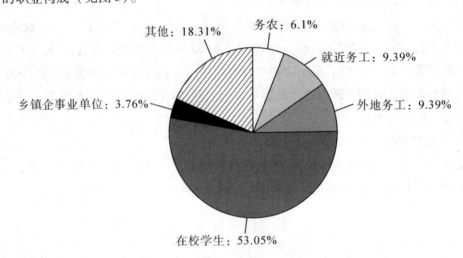

图 5 被调查者的职业构成

由调查结果可知，被调查者中务农的有 13 人，占样本总数的 6.1%；外地务工和就近务工的各有 20 人，各占样本总数的 9.39%；在校学生有 113 人，占样本总数的

53.05%；在乡镇企事业单位工作的有 8 人，占样本总数的 3.76%；其他职业有 39 人，占样本总数的 18.31%。由此可知，在本次调查中，被调查者的职业主要是在校学生。

5. 月收入水平

收入是影响消费者网络购物的重要因素之一。为了清晰地了解收入对农村居民网络购物的影响，本次调研收集了被调查者的月收入水平情况（见图6）。

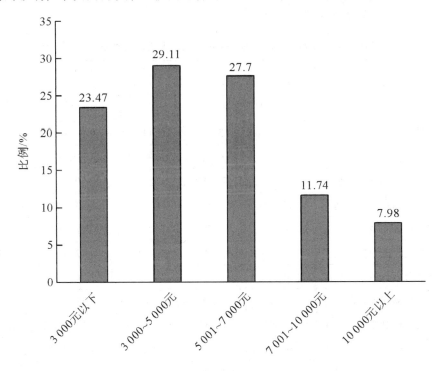

图 6 被调查者的月收入水平情况

从收入分布来看，被调查者家庭月收入主要集中在 7 000 元以下，共有 171 人，占样本总数的 80.82%。家庭月收入在 7 001－10 000 元的有 25 人，占样本总数的 11.74%。家庭月收入在 10 000 元以上的人较少，共有 17 人，占样本总数的 7.98%。从整体来看，本次调查中的被调查对象主要为中低收入群体，不同收入群体选购的商品种类存在一定的差异，对商品质量的关注程度也不同。

（二）重庆市大足区石马镇新立村村民网购行为调查概况

我们对重庆市大足区石马镇新立村村民网络购物影响因素的调查，首先从该村村民收入及其购买行为等方面揭示该村村民的网络购物习惯，然后根据问卷调查收集到的信息，进行整理概括，同时有针对性地从该村村民网络购物模式、网络购物平台、支付方式、商品价格以及网络购物便捷性、物流等多个方面进行分析，探究调查对象的网络购物行为概况。

1. 被调查者的消费偏好

国家统计局统计数据显示，2021 年 1～8 月，乡村消费品零售额 36 798 亿元，增长

17.2%。2020 年，全国乡村消费品零售额从 2015 年的 41 932 亿元增长到 5.3 万亿元，增长速度连续 8 年快于城镇。农村居民的网络购物平台、网络购物模式也更加多样化。本调查问卷共回收 213 份有效问卷，其中有 203 个调查对象日常具有网络购物行为。为了解影响农村居民网络购物的主要因素，我们分别对农村居民网络购物平台、网络购物模式和主要购买商品偏好情况以及网络购物平台、网络购物模式和支付方式偏好情况进行了分析（分别见表 9 和表 10）。

表 9　被调查者网络购物平台、网络购物模式、主要购买商品偏好交叉分析

网络购物平台/网络购物模式		主要购买商品				
		生活用品	食品	家用数码电子产品	穿着用品	其他
淘宝	平台内自主下单购买	50(37.04%)	7(5.19%)	15(11.11%)	60(44.44%)	3(2.22%)
	直播间观看购买	4(19.05%)	2(9.52%)	2(9.52%)	13(61.90%)	0(0.00%)
	社交化电商模式购买	1(8.33%)	3(25.00%)	1(8.33%)	6(50.00%)	1(8.33%)
拼多多	平台内自主下单购买	40(43.01%)	5(5.38%)	7(7.53%)	37(39.78%)	4(4.30%)
	直播间观看购买	3(23.08%)	1(7.69%)	1(7.69%)	8(61.54%)	0(0.00%)
	社交化电商模式购买	3(21.43%)	3(21.43%)	1(7.14%)	6(42.86%)	1(7.14%)
京东	平台内自主下单购买	22(30.56%)	5(6.94%)	12(16.67%)	32(44.44%)	1(1.39%)
	直播间观看购买	1(14.29%)	1(14.29%)	1(14.29%)	4(57.14%)	0(0.00%)
	社交化电商模式购买	1(12.50%)	1(12.50%)	1(12.50%)	4(50.00%)	1(12.50%)
唯品会	平台内自主下单购买	5(19.23%)	2(7.69%)	3(11.54%)	16(61.54%)	0(0.00%)
	直播间观看购买	1(25.00%)	1(25.00%)	0(0.00%)	2(50.00%)	0(0.00%)
	社交化电商模式购买	1(50.00%)	0(0.00%)	0(0.00%)	0(0.00%)	1(50.00%)
抖音或快手	平台内自主下单购买	17(42.50%)	2(5.00%)	1(2.50%)	18(45.00%)	2(5.00%)
	直播间观看购买	3(25.00%)	1(8.33%)	2(16.67%)	6(50.00%)	0(0.00%)
	社交化电商模式购买	2(22.22%)	2(22.22%)	0(0.00%)	4(44.44%)	1(11.11%)
美团	平台内自主下单购买	22(36.07%)	4(6.56%)	6(9.84%)	27(44.26%)	2(3.28%)
	直播间观看购买	0(0.00%)	1(16.67%)	1(16.67%)	4(66.67%)	0(0.00%)
	社交化电商模式购买	1(12.50%)	2(25.00%)	0(0.00%)	4(50.00%)	1(12.50%)

注：社交化电商模式主要指微商、拼团模式。数字单位为人，数字后括号表示占比，下同。

表10 被调查者网络购物平台、网络购物模式、支付方式偏好交叉分析

网络购物平台/网络购物模式		支付方式			
		微信支付	支付宝支付	网上银行账户支付	其他
淘宝	平台内自主下单购买	0(0.00%)	118(87.41%)	14(10.37%)	1(0.74%)
	直播间观看购买	12(57.14%)	8(38.10%)	1(4.76%)	0(0.00%)
	社交化电商模式购买	8(66.67%)	3(25.00%)	0(0.00%)	1(8.33%)
拼多多	平台内自主下单购买	51(54.84%)	31(33.33%)	9(9.68%)	1(1.08%)
	直播间观看购买	6(46.15%)	7(53.85%)	0(0.00%)	0(0.00%)
	社交化电商模式购买	9(64.29%)	3(21.43%)	0(0.00%)	1(7.14%)
京东	平台内自主下单购买	36(50.00%)	28(38.89%)	7(9.72%)	0(0.00%)
	直播间观看购买	4(57.14%)	3(42.86%)	0(0.00%)	0(0.00%)
	社交化电商模式购买	5(62.50%)	2(25.00%)	0(0.00%)	1(12.50%)
唯品会	平台内自主下单购买	14(53.85%)	9(34.62%)	3(11.54%)	0(0.00%)
	直播间观看购买	1(25.00%)	3(75.00%)	0(0.00%)	0(0.00%)
	社交化电商模式购买	1(33.33%)	2(66.67%)	0(0.00%)	0(0.00%)
抖音或快手	平台内自主下单购买	22(55.00%)	11(27.50%)	6(15.00%)	1(2.50%)
	直播间观看购买	6(50.00%)	5(41.67%)	1(8.33%)	0(0.00%)
	社交化电商模式购买	6(66.67%)	2(22.22%)	0(0.00%)	1(11.11%)
美团	平台内自主下单购买	27(44.26%)	30(49.18%)	2(3.28%)	1(1.64%)
	直播间观看购买	3(50.00%)	3(50.00%)	0(0.00%)	0(0.00%)
	社交化电商模式购买	5(62.50%)	2(25.00%)	0(0.00%)	1(12.50%)

在众多购物平台中，淘宝成为购物平台的主力军，大部分农村居民常用的购物平台是淘宝，其次是拼多多。与此同时，京东、美团、抖音或快手也占有一定的比例，是较受农村居民欢迎的购物平台。在购物时，大部分农村居民喜欢平台内自主下单购买，选择直播间观看购买和社交化电商模式购买的农村居民较少。

在研究调查的农村居民主要购买商品的选择中，穿着用品的比例位居第一，随后的是生活用品、家用数码电子产品、食品等。由此可见，穿着用品和生活用品是农村居民的消费热点，同时基于收入水平，他们更希望能用最少的钱来获得最好的物质享受。

支付方式是网络购物流程的中间环节。在有效被调查者中，微信支付占比位列第一，其次是支付宝支付，再次是网上银行账户支付，其他支付方式占比较低。这是因为大多数网络购物平台均支持使用微信支付且微信支付比较方便快捷，但淘宝不支持微信支付，而大多数被调查者常用的购物平台是淘宝，所以支付宝支付、网上银行账

户支付也占有一定的比例。

2. 被调查者网络购物原因

为了解农村居民网络购物的原因，我们对 203 位有网络购物行为的被调查者做了网络购物的原因调查。

调查显示（见表 11），被调查者选择网络购物的主要原因按影响程度排列依次为：品种丰富选择多，有些当地买不到或不好买；价格更实惠；方便快捷，很省事；送货上门；支付方式便捷。网上商店不需要店面、仓管费、人员推销费等，这大大降低了商家成本，卖家能以较低的价格打动消费者。这也从侧面反映出价格实惠、产品种类丰富、方便快捷是被调查者网络购物的主要影响因素。绝大部分农村居民是因为商品本身和服务的因素而选择网络购物，受政策类和购买心理类因素影响较小。农村居民居住分散、每个村落的人口数量少、消费能力弱等原因，造成农村地区大型超市少、商品种类少、购物不方便。网络购物改变了传统的购物方式，它以文字、图片、视频等方式把丰富的商品展现在消费者面前，缩短了商家和消费者的心理距离，并以低廉的价格迎合了农村消费者的购物心理。加上国家及电商行业对电子商务的宣传和推广，影响着农村居民的消费观念，也逐渐改变着他们的购物方式。

表 11 被调查者网络购物的原因

选项		小计/人	比例/%
商品类	价格更实惠	149	73.40
	品种丰富选择多，有些当地买不到或不好买	150	73.89
服务类	送货上门	81	39.90
	方便快捷，很省事	134	66.01
支付类	支付方式便捷	77	37.93
购买心理类	出于好奇试试看	11	5.42
亲友关系类	身边的亲戚朋友推荐尝试	13	6.40
政策类	政府有相关的政策补贴	5	2.46
其他	其他	6	2.96

（三）对重庆市大足区石马镇新立村村民网购影响因素的分析

互联网电子商务的发展，带动了农村地区的发展，改变了人们的生产生活。本次调研主要从产品因素、安全因素、服务水平因素以及物流因素等方面对村民网络购物影响因素进行了分析。

1. 产品因素对被调查者网络购物的影响

随着网络的普及、智能手机成本的不断下降，网络购物已经慢慢从一个新鲜的事物逐渐变成人们日常生活的一部分。为了解产品因素对农村居民网络购物的影响，我们就产品因素对农村居民网络购物影响做了调查分析。

如表 12 所示，本次调研从产品价格、产品种类、产品质量、产品信息、产品售后服务以及广告宣传等方面进行了调查研究，分析产品因素对农村居民网络购物的影响。首先，对于产品价格和产品种类而言，绝大多数农村居民表示同意或非常同意网络购物产品价格比较优惠、产品种类比较丰富。其次，对于网络购物产品质量和产品信息而言，只有极少数农村居民对网络购物产品质量比较好和产品信息比较齐全表示不同意和非常不同意。再次，对于产品售后服务和广告宣传而言，大部分农村居民认为产品售后服务比较好，不会太受广告宣传的影响。最后，产品广告宣传这一因素的平均分明显低于其他因素。这也说明相较于其他产品因素，广告宣传对农村居民网络购物的影响程度较低，而产品价格、产品种类、产品质量、产品信息以及产品售后服务因素对农村居民网络购物的影响较大。由此可见，农村居民网络购物更注重产品的质量、性价比与实用性。

表 12 产品因素对被调查者网络购物的影响

项目	非常不同意	不同意	一般	同意	非常同意	平均分
产品价格比较优惠	7(3.45%)	5(2.46%)	54(26.6%)	79(38.92%)	58(28.57%)	3.87
产品种类比较丰富	6(2.96%)	8(3.94%)	39(19.21%)	91(44.83%)	59(29.06%)	3.93
产品质量比较好	5(2.46%)	10(4.93%)	65(32.02%)	58(28.57%)	65(32.02%)	3.83
产品信息比较齐全	4(1.97%)	7(3.45%)	58(28.57%)	83(40.89%)	51(25.12%)	3.84
产品售后服务比较好	5(2.46%)	7(3.45%)	60(29.56%)	80(39.41%)	51(25.12%)	3.81
广告宣传使人有购买欲望	10(4.93%)	15(7.39%)	83(40.89%)	60(29.56%)	35(17.24%)	3.47

2. 安全因素对被调查者网络购物的影响

随着电子商务的发展，农村居民参与网络购物的人数逐渐增多，网络购物时安全因素也愈发引起居民重视。我们就安全因素对被调查者网络购物的影响进行了研究（见表 13）。

表 13 安全因素对被调查者网络购物的影响

项目	非常不同意	不同意	一般	同意	非常同意	平均分
支付比较安全	5(2.46%)	7(3.45%)	51(25.12%)	77(37.93%)	63(31.03%)	3.92
隐私比较安全	4(1.97%)	9(4.43%)	64(31.53%)	76(37.44%)	50(24.63%)	3.78

大多数农村居民表示同意网络购物支付和隐私比较安全，但也有较大比重的农村居民对支付和隐私比较安全表示一般。通过平均分的高低可知，与网络购物隐私比较安全相比，人们更同意支付比较安全。由此可见，网络购物中对消费者隐私安全的保

护仍需加强。网络购物在发展的同时，也要对网络支付安全进行优化，保障农村居民的财产安全，加大网络支付安全的宣传力度，提高农村居民的信任感，拓展网络购物市场和改善消费市场结构。

3. 服务水平因素对被调查网络购物的影响

网络购物给农村地区带来深远的影响，网络购物给农村居民提供高性价比的商品，通过便捷的快递网络提供高时效性的服务。随着网络购物的不断发展，网店客服的服务态度也逐渐成为影响人们网络购物的重要因素之一。本次调研调查了服务水平因素对被调查者网络购物的影响（见表14）。

表 14　服务水平因素对被调查者网络购物的影响

项目	很不满意	不满意	一般	满意	很满意
网购时，客服具有良好的服务态度	3（1.48%）	4（1.97%）	62（30.54%）	94（46.31%）	40（19.7%）

常说态度决定一切，客服的态度代表着店铺的态度，并且对提高店铺成交量起着至关重要的作用。在本次调查中，30.54%的被调查者对"网购时，客服具有良好的服务态度"这一说法表示一般，46.31%的被调查者对这一说法表示满意，19.7%的被调查者对这一说法表示很满意。这说明，客服良好的服务态度是被调查者网购的重要影响因素，客服服务态度和服务水平会直接影响消费者购买意愿。

4. 物流因素对被调查者网络购物的影响

近年来，随着农村网络购物的逐渐兴起，农村居民对物流的需求也不断增加。发展农村物流可以带动农村电商的发展，对改善农村居民的生产生活具有重要意义。2022年政府工作报告提出"发展农村电商和快递物流配送"，要着重将农村电商物流基础设施建设统一纳入城乡建设规划中，解决"最后一公里"难题。本次调研就物流因素对被调查者网络购物的影响进行了调查分析（见表15）。

表 15　物流因素对被调查者网络购物的影响

项目	小计/人	比例/%
完全没影响	56	27.59
不太有影响	59	29.06
比较有影响	67	33.00
有很大影响	21	10.34

电子商务借助网络，突破了时间与空间的限制，与传统的购物方式存在很大的差别，消费者在网络购物中起初不会与商品有真实的接触，因此往往期望会比较高，同时对物流的运输速度、保管质量等的期望也会很高。在本次调查中，有33.00%的被调

查者认为物流因素对网络购物比较有影响。农村电商应进一步健全电商物流体系，打通物流配送"最后一公里"。此外，超过一半的被调查者认为物流因素对其网络购物影响不大。由此可见，在农村地区网络购物兴起的过程中，受其他因素的制约，农村居民对物流服务的关注不够，导致物流服务对农村居民网络购物影响不大。

（四）文本挖掘

"词云"就是对文本中出现频率较高的"关键词"予以视觉上的突出，形成"关键词云层"或"关键词渲染"，从而过滤掉大量的文本信息，使浏览网页者只要一眼扫过文本就可以领略其主旨。运用词云可以得到出现次数多的建议和对策，从而可以达到反映大多数人"心声"的目的。

我们通过深度访谈挖掘出问卷调查难以调查出的信息，一是更好地了解大足区石马镇新立村村民的网购消费偏好，二是更好地了解影响大足区石马镇新立村网购的重要因素。我们将调查问卷和访谈结果进行整理，分别制作被调查者网购消费偏好词云图（见图7）和影响被调查者网购的因素词云图（见图8）。

图7　被调查者网购消费偏好词云图

图8　影响被调查者网购的因素词云图

由图7可知，被调查者最喜欢的网购模式是平台自主购买且常用的购物平台是淘宝与拼多多。由图8可知，影响农村居民网购最重要的因素是产品价格优惠，此外产品种类丰富和支付安全也是影响农村居民网购的关键因素。

五、调查发现

（一）家庭月收入与网购主要商品的关系

收入水平是消费的基础和前提，在其他条件不变时，收入越多，消费需求的内容会越来越丰富。本次调研对被调查者家庭月收入与网购主要商品做了交叉分析（见表16）。

表 16 家庭月收入与网购主要商品交叉分析

家庭月收入	生活用品	食品	家用数码电子产品	穿着用品	其他	小计
3 000 元以下	19(39.58%)	3(6.25%)	5(10.42%)	19(39.58%)	2(4.17%)	48
3 000~5 000 元	20(33.90%)	4(6.78%)	5(8.47%)	28(47.46%)	2(3.39%)	59
5 001~7 000 元	15(27.27%)	3(5.45%)	5(9.09%)	28(50.91%)	4(7.27%)	55
7 001~10 000 元	9(36%)	1(4%)	5(20%)	9(36%)	1(4%)	25
10 000 元以上	4(25%)	1(6.25%)	2(12.5%)	9(56.25%)	0(0.00%)	16

调查发现，随着被调查者家庭月收入的增加，其网购主要商品为穿着用品和家用数码电子产品的比例大致呈上升趋势，生活用品的比例大致呈下降趋势，食品的比例趋于稳定，但相对其他商品占比较低。随着人们收入的提高，生存资料在消费总量中的比重将逐步下降，享受资料与发展资料在消费总量中的比重将逐步上升。

（二）家庭月收入与关注产品质量因素的关系

当收入达到一定水平后，人们会在基本生活消费得到满足的情况下，追求更高层次的消费，更关注消费的质量，而不再是单纯满足基本需求。本次调研对家庭月收入与产品质量因素关注程序进行了交叉分析（见表 17）。

表 17 家庭月收入与产品质量因素关注程度交叉分析

家庭月收入	网购时关注产品质量比较好					小计	平均分
	非常不同意	不同意	一般	同意	非常同意		
3 000 元以下	2(4.17%)	7(14.58%)	21(43.75%)	12(25%)	6(12.50%)	48	3.27
3 000~5 000	2(3.39%)	1(1.69%)	18(30.51%)	18(30.51%)	20(33.90%)	59	3.90
5 001~7 000	0(0.00%)	1(1.82%)	15(27.27%)	15(27.27%)	24(43.64%)	55	4.13
7 001~10 000	1(4.00%)	0(0.00%)	6(24.00%)	9(36.00%)	9(36.00%)	25	4.00
10 000 元以上	0(0.00%)	1(6.25%)	5(31.25%)	4(25.00%)	6(37.50%)	16	3.94

由表 17 可知，农村居民家庭月收入越高，对网购产品质量因素的关注程度也越高。在 3 000 元以下、3 000~5 000 元、5 001~7 000 元三个收入分段下，农村居民中非常同意"在网购时关注产品质量比较好"的比重越来越高，而非常不同意和不同意此观点的人数逐渐减少。这说明，对质量的追求往往是在对价格等其他因素的关注降低之后，人们越来越追求的更深层次的需要。当收入处于较低水平时，农村居民没有过多的能力去满足较高层次的消费需求，只能主要集中于满足较低层次的消费，极少关注产品质量因素。随着收入水平的不断提高，农村居民的消费观念发生变化，农村居民开始注重同类产品在质量上表现出来的差异性，并对具有创新特色的产品也表现出

以往没有的兴趣，重质量、重样式、重品牌正在逐步成为农村居民消费观念的主流。

（三）网购消费领域与产品价格实惠程度的关系

互联网促进网络购物线上平台的发展，网络购物消费领域被不断扩大，多样的产品涌入网络购物消费市场。网络购物产品不同，人们对价格的敏感程度也不同。本次调研研究了网购消费领域与产品价格实惠程度的关系（见表18）。

表18 网购消费领域与产品价格实惠程度交叉分析

网购主要商品	网购时商品价格比较优惠					小计	平均分
	非常不同意	不同意	一般	同意	非常同意		
生活用品	3(4.48%)	2(2.99%)	12(17.91%)	29(43.28%)	21(31.34%)	67	3.94
食品	1(8.33%)	0(0.00%)	3(25.00%)	5(41.67%)	3(25.00%)	12	3.75
家用数码电子产品	1(4.55%)	0(0.00%)	10(45.45%)	8(36.36%)	3(13.64%)	22	3.55
穿着用品	2(2.15%)	2(2.15%)	29(31.18%)	32(34.41%)	28(30.11%)	93	3.88
其他	0(0.00%)	1(11.11%)	0(0.00%)	5(55.56%)	3(33.33%)	9	4.11

从表18可以看出，网购主要商品中的生活用品和穿着用品比例较高，并且网购时商品价格优惠程度较高，说明生活用品和穿着用品受欢迎的原因是商品价格优惠程度较高。在线下商店，这两类商品往往是正常价格，偶尔会有折扣优惠，而在线上商店，这两类商品价格普遍比线下商店优惠。此外，生活用品、穿着用品均属于生活必需品，人们日常购买的频率高、用量大，从人们对这两类商品的长期大量消费来看，价格更实惠的线上平台对人们有着很大的吸引力。

表18中其他网购主要商品的选择也与网购商品价格优惠程度有关。在网络购物中，商品价格优惠程度越高，这些商品在网购的主要商品中所占的比例也越高。这说明，农村居民在网络购物时会更关注网购商品价格的优惠程度。受收入、消费观念等的影响，加之对不确定性的厌恶，农村居民的消费心理普遍较为保守，在消费过程中更加追求商品的实惠性。

六、结论与启示

（一）重庆市大足区石马镇新立村村民网购影响因素的结论

1. 网络购物对农村居民的生活消费产生重大影响

在本次接受调研的213人中，有203人都表示有过网络购物经历，占比高达95.31%；仅有10人表示没有网络购物经历，并且这10人多为年龄较大，对电子设备、网上支付等使用不熟悉的老年人。有143人认为网络购物比较可靠，占比67.14%；有16人认为网络购物非常可靠，占比7.51%。这说明，大部分农村居民认可网络购物这种购物方式，相信网络购物平台能够提供一定保障，并给他们的生活消费带来便利。

2. 网络购物价格实惠、产品丰富等特点，吸引着农村居民进行网络购物

首先，在本次调研中，80.82%的被调查者表示其家庭月收入在7 000元以下。这表明农村居民多为中低收入群体，价格是农村居民在日常购物过程中着重考虑的因素之一，网络购物价格实惠的特点很好地解决了农村居民在消费过程中最关心的问题。

其次，有72.41%的被调查者表示最喜欢的网络购物模式为平台内自主下单购买，选择直播间观看购买、微商购买等其他网络购物模式的被调查者占比较低，并且购买的产品中生活用品、穿着用品的占比达到了78.81%。由此可见，农村居民多为带着明确目的进行网上购物的消费者，通过广告或主播推荐进行购买的情况较少。农村居民的消费种类多为生活必需品，少数属于享乐的范畴。

最后，绝大多数被调查者都表示网络购物有着产品丰富、方便快捷的特点。通过网络购物平台，农村居民在手机上就能轻松地完成货比三家、选择商品、下单购买等一系列操作。同时，网络购物平台上丰富的产品能够很好地满足农村居民的消费需求，在农村当地买不到或不好买的商品也能通过网络购物轻松买到。

综上所述，网络购物价格实惠、产品丰富、方便快捷的特点很好地满足了农村居民的消费需求，吸引着农村居民进行网络购物。

3. 农村居民对网络购物存在一定的担忧

网络购物在突破时空界限、为人们购物提供便利的同时，也不可避免地存在弊端。在日常网络购物中，商品质量因素对人们的网络购物决策有着很大的影响，人们通过商品图片和商品信息介绍很难真实感知商品质量，从而产生的心理预期和商品实物可能存在一定的落差，并且消费者无法肯定商家给出的产品信息是否完全真实准确。因此，商品质量成为人们网络购物时最担忧的因素之一。

此外，由于网络的虚拟性和网络交易信息的不对称性，人们在网络购物时存在隐私安全隐患。31.53%的被调查者认为，网络购物隐私安全一般；6.4%的被调查者认为，网络购物隐私安全不好。由此可见，有近四成的被调查者对网络购物过程中可能存在的信息泄露问题表示担忧。

（二）重庆市大足区石马镇新立村村民网购影响因素的启示

在互联网迅猛发展的时代，网络购物已成为人们主要的消费方式之一，在人民群众中发挥着积极、重要的作用。由调研结果可知，网络购物在农村具有巨大的潜在市场，但农村居民对网络购物的隐私安全、质量保障、客服态度等问题存在担忧。为使农村居民更好地了解和信任网络购物，我们可以从多方面、多角度采取一些可行性措施。

1. 加强监管、增强意识，保障网络购物隐私安全

在提高网络购物的安全性方面，各网络购物平台应进一步完善付款方式，为顾客提供更具保护性和安全性的支付方式，如对每个顾客的付款渠道进行多重加密保护、

妥善保管每位顾客的信息、支持货到付款、完善售后服务并承诺质量"三包"(包赔、包换、包修)等,降低消费者对网络购物安全的担忧。

国家应该推进与保障顾客隐私相关的法律法规的制定与实施,力求最大限度地减少消费者在网络购物过程中对个人隐私等重要个人信息泄露的担忧。

此外,消费者应增强在网络购物过程中的自我保护意识,不随意在陌生网址中输入身份证号、验证码、银行卡密码等信息。同时,消费者可以下载国家反诈应用程序,对手机安全进行监测,以防范网上欺诈行为、网络黑客和流氓软件的侵袭。

2. 提高门槛、良性竞争,加强产品质量保证

如今,网店数量繁多、商品质量良莠不齐,影响着整个行业的声誉,打击着消费者的网络购物积极性。面对这一现象,监管部门应当提高网店门槛、完善相关制度。所有网店在开办前均应通过监管单位的监管,以保证其正规性。监管单位也应严格坚守自己的标准,对不符合标准的网店给予相应警示,对信誉好的网店给予相应奖励。

网店之间应当展开良性竞争,不打价格战,争取以质取胜,以良好的质量与信誉赢得消费者的青睐。

此外,消费者在网络购物过程中应学会甄别产品信息、分辨虚假信息,在购买时尽量选择正规的网店进行购买,如品牌旗舰店、官方店、信誉好和评价优的店铺。消费者在购物前应学会借助网络购物平台货比三家,在关注价格的同时多多翻阅其他消费者的评论、图片、追评等。同时,消费者可以通过店铺直播间的商品展示或要求商家提供商品实拍图等方式更好地了解商品质量。收到快递后,消费者应第一时间检查商品是否有质量问题。若经营者提供的商品或服务不符合质量要求,消费者可以依照国家规定,与商家协商退换货或要求商家赔偿一定的经济损失。

3. 处理客诉、服务顾客,建立有效反馈机制

网店应秉持顾客至上的经营理念,网店客服应积极地解答顾客的各种疑问。若收到顾客投诉或顾客不满意的反馈信息,客服应迅速做出反应,分析问题并解决问题。由于自身原因给顾客造成不便或损失的,客服应主动给予赔偿或退换。由于顾客或第三方原因造成损失的,客服应耐心地进行解释,帮助消费者找到最优的解决办法,给消费者一个满意的答复。

网店可以建立一个有效的顾客资料库,定期回访顾客,了解产品使用状况并咨询顾客对产品的改进方案等,收集顾客的意见和建议并纳入参考,与顾客建立起良好关系。定期回访、超越期望的贴心服务是提升农村居民网络购物满意度最为有效的途径,往往能够给农村居民带来惊喜,从而极大地提升顾客满意度。

附录：调查问卷

亲爱的父老乡亲：

您好！非常感谢您抽出五分钟时间来参与本次问卷调研。

这是一份关于农村居民网络购物平台选择影响因素的调查问卷，主要目的是了解影响农村居民进行网络购物的相关因素。本问卷采用匿名的方式作答，请您根据自己的实际情况，选择符合您真实想法的选项（如果没有特殊说明，每个题都只选一个答案），非常感谢您的配合。

1. 您的性别：

   A. 男

   B. 女

2. 您的年龄段：

   A. 18 岁以下

   B. 18~25 岁

   C. 26~30 岁

   D. 31~40 岁

   E. 41~50 岁

   F. 50 岁以上

3. 您的学历：

   A. 小学及以下

   B. 初中

   C. 高中

   D. 大专或本科

   E. 研究生及以上

4. 您所从事的职业是：

   A. 务农

   B. 就近务工

   C. 外地务工

   D. 在校学生

   E. 乡镇企事业单位

   F. 其他

5. 您的家庭月收入大概是：

   A. 3 000 元以下

   B. 3 000~5 000 元

   C. 5 001~7 000 元

    D. 7 001~10 000 元

    E. 10 000 元以上

6. 您认为网络购物可靠吗?

    A. 完全不可靠

    B. 不太可靠

    C. 比较可靠

    E. 非常可靠

7. 您是否有过网购的经历?

    A. 是

    B. 否（请跳至第 20 题）

8. 您一般选择网上购物方式是:

    A. 手机

    B. 电脑

    C. 平板

    D. 其他＿＿＿＿＿＿＿＿＿＿＿

9. 您最常用的购物平台有哪些（多选题)?

    A. 淘宝

    B. 拼多多

    C. 京东

    D. 苏宁

    E. 唯品会

    F. 抖音或快手

    G. 美团

    H. 其他＿＿＿＿＿＿＿＿＿＿＿

10. 您选择通过该平台进行网络购物的原因是（多选题):

    A. 价格更实惠

    B. 品种丰富选择多，有些当地买不到或不好买

    C. 送货上门

    D. 方便快捷，很省事

    E. 支付方式便捷

    F. 出于好奇试试看

    G. 身边的亲戚朋友推荐尝试

    H. 政府有相关的政策补贴

    J. 其他＿＿＿＿＿＿＿＿＿＿＿

11. 现有的网购模式您相对最喜欢的一种是:

    A. 平台内自主下单购买

    B. 直播间观看购买

    C. 拼团模式购买

    D. 微商购买

    E. 其他

12. 产品因素: 您在网购时关注的因素 (见表19)。

表19　产品因素

项目	非常不同意	不同意	一般	同意	非常同意
产品价格比较优惠					
产品种类比较丰富					
产品质量比较好					
产品信息比较齐全					
产品售后服务比较好					
广告宣传使人有购买欲望					

13. 安全因素: 您在网购时关注的因素 (见表20)。

表20　安全因素

项目	非常不同意	不同意	一般	同意	非常同意
支付比较安全					
隐私比较安全					

14. 服务水平因素: 您在网购时关注的因素 (见表21)。

表21　服务水平因素

项目	非常不同意	不同意	一般	同意	非常同意
网购时,客服具备良好服务态度					

15. 您在网购时主要在哪些领域消费?

    A. 生活用品

    B. 食品

    C. 家用数码电子产品 (如手机、电视、电脑等)

    D. 穿着用品 (服饰鞋袜等)

    E. 其他

16. 您最常用的支付方式是：

    A. 微信支付

    B. 支付宝支付

    C. 云闪付

    D. 货到付款

    E. 网上银行账户支付

    F. 其他＿＿＿＿＿＿＿＿＿＿＿＿

17. 您所在的村内是否设有物流配送暂存点？

    A. 有

    B. 没有

18. 物流配送的时间一般为几天？

    A. 1~2 天

    B. 3~4 天

    C. 5~7 天

    D. 8~10 天

    E. 11 天及以上

19. 物流配送点距离您居住地的距离是否会影响您的网络购买意愿？

    A. 完全没影响

    B. 不太有影响

    C. 比较有影响

    D. 有很大影响

20. 您之前从未尝试过网络购物的原因是什么？

    A. 电子信息设备使用不熟悉，不会使用

    B. 网上支付感觉不安全，怕受骗

    C. 网上的东西看不见摸不着，质量不放心

    D. 感觉需要的东西都能买到，没有必要

    E. 物流配送时间跨度长，听说售后很麻烦

    F. 身边的乡亲们都说网上买东西不靠谱，导致不想尝试

    G. 自己的亲人会用，自己就没有用

    H. 年纪大了 不会用也没必要学会用

（依赖于第 7 题第 2 个选项）

参考文献

［1］王晴. 农民网购满意度影响因素分析［J］. 合作经济与科技，2016（10）：145-146.

［2］李伟，傅嘉熙，孙亮. 县域农村居民网上购物行为及特点分析［J］. 商业经济研究，2016（9）：142-143.

［3］也尔拉·巴衣宗，阿布力孜·布力布力. 新疆农村居民网络购物现状调查分析：以昌吉州为例［J］. 农村经济与科技，2022，33（1）：125-127，133.

［4］席菱聆. 电子商务物流环境下的网络购物满意度影响因素研究［D］. 天津：天津理工大学，2014.

［5］丁敏. 农村市场网络消费环境分析［J］. 农村经济与科技，2019，30（13）：165-167.

［6］赵学军. 华北农户消费支出结构的变迁（1930—2010）：基于"无锡，保定农村调查"资料的分析［J］. 清华大学学报（哲学社会科学版），2019（5）：149-161.

［7］刘诗玥，胡国杰，徐晓琳，等. 关于农村地区网络购物的现状分析［J］. 农村经济与科技，2018，29（1）：161，192.

［8］罗彩芬. 农村居民网络购物意愿调查［D］. 南昌：江西财经大学，2016.

［9］任红芳，吴朝阳. 发展农村电商 推动乡村振兴［J］. 中共太原市委党校学报，2022（5）：69-71.

指导老师：杨海丽

影响消费者购买网红产品因素的调研报告

黄雪　王建芳　汪珈宇　崔琬葶

（重庆工商大学经济学院贸易经济专业，2021级）

摘　要： 本调研报告以重庆市、甘肃省、黑龙江省与四川省部分居民为调研对象，回收有效问卷252份，通过对问卷填写者的性别和年龄分布状况、购买偏好、消费原因等信息进行整理分析，研究消费者购买网红产品的影响因素，发现网红经济的内在机制，根据调研结果针对网红经济的发展提出建议。研究发现，消费者网购时对服饰、美妆、餐饮等低客单价的商品具有更强购买的倾向。同时，在消费者的购买中不乏一些如虚假宣传、质量不佳等损害消费者权益的问题出现。基于以上调研结果，我们对如何促进网购市场和数字平台健康持续发展、如何更好地保护消费者合法权益提供了意见和建议。

关键词： 网红产品；网络购物；消费者；数字经济

一、引言

（一）调研背景

网络购物是指包括发生在企业之间、企业和消费者之间、个人之间通过网络通信手段缔结的商品和服务交易。《中国互联网络发展状况统计报告》显示，我国网民规模持续稳定增长。截至2022年6月底，我国网民规模为10.51亿人，互联网普及率达74.4%，较2021年12月新增网民1 919万人，互联网普及率较2021年提升1.4个百分点。农村地区互联网基础设施建设全面强化，我国现有行政村已实现"村村通宽带"，推动农村地区互联网普及率较2021年提升1.2个百分点，达58.8%。2019年年底，新冠疫情暴发，受疫情防控和自身健康问题的影响，在隔离、居家办公期间，"刷视频"成为大部分人的必要选择，短视频用户规模得以进一步增长。官方调研数据显示，2020年6月，我国短视频用户规模已经达到81 786万人，使用率高达87%，数字平台用户数的增加可见一斑。抗击新冠疫情期间，在购买所需物品方面，网购无疑也成为许多人的选择。

然而，在现实生活中，并非每一次网购都有良好的体验感。许多消费者，包括调研小组成员都曾在网购过程中遇到一些问题。例如，在大闸蟹旺季时，网销大闸蟹出现以次充好、蟹绳注水、虚假宣传等问题；又如，消费者网购收到"假燕窝"，维权无果，涉事品牌方成老赖；再如，有不法商家不按规定申报纳税、偷逃税款……由此可见，电商领域仍不乏不法乱象。那么，网红产品为什么受到大众喜爱？消费者更倾向在数字平台购买哪种类型的网红产品？数字平台网购这种方式是否为消费者带来便利？数字平台网购背后影响网红经济运转的因素是什么？数字平台吸引消费者网购的内在机制是什么？如何解决在新媒体网购中出现的乱象……这一系列问题构成了本次调研的逻辑出发点和落脚点，同样也是移动互联网及共享经济领域内值得关注的主题。

（二）调研意义

2021年9月26日，习近平总书记在世界互联网大会乌镇峰会贺信中说："当前，世界百年变局和世纪疫情交织叠加，国际社会迫切需要携起手来，顺应信息化、数字化、网络化、智能化发展趋势，抓住机遇，应对挑战。"截至2021年年底，我国网络购物类互联网应用用户规模已达8.42亿人，网民使用率达81.6%。中商产业研究院发布的《中国电子商务行业市场前景及投资机会研究报告》显示，我国网上零售额达13.1万亿元。由此可见，数字经济发展是中国经济高质量发展的关键抓手。

本次调研主要具有以下意义：

1. 收集消费者购买网红产品的偏好，为网红产品市场提供风向引导

生产的最终目的是消费，而消费则对生产起着导向作用。通过问卷数据分析和消费者访谈，本次调研致力于得出消费者在网购中的行为偏好和喜好类型，在产品提供等方面为市场做出一定的方向参考，以期在更好地满足消费者需要的同时，促进该市场的长足发展。

2. 洞察数字平台消费者画像特征，促进经营者销售策略升级调整

当今时代，消费者青睐的不仅是物美价优的商品，更是个性精准且别具特色的服务。本次调研通过数据和分析说明并展示数字经济时代消费者购物中的重要特征，这无疑将有利于平台及商家在产品宣发、售后服务等方面进行有针对性的提升，从而促进市场蓬勃发展。

3. 发现数字平台网购市场乱象，为监管治理工作指出病症所在

在数字平台网购不断发展的同时，质量差、宣传假、维权难等问题频频出现。本次调研对该市场存在的问题进行了收集与总结，期望在监管治理的对症下药中发挥一定作用，以促进该市场健康发展。

二、国内外研究现状

（一）国外研究现状

在网络直播及相关理论研究中，国外学者基于多角度对用户参与直播展开了研究，其中 Chen 和 Lin（2018）从娱乐、社交互动等方面进行了研究，Zorah 等（2018）以直播观看动机对用户参与直播进行研究，Wongkitrungrueng 和 Assarut（2020）通过感知价值、客户信任度和参与度展开相关研究。

国外学者结合问卷调查的研究对消费者网购的满意度进行了调查，其中 Kim J H 和 Min D（2014）通过问卷调查研究发现，品牌知名度和价格对购买具有交互作用。Seyed Rajab Nikhashemi 等（2012）发现消费者满意度是网购的决定性因素，满意度中主要影响因素包括网络使用便捷性、安全性、支付过程复杂程度和商品品质四个方面。Hyunjoung Lee 等（2010）以韩国大学生为样本进行问卷调查，研究发现网络购物中的消费者满意度、信任度和消费承诺是影响消费者重复购买意愿的直接因素。

针对网购意愿因素来看，国外的研究主要从行为态度、感知体验两个方面展开。Zhang 等（2020）运用建构层次理论从心理距离和感知不确定性两方面研究了电商直播对购买意向的影响。Hu 和 Chaudhry（2020）研究发现情感承诺影响消费者电商直播参与度。Zhao 和 Wang（2020）研究短视频平台时，发现态度能影响用户通过短视频广告购买商品的意向。Paul 等（2016）和 Yım 等（2017）发现消费者行为态度与感知是重要的购买意愿影响因素。Gao L 和 Bai X（2014）以 SOR 模型得到顾客体验感对购买行为产生重要影响。Filieri 等（2018）通过研究得出可信度高的购物信息易使消费者产生较强的购买意愿。

（二）国内研究现状

方超（2018）发现，电商网络主播特征对消费者态度具有正向影响，即提高电商主播的知名度、专业性和产品涉入度均有助于消费者购买意愿的提升。但鸣啸（2018）等实证研究发现，在网络直播营销过程中，感知有用性、娱乐性、促销价格、意见领袖、信任以及互动性均对消费者购买意愿具有正向影响。王秀俊（2019）等在研究电商直播模式对消费者购买意愿的影响因素过程中，发现增强电商网络直播的娱乐性、互动性以及电商直播中产品的优惠性有助于提升消费者的购买意愿。王影等（2019）以感知价值为自变量，引入用户参与和态度作为中介变量，研究了移动短视频感知价值对消费者购买意愿的影响关系。彭剑芳（2011）和田野（2014）通过数据挖掘、问卷调查、统计分析等多种方法，对网络购物意愿展开研究后发现，网购历史与网购频次、网购金额均呈正比例关系，网购历史较短的人群消费趋于保守，网购潜在客户大致可以分为年龄段在 18~35 岁、网龄四年及以上、具有大专或本科学历的三类网民群体。兰岚等（2019）对国内网络直播营销的发展状况和现存问题展开研究，对大学生群体展开问卷调查后分析其网络直播消费的影响，并提出相关对策建议。刘佳琳（2018）借助问卷调查法对电商直播购物展开研究，发现电商直播的受众以中青年为主、大多数消费者每次持续观看网络购物直播的时长较短且没有持续关注主播的习惯。

基于不同的研究方法，田凤权和黄娜（2015）利用因子分析法对问卷调查结果进行归纳分析，得出网络购物意愿的四种主要影响因素：商家及网购环境、商品信息及可信度、个人经济状况、价值取向。陈月艳和高尚（2020）通过社会网络理论与顾客体验理论构建研究模型，对问卷调查数据分析后发现影响消费者购买意愿的因素有网站的便利性、网站的关系服务以及顾客成本影响，并且网络中心性在顾客体验与消费者购买意愿之间起中介作用。

（三）国内外研究述评

从以上文献资料来看，国内外学者对直播网购意愿本身及其特征分析均展开了大量研究，相关的研究成果较为丰富。对于研究方法而言，国内外学者在数据收集之后的处理方法不尽相同，但是其主要目的都在于精简数据、更为有效地利用模型分析得出研究结论。同时，国内外学者对网红市场的研究比较少。我们利用国内外已有的研究成果为本次调研提供的理论和实践经验，从而集中研究网红经济的发展及消费者网购意愿。

三、研究思路

本文的研究思路框架如图 1 所示。

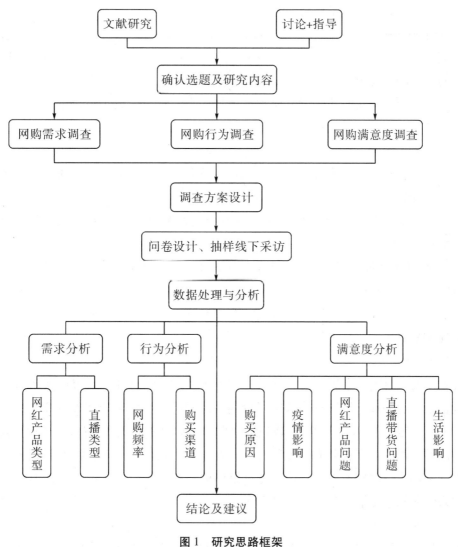

图 1　研究思路框架

四、调研概况

（一）调研方法

1. 问卷调查法

在调研中，我们将问卷调查法、访谈调查法与文献调研法相结合，实地走访网购用户，了解其行为偏好，搜集用于后期研究的样本数据；在 QQ、微信、微博等平台发放及回收相关问卷，并对所得数据进行整理分析；辅以线上访问，进一步开展调研。

2. 访谈调查法

访谈调查就是研究性交谈，即以口头形式根据被询问者的答复搜集客观的、不带偏见的事实材料，以准确地说明样本所要代表的总体的一种方式，具有较好的灵活性和适应性，对调研形成有益补充。

3. 文献调研法

我们主要通过期刊论文、网络等途径进行资料收集，学习有关网购的背景知识，把握现有的网购市场中存在的问题及研究现状。指导老师引导我们进一步学习相关理论知识，进一步了解我们的研究方向和具体切入点。我们开展小组讨论，进一步完善相关研究方案，并由指导老师进行最终把关。

（二）调研安排

（1）准备阶段：2022 年 7 月 23 日至 8 月 15 日，小组讨论确定调研方向，制订调查方案，设计调查问卷。

（2）调查数据处理阶段：2022 年 8 月 16 日至 8 月 20 日，发放与回收问卷，评估及整理数据。

（3）资料整理和归纳阶段：2022 年 8 月 21 日至 9 月 5 日，整理调查资料，分析讨论，撰写调研报告初稿。

（4）总结和纠正阶段：2022 年 9 月 6 日至 9 月 14 日，修改调整文本，文本成形打印，提交调研报告。

（三）问卷情况

样本主要来自重庆市渝北区、甘肃省陇南市、黑龙江省佳木斯市以及四川省乐山市。我们投放有关数字经济时代数字平台消费者网购行为的调查问卷共 252 份，回收 252 份，经整理获得有效电子问卷 252 份，回收率 100%，有效率 100%。此后，我们再次发放问卷，对此前调查形成完善与补充。在设计和投放问卷时，我们查找了部分相关数据，阅读了一些相关文献，对研究对象形成了解，并经过讨论，最终形成有利于全面客观调研网络主播变现问题的问卷。

（四）调查目的

我们针对不同性别、不同年龄、不同地区的网购用户进行了影响消费者购买网红产品的因素的调查，以此满足调查的多样性和全面性要求。主要目的在于：一是探寻消费者在数字平台网购的偏好，为该市场的规范发展起到一定的引导作用，促进其更好地满足消费者需要，体现消费对生产的影响作用；二是对行业问题进行发掘，使市场监管"对症下药"，以促进电商行业健康有序发展。

（五）研究内容

问卷内容涉及网购用户的性别和年龄、网购商品类型偏好、网购频率、网购意愿、网购原因、网购信任度、网购消费月支出、网购中存在的问题等近 20 个关于消费者购买网红产品的影响因素的问题。

五、调研内容

(一)样本构成

本次调查选择了性别、年龄两项内容来观察调查样本的人口统计学特征。被调查者的基本特征如表1所示。

表1　被调查者的基本特征

变量	(1)样本数据	(2)平均值	(3)最小值	(4)最大值	(5)变量定义
性别	252	1.690	1	2	1=男，2=女
年龄	252	2.155	1	4	1=18岁及以下，2=19～44岁，3=45～59岁，4=60岁及以上

1. 性别

如图1所示，在回收的252份有效样本中，男性有78人，占有效样本的30.95%；女性有174人，占有效样本的69.05%。性别对消费者购买网红产品的影响方向不确定，因此我们在调研过程中并没有刻意去选择性别作为调查样本，若性别比例相对均衡，会使调查结果更为客观。

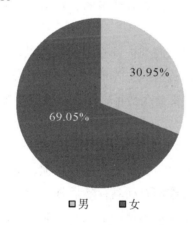

图2　被调查者的性别构成

2. 年龄

为研究消费者年龄对消费者购买网红产品的影响，本次调研发放了252份问卷，被调查者年龄构成如图2所示。

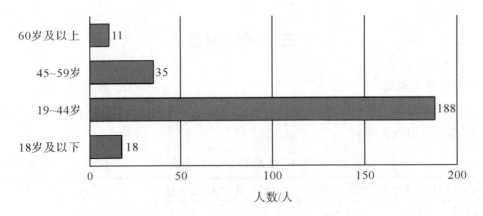

图3 被调查者年龄构成

研究样本年龄主要集中在 19~44 岁，达到了 188 人，占有效样本总量的 74.60%；45~59 岁的被调查对象较少，共计 35 人，占有效样本总量的 13.89%。19~44 岁的人群具有较强消费能力与新事物接受力，是网络购物的主要消费群体。45~59 岁正处于壮年阶段向老年阶段的过渡时期，儿女离家上学或工作，家庭结构趋于稳定状态。可能受调研人员的同龄人圈子的影响，18 岁及以下的调查对象较少。60 岁及以上的调查对象较少，是因为本次调查数据来自电子问卷调查，而很多年龄偏大的消费者不会使用智能手机填写调查问卷。因此，这对样本的年龄结构造成了一定的影响，我们只能通过相关文献进行理论分析。

由于调查对象受限，我们未调查被调查者的收入以及受教育程度。但是，我们通过调研发现，小红书作为网红营销的主阵地之一，平台数据的重要性不言而喻。我们从调查数据发现，小红书的主要受众是年轻女性，核心年龄段分布在 24~35 岁，与我们调查年龄段大致相同。

（二）影响消费者购买行为的因素

我们首先通过了解消费者的购买行为和消费习惯，继而逐步分析其消费特征和购买决策的具体影响因素，并制作调查问卷；然后根据调查问卷收集的信息，根据消费者平时对各类网红产品的关注度及选择产品的购买渠道、购买类型、购买原因等多个方面，分析探究调查对象的购买行为概况，得出消费者在数字平台中关于网红产品购买行为的影响因素。

1. 被调查者购买网红产品的原因

网红经济随着互联网的发展应运而生。基于互联网发展的数字平台给消费者提供了更多的选择，那么消费者购买网红产品的原因是什么呢？我们从以下几个方面进行调查：自身需要、微博与微信等平台的大量推广、朋友推荐、推荐看起来不错想尝试、其他（网红产品质量不错、跟随时代潮流）。购买原因统计如图 4 所示。

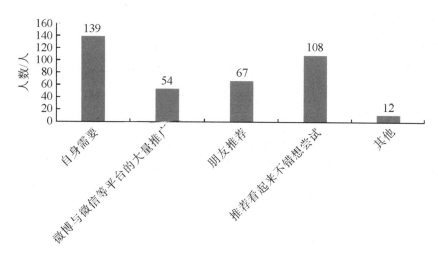

图4　购买原因统计

有 139 人购买网红产品是因为自身需要，有 54 人购买网红产品是因为微博与微信等平台的大量推广，有 67 人购买网红产品是因为朋友推荐，有 108 人购买网红产品是因为推荐看起来不错想尝试，有 12 人是因为其他原因购买网红产品。因此，人们购买网红产品以自身需要为主，辅之以其他原因（微博与微信等平台的大量推广、朋友推荐、推荐看起来不错想尝试、其他）。

为了更加全面地调查，我们考虑到在新冠疫情背景下消费者的购物方式也许会受到影响，可能会影响消费者在数字平台上的购物行为，因此我们对此展开调查。

我们通过调查发现（见图5），62%的被调查者认为受到新冠疫情影响，比较倾向于线上购买。29%的人选择了根据实际情况选择线上购买还是线下购买。9%的人更愿意到线下购买，认为线下能够更直观地看到商品的质量。由此可见，受新冠疫情的影响，确实有大部分消费者更愿意选择线上购物的方式。这可能是因为线上购物更加便利。这也是在数字平台进行购物逐渐被消费者选择和喜爱的原因之一。

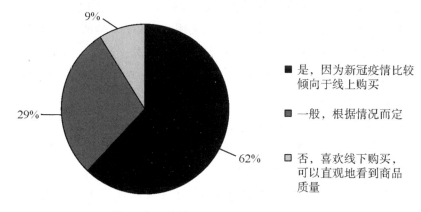

- 是，因为新冠疫情比较倾向于线上购买
- 一般，根据情况而定
- 否，喜欢线下购买，可以直观地看到商品质量

图5　新冠疫情对消费者购物方式的影响

2. 被调查者购买网红产品的渠道

在本次调研中，我们主要选取"短视频平台（抖音、快手类）""购物平台（淘宝）""社交平台（微博、微信）及朋友介绍"三种较为主流的购买渠道进行研究，分别统计了各种购买渠道的占比，从而对被调查者的购买渠道选择有一定的了解。被调查者通常的购买渠道如表 2 所示。

表 2　被调查者通常的购买渠道

选项	小计/人	比例/%
短视频平台（抖音、快手类）	213	84.52
购物平台（淘宝）	117	46.43
社交平台（微博、微信）及朋友介绍	119	47.22

如表 2 所示，在 252 个被调查对象中，84.52% 的人表示平时会在短视频平台购物，46.43% 的人会选择专门的购物平台购物，47.22% 的人会通过社交平台及朋友介绍购买网红产品。由此表明，部分消费者会通常多个渠道购买网红产品，短视频平台逐渐成为消费者购买网红产品最主要的平台。短视频平台的迅速崛起加快了"短视频+"经济发展，扩大了网红经济效应，绝大部分消费者会选择去短视频平台通过网红的直播来购买网红产品。

3. 被调查者购买网红产品的产品类型和购买频率

（1）购买网红产品的产品类型。数字平台可供消费者购买的产品多种多样，我们根据日常用品分类将网红产品分为以下五类：服装类、护肤或化妆品类、食品类、日常生活用品类、家电类。

通过本次调研，我们发现 52.78% 的人购买过服装类网红产品，56.35% 的人购买过护肤或化妆类网红产品，57.14% 的人购买过食品类网红产品，51.98% 的人购买过日常生活用品类网红产品，9.13% 的人购买过家电类网红产品（见图 6）。其中，50% 的人既选择购买服装类网红产品，又选择购买食品类网红产品；20% 的人既选择购买服装类网红产品，又选择购买护肤或化妆类网红产品。与家电类、日常生活用品类、食品类、服装类网红产品相比较，消费者更愿意购买护肤或化妆类网红产品，因此护肤或化妆类网红产品有更大的消费潜力。

（2）购买网红产品的频率。网络主播的变现与人们的购买频次息息相关，本次调研从偶尔购买（单月购买 1~5 次）、经常购买（单月购买 5 次以上）、从不购买（单月购买 0 次）三个频次来调查人们的购买次数。

如图 7 所示，在收到的 252 份有效数据中，174 人选择偶尔购买网红产品，占比 69.05%；41 人选择经常购买网红产品，占比 16.27%；37 人选择从不购买网红产品，占比 14.68%。其中，偶尔购买网红产品的人数最多。

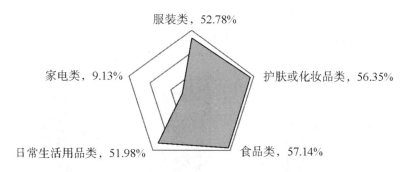

图 6　消费者购买网红产品的产品类型

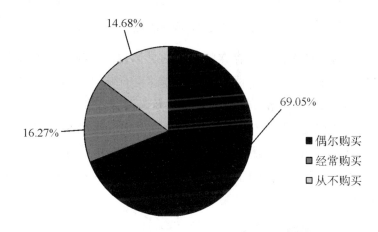

图 7　购买网红产品的频率占比

数字平台网购中出现的一种新型的购物方式就是网红直播带货，其中的类型让人眼花缭乱，但是消费者会根据自己的意愿来选择网红直播的类型从而购买网红产品。这也能让商家更好地了解消费者的直播类型喜好，从而为消费者提供更精准的产品与直播方式。本次调研从广告带货、知识讲解、生活分享三个方面来调查人们倾向的直播方式。

在 252 个被调查对象中，138 人选择广告带货的方式（在直播中，通过讲解来推荐商品，并在直播中加入商品链接，方便用户购买），占比 54.76%；180 人选知识讲解的方式（通过直播分享知识，采用软植入方式），占比 71.43%；106 人选择生活分享的方式，占比 42.06%。综上所述，广告带货方式对人们购买网红产品的影响最大。

4. 网红产品购买过程关心的问题

我们希望不仅从消费者的角度去思考消费者的购买行为，而且去分析网红产品购买过程中存在的问题，这样能够更加准确地知道消费者对网红产品的真实需求。目前，网红产品存在的问题也影响了消费者的购买，因此我们针对此问题从产品与直播两个维度存在的问题展开了调查。

调查数据显示（见图 8），108 人认为网红产品质量不好，93 人认为网红产品存在价格欺骗，51人认为网红产品包装过度。可见，目前网红产品最需要解决的是产品的质量问题，同时消费者关心的还有产品的价格。综合而言，网红产品需要有高性价比。

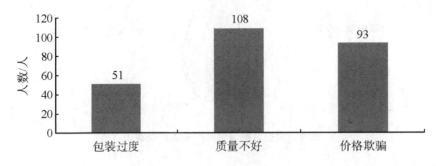

图8　网红产品存在的问题

为了了解人们对网红直播带货存在的问题的具体看法，我们分别从直播内容、网红主播、产品质量三个角度展开了调查。这样能够更有针对性地解决在数字平台中网红直播带货存在的问题，保障消费者的合法权益及为消费者带来更好的购物体验。

我们通过对网红直播带货存在的问题进行调查发现（见图9）：48%的人认为存在虚假宣传，43%的人认为网红主播素质参差不齐，专业素养不达标；9%的人认为直播内容枯燥低俗。可见，对网红直播带货，被调查者不仅关注产品质量，还重视网红主播的专业素质和能力。

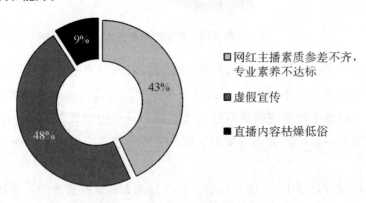

图9　网红直播带货存在的问题

5. 网红产品的直播带货渠道给消费者带来的影响

直播带货作为一种依附数字平台的新型消费模式，运作形式与传统促销模式有所不同。直播带货是一种线上营销活动，在一定程度上反映了人们生活消费方式的内在需求与时代偏好。我们希望通过调查了解人们对网红直播带货的看法，了解网红直播带货给消费者生活带来的好处和困扰。

被调查者总共252人，部分被调查者认为网红直播带货带来了多种影响（见图10）。176人认为网红直播带货能够节省购物时间，同时也给他们提供了更多的购物选择。181人认为产品质量问题仍待改善。这说明网红直播带货给人们带来便利的同时也出现了很多问题。103 人认为网红直播带货推动了经济的发展。88 人认为网络直播带货让网络环境更加复杂。这说明网红直播带货就像一把双刃剑，不仅给人们生活带来了好的影响，也带来了一些困扰，对如何净化网红直播带货环境还需要一些时间去探索。

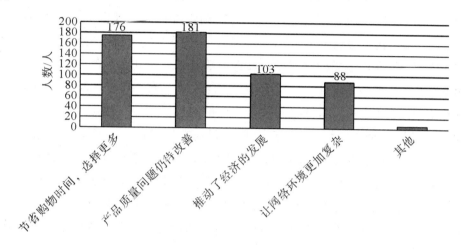

图 10　网红直播带货给生活带来的影响

六、结论与启示

（一）结论

1. 渠道选择是消费者购买网红产品的重要影响因素

我们通过调研结果可以得知调查对象的购买渠道，84.52% 的被调查者选择短视频平台购买渠道购买网红产品，46.43% 的被调查者选择专门的购物平台，47.22% 的被调查者会通过社交平台及朋友介绍购买网红产品。这说明数字平台的发展，为消费者购物提供了更多的选择。我们通过调查发现，62% 的被调查者认为受到新冠疫情影响，比较倾向于线上购买。这说明数字平台网购正在被越来越多的人接受，促进了网红经济的发展，一定程度上活跃了市场经济。

调查问卷显示，被调查者总共 252 人，其中有 176 人认为网红直播带货能够节省购物时间，同时也给他们提供了更多的购物选择。这说明大部分消费者认为数字平台网购确实为他们的购物带来了便利。综上所述，消费者在数字平台购买网红产品的动机主要有三点：第一，受新冠疫情影响，数字平台更加安全便捷；第二，数字平台能够节省时间，节约选择成本。第三，数字平台提供更加详细的商品信息，商品选择更加多元化。虽然新冠疫情在一定程度上阻碍了经济发展，但数字经济、网络经济在一定程度上带动我国经济高质量发展。

2. 服装和化妆类产品为网红产品的主要购买品类

消费者更倾向于在数字平台网购哪种类型的产品呢？问卷调查结果显示，对不同的产品类型，52.78%的被调查者购买过服装类网红产品，56.35%的被调查者购买过护肤或化妆类网红产品，57.14%的被调查者购买过食品类网红产品，51.98%的被调查者购买过市场生活用品类网红产品，9.13%的被调查者购买过家电类网红产品。其中，50%的被调查者既选择会购买服装类网红产品，又选择会购买食品类网红产品；20%的被调查者既选择购买服装类网红产品，又选择购买护肤或化妆品类网红产品。这可能是因为调查对象大多数为女性。这与小红书平台数据一致。截至2020年9月底，小红书月活跃用户突破1亿人，有3亿篇关于生活的笔记，用户关注焦点前三的分别为时尚9.98%、美妆9.85%、美食8.05%。其他调查数据显示，以直播电商为例，根据2020年3月30日发布的《淘宝直播新经济报告》，淘宝直播已经覆盖全部行业，2020年各行业直播渗透率处于增长中，大家电、汽车以及生活电器位居前三。在成交金额增速排名中，汽车及大家电位列前两位，增长明显。虽然家电类网红产品购买者相较于其他类网红产品购买者少，但单笔成交金额更高。我们认为，网红经济全品类渗透率有望持续提升。

在主观因素中，我们认为性别具有一定的影响，不同的性别体现出不同类型网红产品的购买倾向。本次调研的样本体现出女性更倾向于购买服装类和护肤或化妆品类网红产品。但是，样本数量有限，调查的年龄范围有一定的局限性。我们通过其他数据发现，网红经济在各类品牌商品中实现快速渗透，但渗透率有差异。低客单价的日化品类及冲动消费品类（如美妆、服饰、餐饮等品类）渗透率较高；而相对高客单价的理性消费品类（如家电、汽车等高客单价品类）渗透率相对较低，但渗透率增速显著高于低客单价品类。这与我们的问卷调查数据相符。

从购买网红产品的原因来分析，主要可以从需求、价格、质量、推广四个因素来概括。从调查数据中可以看出，部分消费者会出于多种原因购买网红产品。在252个被调查对象中，55.16%的被调查对象会出于自身需要而购买网红产品，21.43%的被调查对象会出于微博与微信等平台的大量推广而购买网红产品。可见，需求是购买网红产品的第一因素。同时，作为购买的原因之一，42.86%的被调查对象会因为推荐看起来不错想尝试，26.59%的被调查对象会因为朋友推荐而购买，同时，调查问卷的数据显示，在推广中的直播内容和直播方式也会对消费者购买网红产品产生影响。可见，在影响消费者购买网红产品因素中推广方式尤其重要。

第一，主观因素中最具影响力的因素是推广，这也是网红产品相较于普通产品的最大优势所在。大部分消费者会因为网红主播的推荐而产生兴趣，也会因为平台和朋友推荐而购买。可见，推广产生的影响具有"1+1>2"的效果，通过网红主播的推广吸引流量，让消费者了解产品的同时也能利用其巨大的流量进行二次宣传。

第二，在客观因素中，调研结果显示，消费者最看重的是自身需求，其次是网红产品本身。消费者最看重产品的"物美价廉"的特性，即产品的质量和价格。这与普通商品的要求一致，因此选品是网红直播带货的重要环节，不仅要满足消费者的需要，还需要具备高性价比。

（二）启示

1.提升消费者对网红产品及其购买渠道的信任度

网红产品是网红经济的缩影，网红直播就是从网红产品到网红经济的齿轮。我们通过调研发现，影响消费者购买网红产品的三个重要因素是信任度、产品质量、平台。它们彼此影响，环环相扣。目前的商业渠道模式有线下门店、商超等渠道分销模式，有线上电商的京东、淘宝电商直销或代理电商模式，有社交电商的微商模式，有内容电商的直播模式等。新零售的出现加快了线上线下融合发展。任何商品成交，都源于三大驱动力——需求驱动、信任驱动、价值驱动。

（1）信任度。信任度是网红经济的基石。信任驱动是指企业或个人通过一系列的方式（口碑、品牌、宣传、展示等）取得消费者的信任。消费者正是因为足够信任网红主播，才会去购买网红产品。我们在调研中发现，在购物消费支出方面，52.78%的被调查者每月的网络直播虚拟消费在100元以下，30.56%的被调查者每月的网络直播虚拟消费在100~200元，16.66%的被调查者每月的网络直播虚拟消费超过200元。可见，网络直播消费在消费者支出里占比不高。在购买频率，62.3%的被调查者比较相信网红推荐的产品，31.75%的被调查者不太相信，1.94%的被调查者持有完全相信态度，4.01%的被调查者完全不相信。因此，提高消费者的信任度是网红直播中的关键。在网红产品及网红主播目前存在的问题的看法方面，我们通过调查发现，48%的被调查者认为存在虚假宣传；43%的被调查者认为网红主播素质参差不齐、专业素养不达标，9%的被调查者认为直播内容枯燥低俗。同时，我们在调查中还发现，消费者认为网红产品也存在着价格欺骗、质量不好、包装过度等问题。可见，这些因素都在降低消费者对网红主播及网红产品的信任度，在一定程度上影响了消费者在数字平台购物的选择。

（2）产品质量。产品质量是网红经济的核心保障。产品质量不好则会打破消费者对产品和网红主播的信任，那么就无法促进网红经济发展。55.16%的被调查者因为自身需要而购买网红产品，42.86%的被调查者因为推荐看起来不错想尝试。因此，在信任的基础上，实现需求精准匹配与保证网红产品的质量是网红经济的核心问题。

（3）平台。平台是网红经济的桥梁和枢纽。这就对应着价值驱动。价值驱动是指用户基于获得产品功能、利益、消费情感的价值提高购买意愿，是需求和信任基础上的综合考虑。参与网红经济的平台公司主要包括电商平台、短视频平台及直播平台。平台是网红及用户发布内容吸引粉丝的活动场所。目前，网红经济的主要参与平台方有电商平台，如淘宝、京东，在电商平台基础上为用户开通直播功能，电商平台的货品和商家资源以及强大的供应链运营能力是其主要优势；短视频内容平台，如抖音、快手等，此类内容平台网红资源充裕，拥有流量红利；社交平台，如微博、微信，此类社交平台也在逐步开通直播及短视频功能。可见，平台是网红经济发展的重要推手。

2. 网红经济背后的运行机制

网红经济背后的运行机制是什么？第一，信任基础下的流量变现。在网红经济迅速发展的过程中，网红达人创作展示的内容和方式不断发生变化，因而对应产生不同的变现方式。随着内容形式的扩充和传递方式的革新，短视频和直播等视频形式内容大量增多，在商业端，新形式的广告营销出现；用户端的打赏、知识付费等变现形式也得以应用。直播电商用户付费变现模式在网红经济的发展中不断丰富，效率不断提升，目前已经形成包括直播电商、广告营销、直播打赏、知识付费等多元化变现途径。第二，通过平台分成。平台掌握着流量入口、网红达人的线上活动空间和商家资源的运营，在整个网红经济生态中处于最底层的基础场景。平台为网红提供流量支持，推动其成长。网红在平台创作优质内容，将平台上公域流量进行货币化。优质内容的创作和分发增强了平台客户黏性并丰富和完善网红经济的生态。大型互联网公司从各类型平台布局网红经济的直播业态，推进直播电商业态的渗透率提升，通过抽取固定百分比技术服务费用的形式，从中获得稳定收益。直播电商主要采用分佣模式，即品牌方支付佣金及服务费后，由电商平台、直播平台、多频道网络（MCN）以及网红主播层层分佣抽成。

综上所述，数字平台消费者购买网红产品背后的网红运行机制就是依靠网红主播发布优质的内容吸引流量，得到用户的喜爱和信任，流量本身会对网红主播的内容打赏，再通过大量的流量来吸引品牌合作等。

3. 政府完善监管体系及相关配套措施、促进网红产品品类多样化、提高网红产品市场接受度

（1）政府完善监管体系及相关配套措施。政府应发挥政策制定者、执行者以及监管者的作用，通过完善网红经济监管的法律法规体系、加强相关配套设施建设、加大提升监管执行力度，以加强对网红经济及网络生态环境的外部监管。

①完善网红经济监管的法律法规体系。以本团队成员所在地范围为例，我们收集的问卷填写者和被访问者信息显示，其曾在数字平台网购过程中遇到虚假宣传、所购物品的性能和实际不符、价格欺诈、质量难以保证等问题。因此，在保障消费者合法权益方面，国家应强化新媒体网购平台的管理责任和网络商家资格认证制度，从法律层面规范网上商铺发布规则、消费者个人信息保护制度、交易投诉管理规则等，形成涵盖消费前、消费中和消费后全时间段和全方位的完善的法律法规体系，给予消费者网购信心，提高消费者网购意愿。

②加强相关配套措施的建设。新闻媒体中频频爆出电商商家、带货主播等天价逃税被罚问题，针对网红经济中的偷税漏税问题，我国应完善网红经济税收体制，针对网红经济的各大收益主体及相关变现获益方式有针对性地制定税收政策。相关部门应加大监管力度和处罚力度，对偷税、骗税、抗税等行为进行有力震慑。

③加大监管执行力度。政府应该发挥协调统领的作用，形成社会组织监督和人民群众监督相结合的社会监督执行体系；同时应加强各市场主体间信息通畅度和交换度，利用区块链技术，形成网购信息链条，给消费者透明安全的信号，便利监管执行，以促进市场合规运行、健康发展。

（2）促进网红产品品类多元化。我国应引导市场根据消费者对网红产品购买需求的性价比、多样性、品牌化特征，完善网红产品品类，推动产业供给侧升级转型，以更全、更优的形象满足更新、更精的需求。

（3）提高网红产品市场接受度。完善网红群体内部监管及相关运营机制。网红经济中的网红及相关公司作为网红经济发展的主力军，应完善内部监管规范机制，加大内部监管执行力度，深化产品及服务的内涵以促进可持续发展，开拓市场，利用资本推手完善网红经济运营模式，促进网红经济健康可持续发展。

附件：调查问卷

您好，我们正在进行一项关于影响消费者购买网红产品因素的调查，想邀请您用几分钟的时间帮忙填写这份问卷。本问卷用来统计分析，请您根据自己的实际情况填写，非常感谢您的帮助。

1. 您的性别是：

　　A. 男

　　B. 女

2. 您的年龄是：

　　A. 18 岁及以下

　　B. 19~44 岁

　　C. 45~59 岁

　　D. 60 岁及以上

3. 您一般通过什么渠道了解网红产品（多选题）？

　　A. 短视频平台（抖音、快手类）

　　B. 购物平台（淘宝）

　　C. 社交平台（微博、微信）及朋友介绍

4. 您是否会购买网红推荐或销售的产品？

　　A. 偶尔购买（单月购买 1~5 次）

　　B. 经常购买（单月购买大于 5 次）

　　C. 从不购买（单月购买 0 次）

5. 您一般会购买网红推荐的什么类型的产品（多选题）？

　　A. 服装类

　　B. 护肤或化妆品类

C. 食品类

D. 日常生活用品类

E. 家电类

6. 您出于何种原因选购网红推荐或销售的商品（多选题）？

A. 自身需要

B. 微博、微信等平台的大量推广

C. 朋友推荐

D. 推荐看起来不错想尝试

E. 其他

7. 您对网红推荐或店铺的可信度是：

A. 非常相信

B. 比较相信

C. 不太相信

D. 完全不相信

8. 您每月在关注网红直播时虚拟消费的支出大约有多少？

A. 100 元以下

B. 100~200 元

C. 201~500 元

D. 500 元以上

9. 您认为网红拉动经济增长是客观的经济现象吗？

A. 是

B. 不是

C. 不清楚

10. 网红经济模式的发展是否有危害，有的话体现在什么方面（多选题）？

A. 有，审美疲劳

B. 有，低俗文化倾向

C. 有，容易形成暴利行业

D. 有，网络文化平台还未规范化

E. 没有

F. 其他

11. 一些网红收入可观，您认为他们变现的方式有哪些（多选题）？

A. 品牌合作

B. 小广告（微博、微信、豆瓣）

C. 个人淘宝网店

D. 通告费（代言、电视节目、商业活动等）

E. 平台分成（直播间打赏、分红）

F. 出场费用

G. 其他

12. 哪种直播方式会吸引您购买商品（多选题)?

A. 广告带货（在直播间，通过讲解来推荐商品，并在直播中加入商品链接，方便用户购买）

B. 知识讲解（通过直播分享知识，利用软植入方式，比如通过讲解一些护肤方式来推销护肤品）

C. 生活分享（通过内容取悦客户，从而获得用户打赏）

13. 新冠疫情影响下，您的购物方式是否受到影响？

A. 是，因为新冠疫情比较倾向于线上购买

B. 一般，视情况而定

C. 否，喜欢线下，可以直观看到商品

14. 您认为网红直播给您的生活带来了哪些变化（多选题)?

A. 网红直播让我节省了购物时间，并且有了更多选择

B. 网红直播的产品质量问题仍待改善

C. 网红直播推动了经济发展

D. 网红直播让网络环境更加复杂

E. 其他

15. 您认为目前网红产品存在哪些问题？

A. 包装过度

B. 质量不好

C. 价格欺骗

16. 您认为网络主播存在哪些问题？

A. 素质参差不齐，专业素养不达标

B. 虚假宣传

C. 直播内容枯燥低俗

参考文献

［1］KIM J H, MIN D. The effects of brand popularity as an advertising cue on perceived quality in the context of internet shopping ［J］. Japanese Psychological Research, 2014, 56 (4)：309-319.

［2］ZHANG M, QIN F, WANG G A, et al. The impact of live video streaming ononlinepurchase intention ［J］. The Service Industries Journal, 2020, 40 (9-10)：656-681.

［3］GAO L, BAI X. Online consumer behaviour and its relationship to website atmospheric induced flow：Insights into online travel agencies in China ［J］. Journal of Retailing and Consumer Services，2014，21（4）：653-665.

［4］方超. 电商网络主播特征对消费者态度影响研究 ［D］. 合肥：安徽大学，2018.

［5］但鸣啸，武峰. 网络直播营销对购买意愿的影响实证研究 ［J］. 管理观察，2018（36）：41-44.

［6］王秀俊，王文，孙楠楠. 电商网络直播模式对消费者购买意愿的影响研究：基于认知与情感的中介作用 ［J］. 商场现代化，2019（15）：13-14.

［7］王影，黄利瑶. 移动短视频感知价值对消费者购买意愿影响研究：基于用户参与和态度的中介效应 ［J］. 经济与管理，2019，33（5）：68-74.

［8］彭剑芳. 基于数据挖掘的网络购物行为分析 ［D］. 昆明：云南大学，2011.

［9］田野. 基于数据挖掘技术的网络购物市场问卷调查数据分析 ［D］. 长春：吉林大学，2014.

［10］兰岚，梁婧雯，王一诺. 关于网络直播营销对大学生消费影响的调查 ［J］. 中国商论，2019（13）：87-90.

［11］刘佳琳. 传播学视域下的电商直播研究 ［D］. 南昌：南昌大学，2018.

［12］田凤权，黄娜. 大学生网购行为影响因素研究 ［J］. 中国商论，2015（11）：89-91.

［13］陈月艳，高尚. 顾客体验对消费者购买意愿影响的实证研究 ［J］. 生产力研究，2020（6）：118-122.

指导老师：张驰

关于细分零售业销售方式的调研报告

李青燕

（重庆工商大学经济学院贸易经济专业，2021级）

摘　要： 新冠疫情对全世界许多行业的发展造成了严重的负面冲击，但零售行业仍然具有较大的增长潜力和转型升级空间，原因在于潜在的消费需求依旧对零售行业的发展提供着良好支撑。零售细分领域分化态势加剧，电商渗透率快速提升。本次调查采用随机抽样的方式进行问卷调查以及抽样深度访谈，旨在探讨消费者对线上线下购物渠道的偏好和满意度，为未来新模式零售业发展方向提供决策参考，以此促进零售业高质量发展。调查实施的时间为2022年7月22日至9月16日。笔者在问卷星平台发放问卷73份，回收率100%；在线下发放问卷并集数据回收27份，回收率100%。笔者对数据进行了信效度检验，结果显示问卷维度划分较为合理，稳定性好，较为可靠。调查发现：第一，线下零售不景气，线上零售逆势上涨。第二，线上用户数量增长，但仍需改善用户体验和提升用户满意度，进而留住顾客。第三，线下零售客户来源相对稳定，但缺乏高效率和高水平服务来满足客户需求。调查建议：第一，线上线下产业链高度融合。第二，应用新的商业模式，同时使线下门店与线上平台具备差异性。第三，主动拥抱新零售理念与数字经济手段。

关键词： 零售业；细分市场；数字化转型

一、引言

（一）研究的背景

近年来，伴随着国际形势的变化，叠加新冠疫情影响，世界各国社会消费零售总额普遍持续下降。新冠疫情冲击下诱发的消费结构变化及防控措施加强等因素都对零售行业产生了较大影响。根据中国连锁经营协会的统计，2020年春节期间，工厂停产和物流运输受限给供应链带来严重影响。随着客流骤减，70%的时尚零售企业实体门店处于停业状态。但从长期来看，我国消费市场仍然具备良好的发展潜力。根据国家统计局数据，2019年，我国城市化率已上升至60.60%，预计2050年我国城市化水平将达到70%左右，未来城镇化进程将拉动消费持续增长。从消费特征来看，我国消费结构呈现的分层特征逐渐明显，不同年龄段客户群体的商品偏好有所差异，为零售市场的发展带来了较多的机遇。在此背景下，零售企业在渠道和供应链等层面不断升级。在渠道方面，近年来，零售渠道呈现多元化特征，线上线下结合的趋势突出。在供应链方面，零售企业对上游货源的合作经营及投资力度加大，部分企业重点布局生鲜基地资源及进口商品渠道资源。在此背景下，我国零售企业纷纷进行数字化转型，呈现出从技术应用向数字赋能转变、从渠道线上化向线上线下一体化转变、从业务数据化向数据业务化转变、从营销数字化向全面数字化转变以及从大企业主导向大中小企业协同转变的特征。此外，为了覆盖各种渠道的消费者，我国的零售企业正在网站、手机应用程序等各种平台全面拓展在线业务。同时，私域流量、直播电商、社群电商等新兴商业模式崛起，在行业复苏的过程中也发挥了重要作用。数据显示，2020 年，中国在线直播行业的用户规模达到 6.17 亿人，直播电商市场的销售额达到 9 160 亿元。大数据、物联网以及人工智能等技术的应用对零售场景重塑、业务流程改造以及企业成本控制等方面具有重要意义。综上所述，中国的零售企业正处于数字化转型进程的关键时期，因此研究细分零售业的销售方式和销售渠道以及消费者的认知对把握零售业转型升级方向、促进零售业高质量发展具有重要的现实意义。

（二）研究的意义

突如其来的新冠疫情使人们措手不及，人们的工作和生活习惯的变化、失业危机感的提升、购买能力的制约、消费的不确定性增加，各种风险预期都大大抑制着需求侧的购买能力。新冠疫情对线下零售的破坏力极大，人们被迫培养线上零售的习惯。为了实现零售业的正常运转，零售商们在抓住政策风口的同时迎合局势的特点，形成了一个新的业务格式，从而推动新零售行业的变革和发展。新冠疫情在对传统经济模式造成严重的影响和冲击的同时，也对新零售业起到了巨大的推动作用。零售行业的新机遇、新需求、新模式应运而生，有望借此实现更高水平的产业链整合，实现零售业态的高质量发展。

（三）研究思路

本文的研究思路框架如图 1 所示。

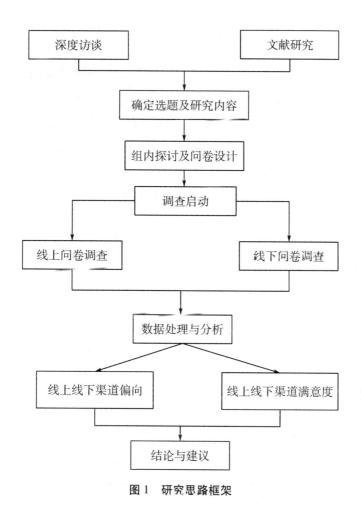

图1　研究思路框架

二、调查方案设计

（一）调查目的

本次调查针对不同年龄段、不同学历、不同收入、不同地区的消费者进行调查，以此满足调查的多样性和全面性要求。同时，本次调查以新冠疫情影响下用户的购物渠道的转变和满意度为探讨方向，从而结合现状和未来，归纳零售业的创新与转型使新零售的影响，以一种走近用户的方式去收集信息，给新零售模式转变提供方向和建议，从而使新零售更好地在市场得到发展。本次调查旨在为准备转变以及未来将要转变模式的新零售商提供决策参考，帮助其更好地吸引用户，促进经济发展。

（二）调查对象

调查对象为重庆市巫山县、四川省绵阳市、四川省宜宾市、安徽省广德市的部分镇乡居民（15~65岁的消费者群体）。

（三）问卷设计

问卷设计的过程如下：首先，我们学习零售业的相关文献资料，了解零售业的行业现状及相关政策；其次，我们深入实践了解用户的购物渠道偏向和相关改进意见，从而确定调查的具体内容和大致问题的设计方向，就问卷维度设定、问题设计及选项设置是否合理切题、题量题型、逻辑顺序等方面与团队成员多次讨论，对问卷的题量、题型设置等方面进行修改完善；最后，我们得到最终的调查问卷。

三、调查的实施

（一）调查的整体安排

调查的整体安排如表 1 所示。

表 1　调查的整体安排

调研阶段	调研时间	调研内容
起步准备阶段	2022 年 7 月 22 日至 8 月 12 日	确定主题，小组讨论，制订调查方案，设计问卷
调查数据处理	2022 年 8 月 13 日至 8 月 27 日	问卷的发放与收回，处理数据，数据质量评估
资料整理归纳	2022 年 8 月 28 日至 9 月 1 日	整理调查资料，分析研究，撰写文本初稿
资料总结审核	2022 年 9 月 2 日至 9 月 16 日	修改调整文本，文本成形打印，提交调研报告

（二）调查方法

（1）线上问卷调查方法：我们通过电子问卷的分发和回收，搜集整理数据。

（2）利用微信、QQ 等各种社交平台：我们发放电子问卷，进行线上访谈。

（3）实地访谈：我们走访消费者，深入了解消费者对新零售的看法。

（4）文献调研：我们查阅相关文献资料，对调研报告进行补充。

（三）调查相关情况

我们投放调查问卷 130 份，经整理获得有效问卷 100 份，回收率 76.9%。我们通过查找相关文献获得可靠资料，对研究对象形成一定印象，有助于充分全面了解研究的问题，从而完成研究。

四、调研内容

（一）性别

在回收的 100 份有效调查问卷中，女性用户有 60 人，占比为 60%；男性用户有 40 人，占比为 40%。基于以往文献的分析，性别对消费者购物的影响方向具有不确定性和随机性，因此问卷调查避开刻意考虑男女比例问题。如果性别比例相对均衡，调查结果会更为客观。

（二）年龄

由图 2 可知，本次调查人群的年龄范围为 16~65 岁，分为四个区间：16~18 岁的用户较少，占比 4%，19~35 岁的用户占比 54%，36~50 岁与 51~65 岁的用户占比均为 21%。不同的年龄段需求及喜好各有不同，19~35 岁的用户占比最高，主要消费人群集中在较为年轻的人群。

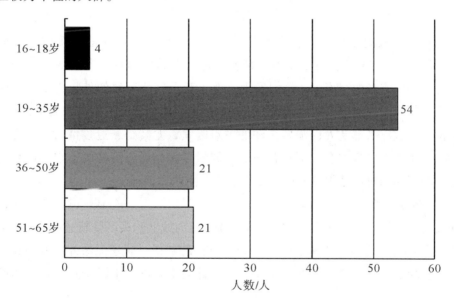

图 2　年龄分布情况

（三）消费者需求分析

针对消费者需求，我们从商品种类和商品性质两方面进行了统计（见图 3）。

在商品种类方面，人们对食物的需求远远超过了其他商品种类，占比达 50% 以上。新冠疫情期间，医疗物资为人们消费支出占比中变化最大的商品种类。

在商品性质方面，我们选取了"体验感""社交需求""新颖""经济"四个要素进行调查。调查结果显示，商品的经济性被人们排在了第一位，占比约 50%，其后依次是体验感、社交需求和新颖。

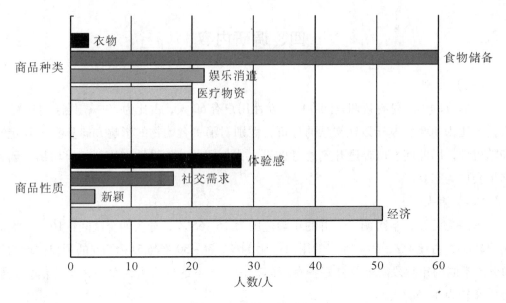

图3　消费者需求分析

新冠疫情对人们的日常消费影响是巨大的，与抗击新冠疫情直接相关的消费品（如防疫用品）和与基本生存需要有关的消费品（如果蔬食材）等，成为人们的消费重点。在与被调查者的交流中，我们发现，由于新冠疫情导致的外出受限、交通不便等，给人们带来了一定程度的心理压力，居家隔离娱乐消遣类消费品的需求也有提升。

经济性一直以来都是人们消费关注的重点因素，尤其是新冠疫情时期，许多行业受到冲击，不少人的收入有所下滑，进一步加强了人们对经济性的追求。体验感和社交需求反映了人们对产品传递的社会性需求的重视。

（四）消费者购买渠道分析

在新冠疫情期间，77%的消费者由线下购买转向线上购买。受新冠疫情的影响，人们"宅家"的时间增多，加速了"宅经济"时代的到来。居家无法外出购物和物资稀缺等问题促使更多消费者选择在线上购买，打破时空限制，随时购物，在封闭管理时也可以获得一定的物资。

本次调研，针对消费者购买渠道，我们从线上和线下两个渠道出发，考察两个渠道的内部变化以及两者之间的内在联系。

1. 线下渠道

为保障大部分被调查者能做出选择，并且尽量贴合各个城市的消费场所，我们选取了便利店、大型超市、市场集市三个典型的零售商进行调查。调查结果显示，在线下渠道，偏向在大型超市购物的占比为41%，偏向在便利店购物的占比为38%。由此数据可以得知，这两者是人们线下的主要购物场所。同时，7%的消费者以市场集市为主要消费场所，14%的消费者对消费场所无特别偏向（见图4）。就线下渠道而言，随着新冠疫情过后实体经济恢复发展，传统线下零售商依旧占据人们日常消费的大部分。

一是以便利店为代表的零售商，它们能满足人们便利及时的需求；二是以大型超市为代表的零售商，它们能在较短的时间内为消费者提供多样齐全的选择。在居民日常生活中，线下渠道依旧发挥着不可缺少的作用。

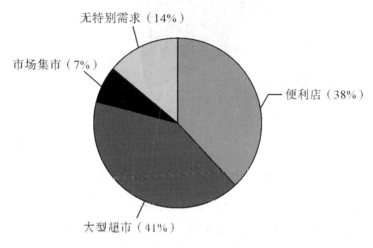

图4　用户对线下渠道的细分比例

2. 线上渠道

现如今，线上售卖的方式越来越多，我们在调查中尽可能选取了较为常见的购买方式。由图5可知，选择品牌应用程序或官网的消费者占比为33%，选择第三方电商及小程序的消费者占比为32%，选择超市便利店的外卖服务的消费者占比为22%，选择直播平台的消费者占比为13%。由数据可知，在线上渠道中，占比较高的是品牌应用程序或官网、第三方电商及小程序。随着电商的飞速发展，步入人们眼帘的消费平台不断增多，消费者会更多偏向品牌类的商品，去官网进行购物。超市便利店的外卖服务占有一定比例，新冠疫情时期人们的消费方式及生活习惯发生变化，即使在新冠疫情过后，不少消费者也都把这些习惯一直保持着。线上渠道发展迅速，综合调查结果可知，消费者对线上和线下渠道的选择相对差异较小。消费者在线上进行消费时，目的性一般较强，有很明确的购物需求。鉴于各平台给消费者提供的商品和服务有很大的区别，但购物模式基本一致，同时消费者会根据自己的需求进行选择，因此消费者对线上平台的偏好无太大的差异。

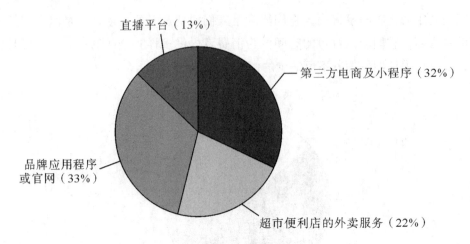

直播平台（13%）

第三方电商及小程序（32%）

品牌应用程序或官网（33%）

超市便利店的外卖服务（22%）

图5　用户对线上渠道的细分比例

（五）影响消费者对零售业满意度的因素的分析

我们依旧从线下和线上两个方面进行调查，分别以两个销售渠道中最常出现的问题设置选项。因为这些问题为多项选择，所以以面积图的方式将影响消费者的因素展示出来，从而更直观地展现问题。

1. 线上渠道

由图6可知，线上零售业中影响消费者满意度的各因素有较大的差异，各因素占比具有不平衡性。

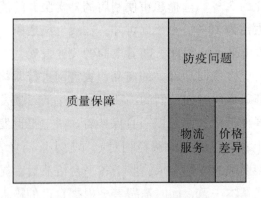

防疫问题

质量保障

物流服务

价格差异

图6　用户对线上渠道问题的看法

（1）消费者认为质量保障是衡量一个商品的关键因素，而线上商品的不透明性更加剧了他们对质量问题的担忧。线上的评价机制及第三方权威平台等的出现正是为了解决这一问题。但在与部分消费者的交谈中我们得知，因刷评、买榜等不良竞争现象的出现，如何保障商品质量仍需零售商持续探究。

（2）网购遍布全国甚至全球，需要经过一定时间的配送转运，从发售点到途经地再到用户手中，这一过程中的防疫问题成为消费者新的关注重点。

（3）消费者从网上下单某商品，多数商品都需要跨地区经过较长时间才能到达消费者手中。然而，在这个较长时间的运输过程中，不乏会有货物丢失、暴力运装致使破损，或者因较长时间导致食品过期等物流问题，从而在一定程度上影响了消费者的购物体验。

（4）部分商品会在线下线上出现不同的交易价格，这使消费者产生了一定的顾虑，使消费者面临选择困境。因此，对网络电商应加强对价格的统一规范，减少不合理价格差异的存在。

2. 线下渠道

由图7可知，线下零售业中影响消费者满意度的各因素基本无较大差异，无论是新冠疫情前还是新冠疫情后，这些问题始终都伴随着传统零售业。

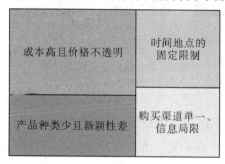

图7　用户对线下渠道问题的看法

（1）消费者在线下购物时，会发现部分商店出现没有明码标价的现象，使消费者在不清楚价格的情况下购买了高价商品。

（2）线下购物可选择的商品种类少，线下渠道很难马上顺应新的潮流做出反应，商品的新颖性和多样性有一定的不足。

（3）线下门店位置固定，消费者想要消费必须移动一定的距离。同时，线下门店存在营业时间限制，消费者想要购物必须赶在营业结束前。总之，消费者无法实现随时随地消费。

（4）消费者到线下门店消费时，对产品的信息知之甚少。商品实际材质、产地、各成分所占比例、商品禁忌等详细资料的不可知性影响消费者的抉择。

（六）新时代零售业创新与转型方向的调研

结合新冠疫情过后消费者行为和零售行业现状的分析，我们进一步调查了消费者对未来零售业的期望，以消费者为中心，以消费者需求为导向，探究零售业未来的创新与转型方向，选取了销售模式和新兴技术辅助销售两个出发点进行深度探究。

1. 对零售业销售模式和发展趋势的分析

因为是对发展趋势进行分析，而短时间内无法获取详细数据，所以我们采取以问卷调查人们的直观感受、提取关键词和与机构发布的趋势报告相结合的方法得出结论。零售模式变化调查结果如图8所示。

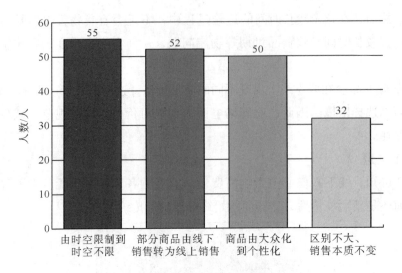

图 8　零售模式变化调查结果

由图 9 可知，消费者主观感受较强的是购物由时空限制到时空不限、部分商品由线下销售转为线上销售、商品由大众化到个性化。同时，也有一部分消费者认为零售销售模式区别不大、销售本质不变。由此可以推断出，零售业的发展从原有的缺点入手，打破了时空限制，增加消费的便利性；同时，零售商把部分场景转至线上，实施线下线上同时经营；线上渠道增强商品的个性化，为用户提供个性化的、千人千面的搜索结果排序和相关商品推荐，符合更多消费人群的不同消费需求，从注重提高用户的体验感来实现零售业发展水平的提高。

2. 对新兴技术辅助零售业销售的分析

由于不少地区还没能普及新兴技术下开展的新零售，一些被调查者并未有亲身体验或接触较少，对新兴技术了解不完全。因此，在这方面的调研中，我们描绘了新兴技术在零售中的应用场景及其作用，构想了未来零售在新兴技术辅助下的开展，探究如何提高被调查者的消费欲望和满意度。消费者对新兴技术辅助零售业销售的期望值如图 9 所示。

消费者对大数据分析和智能互动设备两个板块有着较高的期待。我们推测原因可能是消费者已经体验到大数据分析和智能互动设备的优点，即大数据分析可以让消费者过滤掉自己不想要的服务和商品，让推送到消费者面前的商品符合消费者的期待；智能互动设备较大程度上便利了人们的生活，智能家电、智慧机器人等都是让消费者切身感受到的产品或服务。相反，人工智能驱动助手和区块链平台这类对于普通消费者而言存在"空"和"高大上"的问题。因此，新兴技术在未来辅助零售业还有很大的提升空间。新零售并非完美的，它还需要技术发展去完善，比如物联网设备的拓展使用、现代化的结账体验、集中库存的管理、数据隐私的保护等。在零售业发生翻天覆地的变化后，新零售比任何时候都更加需要新兴技术的推动。零售业务正处于整合并逐渐升级的过程中。降低运营和基础设施成本、提高数据安全性、简化供应链管理流程、提供更好的客户体验等可以将零售业务提高到一个新的水平。

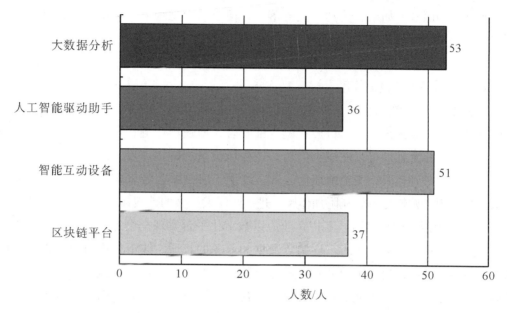

图9 消费者对新兴技术辅导零售业销售的期望值

五、研究结论与政策建议

（一）研究结论

1. 新冠疫情期间线下零售萧条，线上零售逆势上涨

新冠疫情的暴发，让零售业出现了"冰火两重天"的局面：一方面是出于疫情防控的需要，众多线下大型商超被迫关停，线下业务无法展开，线下零售萧条；另一方面是线上零售逆势上涨，满足了人们对非接触式销售的特殊需求。

2. 线上用户数量增长，但仍需优化用户体验和提升用户满意度从而留住用户

在新冠疫情期间，新零售企业的线上平台用户数量飞速增长，能否使这些用户在新冠疫情之后仍然继续使用该平台对于新零售企业来说至关重要。虽然新冠疫情期间用户数量激增，但这些用户很可能会在新冠疫情结束之后流失，因此平台应该不断给用户带来满意的使用体验，从选购、下单、配送，再到售后都要给用户良好的和舒适的体验。平台要根据每一个消费者的需求定制个性化推荐，从而增强用户黏性。此外，用户满意便是最好的广告，消费者在获得愉快的购物体验后，都会愿意向亲朋好友分享产品，从而吸引更多的消费者前来购买。

3. 线下零售的客户来源相对稳定，但缺乏较高的效率和服务水平来满足客户需求

不管是面对传统零售还是面对新零售，线下零售的客户来源一直都是相对稳定的。

由于线下获客十分容易，因此零售企业便不太会有激励去采用新的技术、利用新的渠道去提高效率和创新度。但是，消费者在线上零售养成的习惯促使消费者在线下也偏向追求更高的服务，如果感受到太大的落差，便会减少到线下门店的消费次数，给线下零售商增加了压力。

（二）政策建议

1. 线上线下产业链高度融合

（1）线上线下联合运营。零售企业应高度整合线上线下业务，通过社区营销和数字化技术不断拓展客户群，加快产业链内部整合，增强产业链管理意识和提高管理效率。线上线下相互辅助可以使线上门店拓宽公域流量的触达广度，线下门店以用户为中心，聚焦服务和体验，实施精细化运营。线下门店给顾客带来实物试用体验、商品即买即提、现场营销分享好礼附加体验，进一步激发顾客的消费动机。

（2）线上线下数据贯通。零售企业应以数字化平台实现全渠道数据打通，实现订单、库存、会员、商品、门店、促销等数据和业务的打通。线下门店可以根据精细画像为顾客推荐商品，提高出单率和复购率，同时沉淀更多资源。通过整合线上线下门店资源和数据，零售企业能够快速分析总结出全渠道经营、管理、营销各环节是否出现纰漏，不断改进和优化，最大限度地满足客户需求，提升客户的体验感。

2. 应用新的商业模式，使线下门店与线上平台具有差异性

（1）加强线下的布局。零售企业应提升消费者体验，满足居民消费，在抢占线下资源的同时进一步优化线下销售策略。零售企业应以原有品牌信誉度为基础，深入社区层面，扩大线下服务范围，并且使这些线下布局产生持续性效应，进一步将线上消费者引流至线下。

（2）用高科技方式吸引顾客。零售企业应增加更多的科技手段，增强品牌或店铺与顾客的互动，和顾客产生更多的联系，从而提高顾客的兴趣。线下零售拥有可见的产品质量保障和各种优惠福利。在此前提下，为消费者提供产品安全配送到家服务，并且在配送时采用机器人或无人机的配送方式，提高配送效率，更快捷、更准确地将商品送至目的地。这样，可以大大降低人力成本，加速推进无接触式配送的发展，用引进高科技配送的方式来吸引消费者。

3. 主动拥抱新零售理念与数字经济手段

（1）积极接受新零售理念与数字化经济手段。数字经济使传统零售商可以找到更多的潜在客户，可以根据年龄、职业和消费习惯为消费者提供更有针对性的服务。

（2）打造产业链生态圈。在新零售产业链的平台上，零售企业可以快速了解彼此的需求，并及时做出相应的调整，建立可持续的利润分享和管理机制，协调内部和外部利益，促进业务连续性管理，降低业务风险。

附件：调查问卷

一、基本情况

1. 性别：□男 □女

2. 年龄：□16~18 岁 □19~35 岁 □36~50 岁 □51~65 岁

3. 职业：□专业人士 □服务业人员 □公司职员 □事业单位/公务员/政府工作人员
　　　　□自由职业者 □工人 □学生 □其他

二、单选题

1. 新冠疫情期间最大的需求是什么？

A. 衣物　B. 食物储备　C. 娱乐消遣　D. 医疗物资

2. 您在新冠疫情期间最看重的消费需求是什么？

A. 体验感　B. 社交需求　C. 新颖　D. 经济

3. 新冠疫情期间您消费决策中的重点关注因素是什么？

A. 产品价格　B. 个人喜好　C. 销售服务　D. 品牌保障

E. 有效防疫

4. 新冠疫情是否使您从线下购买趋向线上购买？

A. 是　B. 否

5. 您认为线上购买最大的问题是什么？

A. 质量保障

B. 物流服务

C. 防疫问题

D. 价格差异

6. 您在线下购买时更倾向于去哪里？

A. 家附近的便利店　B. 大型超市　C. 市场集市　D. 百货大楼

7. 什么销售手段最吸引你？

A. 个性化推荐　B. 折扣优惠　C. 试用体验　D. 一站齐全式

8. 面对新零售冲击，您认为传统零售业最明显的不足是什么？

A. 售后服务不完善　B. 价格优势小　C. 商品种类较少　D. 缺少用户评价

三、多选题

9. 您线上购买的渠道是什么？

A. 第三方电商及小程序

B. 超市便利店的外卖服务

C. 品牌应用程序或官网

D. 直播平台

10. 您认为传统购物方式的缺点是什么？

A. 产品种类少、新颖性弱

B. 成本高、产品价格不透明

C. 时间地点的固定性限制

D. 购买渠道单一、信息局限

11. 您认为存在哪些问题导致传统零售业收入较低?

A. 成本管控不平衡

B. 消费者消费信心下降

C. 品牌与企业经营模式不同

D. 宏观经济环境不景气

12. 商家应如何保持竞争力?

A. 打造高质量商品　B. 优化营销方式　C. 树立品牌形象　D. 迎合市场变化

13. 您在购买以下哪些物品时更倾向于线上?

A. 电子电器　B. 服饰类　C. 农产品　D. 零食饮品　E. 家居用品

14. 您认为零售销售模式的变化是什么?

A. 区别不大,销售本质不变

B. 时空限制到时空不限

C. 部分由线下转到线上

D. 商品大众化到个性化

15. 怎样增强新零售带给您的购物体验?

A. 礼貌待客,提供购物建议

B. 免费送货服务,加速配送

C. 开展节日活动,实行折扣

D. 店内陈列的购物友好性

16. 您认为以下哪些技术更有助于您进行购物?

A. 大数据分析:按照消费者的喜好进行个性化推荐

B. 人工智能(AI)驱动助手:代替人工客服进行销售服务

C. 智能互动设备:融入生活场景,让消费者沉浸式体验产品功能

D. 区块链平台:实现商品追根溯源,保障产品真实性和安全性

17. 您认为新零售未来的瓶颈问题是什么?

A. 以资本推动为导向伴随的问题

B. 技术基础设施与经营规模不平衡

C. 前台发展与后台管控不平衡

D. 产品类型与大众化消费人群不匹配

18. 您对未来购物方式的设想是什么?

A. 虚拟购物场景下立体化购物

B. 图像识别技术下随机性消费

C. 生物识别技术下安全支付

D. 人工智能（AI）购物助手贴身"导购"

E. 无人商超中自助式购物

参考文献

［1］李晓雪，路红艳，林梦. 零售业数字化转型机理研究［J］. 中国流通经济，2020，34（4）：32-40.

［2］梁佳，严锋，杨宜苗. 数字技术推动了零售业高质量发展吗：基于面板门限模型的检验［J］. 经济与管理，2022，36（6）：15-24.

［3］王娜，吴健生，彭子凤. 深圳市零售业空间格局及影响因素［J］. 经济地理，2021，41（9）：125-134.

指导老师：杨海丽

国潮文化对消费者购买意愿影响的调研报告

阳雨芯　吴菽婷　向红艳　周琴

（重庆工商大学经济学院贸易经济专业，2021级）

摘　要： 随着我国综合国力的不断增强与中华文化在世界范围内影响力的不断扩大，国潮文化近年来迅速崛起，国潮品牌在消费市场中逐渐占据一席之地，国潮产品的发展前景空前广阔。国潮文化已成为彰显我国文化底蕴、展示年轻人文化自信的缩影。具有中国传统文化标识的国潮产品深受广大消费者喜爱，而消费者的购买意愿与行为也会受到国潮文化的显著影响。国潮文化的盛行，既拉近了大众与中华优秀传统文化之间的距离，还赋予了国潮产品以文化载体的作用，在产品走向世界的过程中也让世界了解到中华文化。因此，本调研报告的研究主题具有一定的研究意义。本次调研采用以线上问卷调查方式为主，查阅相关文献及线下展开调查为辅的方式，从消费者心理与产品属性两个方面，并加以讨论消费者对中华传统文化的重视程度这一影响因素来研究当前国潮文化对消费者购买意愿是否产生影响、产生何种影响。本次调研时间为2022年7月28日至7月29日。我们在线上平台制作并发放电子问卷，并在微信、QQ、微博等各种社交平台上随机选取样本进行线上访谈。我们共投放了国潮文化对消费者购买意愿的影响的调查问卷200份，回收188份，经整理获得有效问卷188份，回收率为94%，有效率为100%，数据主要来自重庆市、福建省等。调查结论如下：第一，国潮文化对消费者购买意愿产生一定影响。第二，国潮文化对消费者的购买意愿起到积极引导作用。第三，国潮文化通过中华传统文化、时代潮流、产品属性和消费者心理四个方面对消费者购买意愿产生影响。第四，国潮文化立足于中华传统文化，融合时代潮流展现新形式、新活力，催生消费者对国货的支持心理等因素皆对消费者的购买意愿有着重要影响。调查建议如下：第一，增强创新竞争能力，打破同质化局限。第二，把控产品质量，提升生产效率。第三，学习国粹精髓，增强文化感染力。第四，扩展营销模式，寻求国潮产品新发展。

关键词： 国潮文化；购买意愿；文化象征性；创新发展

一、引言

（一）研究的背景与意义

1. 研究的背景

近年来，消费市场呈现井喷的繁荣现象，各类品牌崛起，国潮品牌也逐渐占据一席之地，购物类软件中搜索国潮产品的比例逐步增长，国民对国潮产品的购买意愿不断增强。"国潮"二字，从字面理解即"中国潮流"，但实质上是指以潮流的方式传承中国传统美学，以研发文创的方式打开大众商品市场。"国潮"是传统与现代良好结合的产物，它真正开始走进消费者视野并形成热潮被大众所接受和喜爱是在2015年故宫文创走红之后，这类国风文创产品可谓是国潮文化进入大众市场的敲门砖。2018年2月，天猫"国潮行动"携部分国潮品牌登上纽约时装周在世界上进行了一次尤为成功的亮相。自此，国潮风正式兴起，国潮文化日益成为一种潮流趋势。随着国家陆续出台人力支持传统文化发展的政策，国风文创产品的发展也搭上了一辆快车。厂商将潮流与传统文化结合得愈发创新愈发吸引消费者眼球，国潮文化开始在多方面多领域展现出蓬勃的生命力。国潮的迅速火爆看似是一种偶然的社会现象，其背后却包含着多维度的复杂动因。国潮文化的迅速发展是中国经济快速发展的必然结果，也是中华优秀传统文化在世界文化中的地位显著提升的重要体现，更是新生代消费者对文化自信的彰显。随着国潮文化的不断发展，消费者对商品的购买意愿也受到影响，购买行为发生一定的改变。

2. 研究的意义

对于消费者而言，国潮既是文化认同，也是个性表达，文化自信会带来身份的认同，而这种认同感又会反映在对国潮文化的消费倾向上。有学者认为，当下正流行的"青少年国学热""汉服热"正是文化自信的回归。国潮的出现将抽象意义上历史的沉淀与凝结转化成为具体的品牌与产品，拉近了大众与中华优秀传统文化的距离。这种传统文化的回归和大众对民族文化的强烈认同感以及国货质量的不断提高都极大地推动了"新国潮"的崛起。因此，国潮是当今商业发展与文化复兴的共同产物，国潮热的背后不仅是中国制造品牌的崛起，更是中国情怀与自信的彰显。现在的国潮产品正在不断走向世界，不断向世界展现中华优秀传统文化、中国的潮流、中国的设计，有利于不断增强世人对中国文化的认同感，使中华文化得以更好地屹立于世界民族之林。国潮文化在国人的带领下会实现更大的突破，会以更加良好的状态促进潮流文化市场的发展，会形成属于自己的完整体系，以更加自信的姿态走向世界，向世界展现中国文化的独特魅力。洞察与研究国潮文化及其对消费者购买意愿的影响，对进一步弘扬中华优秀传统文化、扩大国潮消费具有重要的理论与实践意义。

（二）国潮文化市场 PEST 分析

1. 政治环境（P）

2016 年，国务院发布了《"十三五"国家战略性新型产业发展规划》，提出数字技术与文化创意、设计服务深度融合，数字创意产业逐渐成为促进优质产品和服务有效供给的智力密集型产业，创意经济作为一种新的发展模式正在兴起。2017 年，文化部发布《文化部"十三五"时期文化产业发展规划》，提出以文化创意、科技创新为引领，提升文化内容原创能力，推动文化产业产品、技术、业态、模式、管理创新，推动文化产业与"大众创业、万众创新"紧密结合，充分激发全社会文化创造活力。2018 年，中共中央办公厅、国务院办公厅印发了《关于实施中华优秀传统文化传承发展工程的意见》，提出到 2025 年，具有中国特色、中国风格、中国气派的文化产品更加丰富，文化自觉和文化自信显著增强，国家文化软实力的根基更为坚实，中华文化的国际影响力明显提升。

2. 经济环境（E）

国潮热标志着产业结构得到了优化，高品质国货赢得了市场，中国制造已经进军全球中高端产业链，"中国速度"正在向"中国质量"转变，中国经济在转型中实现了成功起跳。近年来，中国政府大力推进经济转型和产业升级。中央政府和各级地方政府又出台了大量调结构、促升级的政策，有效推动了经济转型。制造业升级是产业升级的核心。经过几十年的发展与积累，中国已经形成坚实的制造基础。通过供给侧结构性改革，中国企业逐渐走出追求产品数量与低成本的误区，在创新与质量上下功夫，实现了有效突破，由"中国制造"转向"中国创造"。目前，中国的产业体系完备，是世界上唯一一拥有联合国产业分类中全部工业门类的国家。在世界 500 多种主要工业产品中，中国有 220 多种产品的产量居世界第一。作为创新活动的主体，中国企业在专利数量方面已处于全球领先水平。通信产业、物联网、人工智能、新能源汽车等高端新兴产业蓬勃发展。传统制造业不断升级改造，产品质量、生产工艺管理水平与技术水平不断提升产生了很多新的组织与生产模式。目前，国内形势向好的经济环境为国潮文化的发展奠定了根基。

3. 社会环境（S）

国人消费能力不断提高是国潮热形成的重要原因。2018 年，中国人均国民总收入达 9 732 美元，高于中等收入国家平均水平。随着收入水平和国民消费能力的不断提高，消费结构持续升级。一种品牌之所以越来越受消费者追捧，一方面是因为它能向消费者传递产品的质量品质信息，另一方面是因为消费者展现自我定位和自身价值的方式。美国经济学家凡勃伦曾提出"炫耀性消费"的概念，认为商品包含实际使用效用和炫耀性消费效用，有闲阶级通过购买高价商展示其财富。于是，在消费者相互影响和模仿的过程中，品牌变得越来越重要。此外，政府、媒体、企业共同行动是国潮热形成的强大助力。近年来，人们对传统文化的关注度不断高涨，媒体也加大了对传统文化的宣传力度，在各大平台上推出了形式多样的高质量文化节目，例如《中国诗词大会》《国家宝藏》《上新了故宫》等，收视率、口碑都非常好，既有效普及了传统文化知识，让更多人懂得并热爱传统文化，也提高了人们的文化认同感。

4. 技术环境（T）

互联网技术的进步极大地推动了国潮文化的发展。在当前社会结构的变迁中，互联网社交媒介的迅速崛起，改变了传统社会的资源传播结构，使得人们的社交网络得到了前所未有的扩展。网络技术打破了"在场"的限制，整体、集体的感觉和意识也在淡化、消退。信息技术的广泛应用使人们在形式上的个体化生存成为可能。与此同时，社交媒体在互联网上的发展，为进一步重构社会资源注入了新活力，个人操控社会传播资源的能力被激活。互联网的发展对国潮的崛起起到了赋能的作用。互联网不仅激活了人们闲置的各类资源，也激活了个人的信息需求与偏好。互联网还重构了大众与媒体之间的权力关系，使信息传播者与接受者之间的互动交流成为可能。生活在互联网新时代的"国潮青年"，相较于过去，他们通过网络能接触到更全面的世界，从而也能在不同领域发生超越时空的互动。在多维的互动和选择中，人们的自我意识逐渐得到强化。

二、国潮文化和消费者购买意愿的文献回顾

（一）国潮文化的相关研究

2018 年，国潮文化兴起，国内外学者对国潮文化的定义、形成原因、发展现状和方向、与文化自信的关系以及消费市场中的国潮文化等进行了大量的研究。

在国潮暂时没有权威定义的时期，大多数学者都赞成国潮是将传统文化和现代潮流审美进行结合的一种潮流。直到 2019 年清华大学文创发展研究院发布《国潮研究报告》才对国潮进行了完整的定义。国潮从狭义上来说是指代特定品牌，即由中国本土的年轻潮流设计师创立的品牌，具有鲜明的小众文化特色；从广义上来说是指具有中国特色的、符合时代前沿审美和技术趋势的、具有国际视野的、展现文化自信的中国商品。欧依靓在《探析当代"国潮风"形成原因和其中透出的文化自信》一文中指出，国潮形成的前提是中国国力的发展水平，基础是中国本土品牌的创新蜕变和中国制造的升级，关键是中国人民消费水平和鉴赏能力的不断提高及消费者消费需求的增长，强大助力和保障是国家、媒体、企业的共同行动，根本驱动力和正面影响是中国人民文化自信水平的提升。国潮文化以国潮产品为载体，不少学者认为，中华文化蕴含诸多跨时空、跨国度、富有当代价值、具有永恒魅力的基因，形成了中华民族独特的精神世界。新国潮品牌将秉承对中华文化的表达和彰显，延续时尚、前沿、个性的设计风格，在广度和深度层面实现有效推广，使品牌更具潮流符号价值。国潮产品对传统民族文化符号的改造既保留了身份标识，又满足了个性需求，加深了消费者对国潮的认同和崇拜。学者们认为国潮的流

行与国民文化自信水平的提升密不可分。赵春华提出，时尚微观上可以建构身份、展示个性；中观上可以形成和加强群体身份认同；宏观上可以影响社会意识、引导社会调试。国潮流行现象实际上是一种"时尚化的中国表达"，代表着国民的文化自信水平不断提升。黄雅馨运用SWOT分析法通过四个维度研究国潮的发展现状和方向，认为国潮文化潜力巨大，深受年轻一代青睐。只要积极响应国家政策，紧抓中华优秀传统文化，不断探索新的销售渠道和营销方式，国潮未来可期。

改革开放以来，社会经济的高速发展及近年来我国对传统文化的大力保护和弘扬，本土潮流文化由过去的日韩风、欧美风，逐渐转向中国风，出现了大量中国元素，不少商家打出国潮牌。这种消费市场中诞生的国潮概念，正一步步成为当下我国社会中的一种潮流文化。喻镭研究认为，国潮文化对生活的渗入在服饰的设计上表现得最为突出。不少服装设计师将一些特点突出的中华优秀传统文化符号加入服饰中。国潮文化虽然诞生于消费市场中，但将传统文化融入生活中，为民众丰富了精神享受，在很大程度上避免部分传统文化被遗忘、被忽视。

大量学者关于国潮文化的研究文献为我们调研国潮文化对消费者购买意愿的影响提供了充足的理论支撑，提升了本次研究的可信性。在已有文献的基础上，我们继续深入探析国潮文化对消费者购物意愿的影响。

（二）消费者购买意愿影响因素的相关研究

购买意愿是指消费者购买某种特定产品的主观概率或可能性。意愿是行为的前因变量，是思想先于行动中极为重要的一环，也是人们做出决策行为前必经的考虑因素。消费者所做的任何决策都与其态度、自身的主观认识有着紧密的联系。消费者的态度、主观认识产生行为意向，行为意向导致行为的发生。由此可知，消费者做出的一切购买决策皆受到购买意愿的影响，消费者的购买意愿在消费这一行为中占据着特殊且不可忽视的地位。

顾客价值是隐藏在消费者购买决策背后的根本原因。参考过往大多数专业学者对于此理论的研究结果，我们认为，消费者做出购买决策是基于对价值的综合判断，消费者价值越高，消费者购买产品的意愿越强烈。

关于消费者购买意愿的影响因素这一研究，国内外的研究结果众说纷纭。目前，国内外学者主要从风险、成本和服务等几个方面对消费者的购买意愿进行研究。Soyeon（2001）等人认为，搜索产品信息的意愿与消费者感知风险有一定关系。他们在感知风险理论的基础上建立了信息搜索对购买意愿的影响模型。Arun（2002）采取相关实证研究证实了产品信息质量、商品配送以及顾客咨询满意度等因素会对消费者购买意愿产生不同程度的影响。王建军（2019）研究认为，消费者购买意愿不仅取决于商家的发布信息，还受到其他消费者口碑的影响，当引入感知价值后，陌生口碑不仅影响消费者的购买，而且通过感知价值间接作用于消费者购买意愿。汪旭晖（2022）研究发现，信息类智能购物体验和娱乐类智能购物体验均对消费者购买意愿产生正向影响。王晓川（2021）提出，民族文化自信和时尚文化倾向对消费认同会产生直接显著的正向影响，继而引发消费者的购买意愿。Zeithaml（1988）认为，消费者在购买产品时，是依据对所能感知到的利益与其在获取产品或服务时所付出的成本进行权衡，即感知价值做出购买决定的，而绝不是仅仅依据某个单一因素做出购买决策的。

上述学者的研究从理论上指导了我们对消费者购买意愿的认识与理解，在消费者做出购买决策的现实语境下，消费者不仅会考虑购买产品所带来的各种利益，如产品效益、产品属性、所提供的服务等，而且会考虑在购买产品时将付出的各种成本，如产品自身价格、购买产品所花费的时间和精力成本、可能带来的损失等。理论研究和实践表明，消费者追求价值最大化，他们会对购买行为和产品形成一种价值期望，并根据此期望指导下一步行动。

三、国潮文化对消费者购买意愿影响的调查分析

（一）调查概况

1. 调查方法

（1）线上问卷调查法。我们通过在线上制作电子问卷并进行发放和回收，搜集整理好最终数据。

（2）文献调研法。我们查询了相关文献资料，对调研报告进行相关论据的补充。

2. 调研安排

调研安排如表 1 所示。

表 1 调研安排

安排	日期
组建调研小组	2022 年 7 月 17 日至 7 月 18 日
确定调研题目	2022 年 7 月 19 日至 7 月 20 日
查询相关文献资料	2022 年 7 月 21 日至 7 月 23 日
设计调查问卷	2022 年 7 月 24 日至 7 月 25 日
改进设计方案及问卷	2022 年 7 月 26 日至 7 月 27 日
进行问卷调查	2022 年 7 月 28 日至 7 月 29 日
调查数据处理及审核	2022 年 7 月 30 日至 8 月 1 日
调查数据分析	2022 年 8 月 2 日至 8 月 3 日
拟定报告思路	2022 年 8 月 4 日
撰写调查报告	2022 年 8 月 5 日至 8 月 13 日
修改与总结	2022 年 8 月 14 日至 8 月 29 日

3. 问卷发放与回收

数据主要来自重庆市、福建省等。我们共投放了国潮文化对消费者购买意愿的影响的调查问卷 200 份，回收 188 份，经整理获得有效问卷 188 份，回收率为 94%，有效率为 100%。我们查阅整理了相关文献资料，对研究对象有了一定的了解，并且在指导老师的指导下对本次调研构建了调研模型，对调研有了立体直观的方向，为后续调研工作的开展提供了很大帮助，从而完成国潮文化对消费者购买意愿的影响的研究。

4. 调查目的

我们针对不同年龄段、不同学历、不同消费水平、不同地区的消费者进行了国潮文化对其购买意愿的影响的调查，以此来满足调查的多样性和全面性。此次调研的主要目的是了解消费者对国潮文化的认知、影响消费者购买意愿的因素以及消费者对未来国潮文化发展趋势的看法和愿景，并希望通过此次调研得出的结论可以助力国潮文化发展。

（二）描述性分析

1. 样本构成

本次调研选择了性别、年龄、受教育程度、每月除去必要开支外的可用金额四项内容来观察调查样本的特征以便更好地开展本次调研活动。被调查者的基本特征如表 2 所示。

表 2　被调查者的基本特征

变量	样本量	最小值	最大值	变量定义
性别	188	1	2	1=男 2=女
年龄	188	1	6	1=18 岁及以下 2=19~22 岁 3=23~32 岁 4=33~42 岁 5=43~52 岁 6=53 岁及以上
受教育程度	188	1	4	1=初中及以下 2=高中、专科 3=本科 4=本科以上
每月除去必要 开支外的可用金额	188	1	5	1=500 元及以下 2=501~1 000 元 3=1 001~1 500 元 4=1 501~2 000 元 5=2 001 元及以上

（1）性别。为调查国潮文化对消费者购买意愿的影响因素，本次调研共发放问卷 200 份，回收有效问卷 188 份，其中男性有 53 人，占有效样本的 28.19%；女性有 135

人，占有效样本的 71.81%。结合以往的文献分析，国潮文化对不同性别消费者购买意愿的影响呈现不确定性，比如带有传统文化元素的潮玩，男性消费群体占比较高；国潮美妆等，女性消费者居多。因此，在调研过程中性别不作为主要调查样本。但是，如果性别比例均衡，调查结果会更为客观。

（2）年龄。在年龄构成方面（见图 1），研究样本年龄层主要集中在 19~22 岁的"新文化崛起层"，达到 124 人，占有效样本总量的 65.96%。18 岁及以下和 23 岁及以上的被调查对象较少，合计 64 人，占有效样本总量的 34.04%。形成这种结果的原因可能是 18 岁及以下消费者几乎无收入，可支配金钱有限。23~32 岁消费者属于"消费潜力层"，但受文化、品牌效应、生计压力等因素影响，调查对象较少。33 岁及以上的调查对象较少，可能是由于本次调研形式属于线上问卷调查，而许多年龄偏大的消费者由于不熟悉电子产品的使用较难参与线上问卷的调查，实验数据存在一定的偏差。

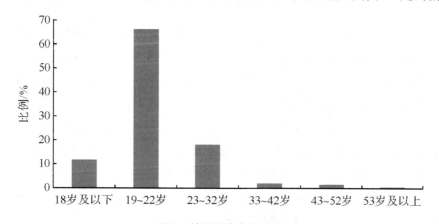

图 1　被调查者年龄构成

（3）受教育程度。消费者的消费行为、消费观念、消费结构、消费方式以及消费水平等方面都与其所受教育程度息息相关。为更好地了解国潮文化对受教育程度不同的消费者购买意愿的影响，我们通过调查问卷了解到被调查者的受教育程度（见图 2）。调查结果显示，被调查对象中初中及以下学历仅 6 人，本科以上学历 8 人，分别占样本总量的 3.19% 和 4.26%，比例很低。高中、专科学历有 31 人，占样本总量的 16.49%，占比较低。本科学历有 143 人，占样本总量的 76.06%，占比最高。因此，从学历占比来看，被调查对象受教育程度较高，以本科学历为主。但我们从对所收集的问卷初步归类的结果发现，初中及以下和本科以上学历处于两个极端的调查案例较少，因此在一定程度上会影响调查结果的准确性与代表性。

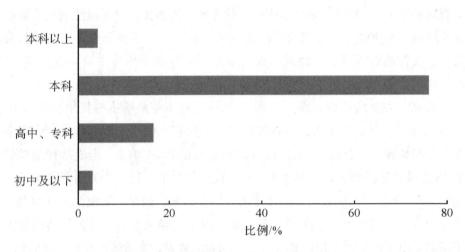

图2 被调查者的受教育程度

（4）每月除去必要开支外的可用金额。除去必要开支外的可用金额是影响消费者购买决策的重要因素。为了更清晰、深入、全面地了解国潮文化对消费者使用可支配金额去购买商品的影响，本次调研收集了被调查者除去必要开支外的可用金额（见图3）。调查结果显示，被调查对象除去必要开支外的可用金额多在 501~2 000 元。可支配金额在 0~1 500 元的有 155 人，占样本总量的 82.45%；被调查对象除去必要开支外的可用金额在 1 500 元以上的有 33 人，仅占样本总量的 17.55%。由此可见，大部分被调查对象除去必要开支外的可支配金额较少。

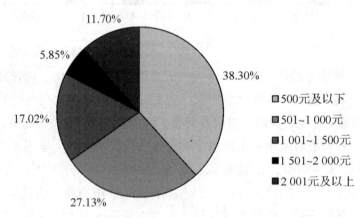

图3 被调查者除去必要开支外的可用金额

2. 产品属性和消费者心理对消费者购买意愿的影响

研究国潮文化对消费者购买意愿的影响，需要了解消费者的购买行为和购买习惯，才可以进一步了解到消费者的购买意愿的影响因素，继而分析国潮文化会在哪些方面对消费者意愿产生影响。本次调研对消费者在购买过程中会考虑到的产品价格、质量、外观、设计以及拥有的消费者心理等方面进行了数据分析，了解到消费者的购买行为概况，进而研究国潮文化对消费者购买意愿的影响。

（1）产品属性对消费者购买意愿的影响。随着社会生产力水平不断提高，人们的生活水平在不断提升，消费者的消费能力逐步增强，对产品的要求也在逐渐提高。为了解消费者在对一般产品购买过程中会考虑到哪些产品属性，我们对此进行了调查分析（见表3）。

表3　消费者在购买一般产品过程中会考虑到的产品属性

选项	小计/人	比例/%
质量	157	83.51
价格	152	80.85
外观	132	70.21
设计	108	57.45
功能	77	40.96
文化元素	62	32.98
品牌	60	31.91

首先是价格、质量和外观。在本次调研中，我们一共设置了七个产品属性供被调查对象选择。其中，消费者在购买过程中首先注重的是产品价格、质量和外观。这表明，大多数消费者在购买过程中做出决策时受质量、价格和外观的影响最大。因为质量往往会决定产品的使用寿命，优质的商品会大大降低消费者在使用过程中的担忧与风险。价格与消费者的经济负担能力有关，消费者在一定金额内往往购买尽可能多的产品，因此产品价格成为消费者在购买过程中的一个非常重要的考量因素。根据马斯洛的需求层次理论，人的需求是分层次结构的，在低级需求被满足以后，人就会去追求更高层次的需求。因此，在人们的生活水平不断提高的现代社会，大多数人对产品的考量也会从仅需满足基本功能过渡到需要更加考虑产品的外观。

其次是设计与功能。设计与功能在消费者的购买过程中对其购买意愿的影响较为次要，但影响程度仍很大。这是因为随着生产力水平的不断提高及科技的进步，人们接收到的来自外界的信息逐渐增多，加之对更高层次需求的追求，对产品也开始逐渐有了设计方面的追求，渐渐期待产品可以拥有更好的功能。

最后是文化元素与品牌。文化元素与品牌在消费者的购买过程中对其购买意愿的影响居于最末，但影响程度仍旧不低。这是因为，在互联网技术不断发展的背景下，媒体和社会舆论的力量在消费者做出购买决策时产生了很大的影响，而品牌正是商家借助媒体舆论来进行营销的产物。消费者在产品购买时对文化元素的考量则是在国家文化自信的号召下与中国人民文化认同感不断增强的情况下在产品购买上的直接表现。

（2）消费者心理对消费者购买意愿的影响。消费者意愿是基于消费者本身而言的主观概念，因此消费者在购买产品过程中的消费者心理对消费者意愿的影响至关重要。为此，我们对消费者在购买一般产品时的消费者心理进行了调查分析。因为直接引用心理名称恐表达不明，造成被调查对象误解，所以我们采用内容更浅显易懂的语句作为问卷选项（见表4）。

表4　消费者在购买一般产品时的消费者心理

选项	小计/人	比例/%
符合个人实际需要（求实心理）	116	61.7
价格实惠，性价比高（求利心理）	84	44.68
跟随当下潮流趋势（从众心理）	83	44.15
产品美观，具有艺术美感（求美心理）	52	27.66
产品与众不同，更为新奇（求新心理）	44	23.4
热爱祖国，有中华传统文化认同感（爱国心理）	42	22.34
品牌响亮，追求名贵品牌（求名心理）	12	6.38

从表4可以看出，消费者在购买产品时最常有的消费者心理是求实心理，这也代表着消费者在购买过程中最主要考虑的是商品的一般功能价值是否值得其用金钱去换取，即消费者会出于自身需求去考虑一件产品是否值得购买。消费者最少有的心理是求名心理，仅有一小部分消费者会因为品牌昂贵可以在心理上为自身带来荣誉感及满足感，并可以彰显自身身份地位而选择购买。

3. 对国潮文化和国潮产品的认知

Peter 和 Olson（1996）认为，行为意愿又称行为倾向，即消费者未来可能采取某种行为活动的意愿倾向，是连接消费者自身状态与未来行为的一种陈述。杨悦（2020）的研究表明，被调查对象对产品的感知价值越高及感知信息会显著促进被调查对象做出购买决策。为了更好了解被调查对象在购买国潮产品时的决策。本次调研从被调查对象对国潮的认知、购买产品时更注重的方面、选择国潮产品的原因、对国潮产品未来发展的认同度以及认为国潮产品需要改进的地方等方面对消费者购买国潮产品的行为意愿做了如下分析：

（1）被调查对象对国潮的认知。历经40多年的改革开放与全面发展，中国制造的量与质已今非昔比，从代工服装到制造汽车，从模仿到创新，中国制造已开始摆脱价廉质低的刻板印象。消费者正在不断提升自身的文化自信水平，其民族自信心和民族自豪感不断增强。年轻人对中华优秀传统文化越来越有认同感，对国货品牌的认同感与自信心进一步增强，其消费倾向的改变助力国潮流行。本次调研调查了被调查对象对国潮的认知（见图4）。

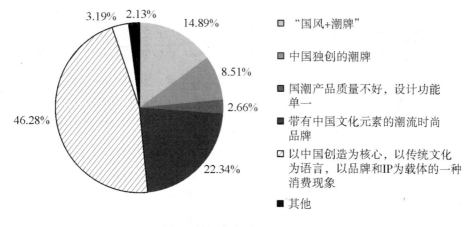

图4 被调查者对国潮的认知

由图4可知，绝大多数被调查对象都对国潮有一定的认知，仅有少数被调查对象对国潮从不了解。认为国潮是以中国创造为核心，以传统文化为语言，以品牌和IP为载体的一种消费现象的被调查对象占比约为46.28%；认为国潮是带有中国文化元素的潮流时尚品牌的被调查对象占比约为22.34%；认为国潮是"国风+潮牌"的被调查对象占比约为14.89%；认为国潮是中国独创的潮牌的被调查对象占比约为8.51%。

（2）被调查对象购买产品时的选择偏向。国潮产品将传统文化与时下潮流相融合，既符合年轻消费者对时尚的认知，又能够吸引他们对中华优秀传统文化的关注。中华优秀传统文化元素被运用到消费者的日常所购产品中，不仅能使消费者增强文化自信，也能使消费者拥有更加强烈的本土意识和文化认同感。随着大众对国潮的理解日益加深，"潮人"们的标准也越来越严。国潮引领当今消费新趋势，国潮消费者购物倾向也发生了些许变化。但是，消费者大多是理性的，在注重设计和品牌的同时也注重性价比。本次调研调查了被调查对象在购买产品时更注重的方面以及购买国潮品牌的原因（见图5）。

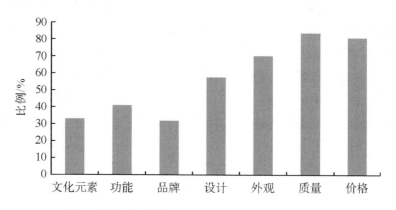

图5 被调查对象购买产品更注重产品的哪些属性

由图 5 可知，超过 70% 的被调查对象对产品的价格、质量和外观都很重视，57.45% 的被调查对象注重设计，40.96% 的被调查对象注重功能，31.91% 的被调查对象注重品牌，超过 40% 的被调查对象是因为符合个人实际需要和国潮产品具有艺术美感而选择国潮产品；32.98% 的被调查对象注重文化元素，超过 60% 的被调查对象购买国潮产品是因为热爱祖国，有中华传统文化认同感。这从侧面体现了国潮产品在一定程度上能够增强消费者的民族自豪感和文化认同感。相较之下其他方面的原因较少，占比不足 30%。由此看出，消费者在追求国潮的同时，也是理性的。

（3）被调查对象对国潮产品未来的认同度。国潮的发展与消费群体的消费观念息息相关。国潮的发展离不开消费者，中国的人口基数庞大，存在着诸多发展机遇，为国潮产品提供了一个良好的消费市场。尽管当下还未建立起一个完整的国潮市场体系，但相信在诸多主体的共同努力下，做好做强国潮产品有着广阔的前景。本次调研调查了被调查对象对国潮产品未来的认同度（见表 5）。

表 5　被调查对象对国潮产品未来的认同度

认同度	数值	人次/人
不认同	0~20	3
	21~40	8
比较认同	41~60	25
	61~80	60
非常认同	81~100	92

如表 5 所示，在被调查对象中，有 92 人对国潮产品的认同度在 81~100，有 60 人对国潮产品的认同度在 61~80，有 8 人对国潮产品的认同度在 21~40，极少数人对国潮产品的认同度在 0~20。被调查对象对国潮产品的认同度的平均值是 78.1。从这些数据可看出，大部分消费者对国潮产品的发展持积极态度，国潮产品的未来发展前景较为广阔。

（4）被调查对象认为国潮产品需要改进的地方。随着国潮市场的发展，因监管水平暂未跟上发展速度，庞大的国潮市场中国潮产品良莠不齐、产品粗制滥造、品牌迷失自我、国潮营销出现审美疲劳等现象陆续出现。国潮市场若想可持续发展，生产者必须正视国潮产品发展中的问题，不可一味敷衍消费者，应切实考虑消费者的消费体验，整改自身缺点，回应消费者诉求。本次调研调查了被调查对象认为国潮产品需要改进的地方（见图 6）。

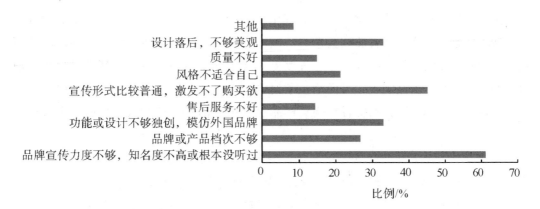

图6 被调查者认为国潮产品需要改进的地方

由图6可知，61.17%的被调查对象认为国潮产品的品牌宣传力度不够，知名度不高或根本没听过，国潮产品还需加大宣传力度，打造知名品牌。45.21%的被调查对象认为宣传形式比较普通，激发不了其购买欲，这也体现了国潮营销出现了审美疲劳，需要丰富新颖的宣传方式。同时，有被调查对象认为国潮产品功能或设计不够独创，模仿外国品牌，这需要生产者增强创新意识，提升创新能力，采用更加新颖独特的设计。其他需要改进的方面虽然占比较低，但是也不能忽视，往往细节决定成败。

四、研究结论、存在的问题及建议

（一）研究结论

1. 国潮文化对消费者购买意愿产生一定影响

近年来，随着全球化进程的推进和我国的社会变迁，追求国潮文化成为一种新的消费趋势和亚文化。有调查数据显示，超过78%的消费者会经常购买国货，27.7%的消费者认为国货是优质产品的代表。2018年，环球网的调查显示，75.8%的被调查对象增加了对国产品牌的消费。这些数据可以证明国潮文化的诞生与流行对消费者的购买意愿产生了一定程度上的影响。

2. 国潮文化对消费者的购买意愿起积极引导作用

根据百度2021年国潮搜索大数据，国潮在2012—2021年的关注度上涨了528%。国潮文化在近年来增强了对消费者的吸引力，消费者在受国潮文化的熏陶下增强了对国潮产品的购买意愿，进一步指导了消费者的购买行为。

3. 国潮文化通过中华传统文化、时代潮流、产品属性和消费者心理四个方面对消费者购买意愿产生影响

国潮文化的出现是历史与现实融合的结果，是传统文化与时代潮流结合而生的产物，国潮文化中所蕴含的优秀传统文化是让消费者更加青睐国潮产品的一个重要因素，国潮文化契合了大众对优秀传统文化的内在心理需求。

国潮文化消弭了传统文化与大众现代生活的距离，更利于走进消费者的心中，赢得消费者好感，加强消费者的购买意愿。国潮文化的出现与兴盛催生了国潮产品的新业态，国潮产品的成长与磨合在一定程度上满足了消费者对这些产品属性的要求。消费者的产品购买需求被实现，进而增强了对国潮产品的购买意愿。消费者意愿是基于消费者自身的主观概念，消费者在购买产品过程中的消费心理对购买意愿的影响至关重要。

4. 国潮文化立足中华优秀传统文化，融合时代潮流展现新形式、新活力，催生消费者对国货的支持心理等因素皆对消费者的购买意愿有着重要影响

潮流是动态的，它可能是一种时尚而短暂的兴起。我们不能让国潮文化的潮流成为昙花一现的现象，而要让它在不断改进与成长中成为当代中国社会的一种积极文化。国潮文化在短短几年的发展中便有这般成绩值得赞扬，但不可忽视的是当下的国潮文化仍处于发展初期，还不够成熟，仍面临着一些亟待解决的问题。

(二) 国潮消费市场存在的问题

1. 创新力不足，原创设计稀缺，同质化问题严重

我们从调查问卷的结果中了解到，有32%的被调查对象认为国潮产品的功能或设计不够独特，模仿外国品牌，难以给消费者留下极为深刻的印象。我们在淘宝应用程序中搜索"国潮"二字，商品价格从高到低，相似的创意形式、同款商品比比皆是。在消费升级的背景之下，受众的消费需求已经由物质层面转向精神和审美层面，大量风格类似的产品终会导致消费者的审美疲劳，降低消费积极性，从而对整个行业的活力及传统文化的传承都带来不利影响。

2. 产品质量良莠不齐，缺少市场监管

市场规模的扩大必然带动更多产品的生产，其中不乏劣质产品。对于国潮文化产品这样一个近几年发展壮大的新兴市场而言，法律法规及市场监管的缺乏更易导致劣质产品的泛滥。产品质量参差不齐是许多市场普遍存在的问题。对国潮文化产品，消费者往往看重其文化内涵与外观样式，而经常忽略产品的实体质量，因质量问题而夭折的国潮产品不在少数。我们在此次调查中发现，少部分被调查对象认为国潮产品存在着质量不能过关的弱势。

3. 国潮文化产品内涵缺失，国潮文化形象空洞化

从本质上来看，很多国货品牌的国潮化实践只简单挪用传统文化的表象，不乏流于形式及标签化、刻板化的产品售卖。此外，诸多国货品牌在国潮化的践行中，往往选择相同或类似的图文，将大体相似的语言、文字、图形加以简单拼接，而忽视或疲于对浩瀚中华文化精髓的挖掘。当前市场上大多数的国潮产品的形式重于内容，可谓喧宾夺主。在一些国潮品牌的销售过程中，生产企业总是过于注重营销造势的作用，而忽视了产品本身，极有可能造成高开低走的局面。我们在此次调研中发现，部分被调查对象给出了国潮产品品牌或产品档次不够的答案。

4. 宣传范围较为狭窄，国潮品牌知名度不高

在当前消费者的生活充斥着大量广告信息的环境中，部分国潮文化产品的宣传湮没其中难以显示出独特性，难以大范围地引起消费者的关注及青睐。同质化严重而进一步致使国潮文化产品的宣传缺乏独特性。大多国潮文化产品的宣传范围局限于部分消费者群体，宣传范围暂未覆盖全部消费者，难以拓展市场。大多数国潮品牌在市场上的知名度不高，消费者对其没有记忆点。我们在此次调研中了解到，大多数的被调查对象认为国潮产品的品牌宣传力度不够，知名度不高或根本没听过。

（三）进一步发扬国潮文化、提振国潮消费的建议

1. 增强创新竞争能力，打破同质化局限

对于国潮产品的消费主力军——青少年群体来说，他们成长于媒介发达的时代，求新求异是他们的消费本能。国潮文化的衍生产品、理念、个性、技术等基本构成要素需要与时俱进，推陈出新，国潮文化应把握好时代方向，紧跟时代潮流，争取让中国创造、中国文化、中国元素成为永远的市场热点。国潮产品生产者应积极发掘市场热点，可以在品牌联名中进行横向跨品类的尝试，打造创新产品，制造差异，以赢得求新求异的消费者的青睐，刺激消费者的购买欲望，提升品牌的知名度。

2. 把控产品质量，提升生产效率

针对国潮产品市场上鱼龙混杂、产品质量良莠不齐、产品创新能力不足等存在的问题，国潮产品生产商应加强对产品质量的把控，不可利用国潮文化的热度生产劣质产品，不可一味追求利润和生产速度而放松产品品控，应提升自身技术水平和工艺水平。生产者在做好产品前期设计的基础上，应结合现代商业机制将产品转化为实体产品并进行量产，寻求最为有效的生产机制。针对消费者提出的问题与建议，生产者应努力改进，努力提升消费者的国潮认知，突破国潮文化的刻板印象。

3. 学习国粹精髓，增强文化感染力

为保持国潮文化的发展活力，避免国潮产品陷入单一同质化困境，生产者应挖掘更加丰富的文本以呈现优秀传统文化精髓，有机结合传统文化元素，以多元的方式呈现传统文化的精神内涵，拒绝形式化、表象化，努力实现与消费者在价值观、生活方式以及消费观念等方面达成共识。传统品牌与 IP 可以围绕自身独有的传统文化内涵进行创新性解读，将中华文化的优秀精神内核置于新时代语境下，深挖中华优秀传统文化文本背后深层次的符号意义和价值，注重传达传统文化精粹，为国潮文化的发扬注入笃实沉厚之力。

4. 扩展营销模式，寻求国潮文化新发展

一些国潮品牌应承担起更多的责任，增强创新能力，引入新鲜血液，拒绝抄袭模仿国外品牌，通过产品创新与消费者实现对话和共鸣，为国潮产品打造示范，形成一定规模的粉丝，努力满足消费者对美好生活的需求；利用好新时代的互联网工具加强

品牌和国潮文化的宣传，提升产品质量和档次；做好售后服务，引领整个国潮市场有序发展，推动国潮文化可持续发展。

附件：调查问卷

1. 您的性别是什么？

○ 男

○ 女

2. 您的年龄是什么？

○ 18 岁及以下

○ 19~22 岁

○ 23~32 岁

○ 33~42 岁

○ 43~52 岁

○ 53 岁及以上

3. 您的受教育程度是什么？

○ 初中及以下

○ 高中、专科

○ 本科

○ 本科以上

4. 您每月除去必要开支外的其他可用金额是多少？

○ 500 元及以下

○ 501~1 000 元

○ 1 001~1 500 元

○ 1 501~2 000 元

○ 2 001 元及以上

5. 在您购买的产品中国潮产品大致占多少比例？

○ 10%以下

○ 10%~30%

○ 31%~50%

○ 50%以上

○ 不购买

6. 您对中国传统文化的重视程度如何？

○ 不重视

○ 一般重视

○ 非常重视

7. 您对国潮产品中运用中国传统文化的支持态度如何?

○ 不支持

○ 一般支持

○ 非常支持

8. 您对"国潮"的认知是什么?

○ 国风+潮牌

○ 中国独创的潮牌

○ 国潮产品质量不好,设计落后,功能单一

○ 带有中国文化和传统元素的潮流时尚品牌

○ 以中国创造为核心,以传统文化为语言,以品牌和 IP 为载体的一种消费现象

○ 从不了解

○ 其他

9. 您在日常生活中购买商品会注重哪些方面(多选题)?

□ 价格

□ 质量

□ 外观

□ 设计

□ 品牌

□ 功能

□ 文化元素

10. 您更倾向于购买哪些种类的国潮产品(多选题)?

□ 鞋帽服饰

□ 文创产品

□ 美妆护肤

□ 食品饮料

□ 数码产品

□ 其他

□ 不购买

11. 您认为当下的国潮产品有哪些优点(多选题)?

□ 符合当下审美,外观优美

□ 质量良好,较为耐用

□ 设计新颖,具有创新性

□ 价格实惠,性价比高

□ 中华传统文化元素丰富

□ 功能丰富,使用价值高

12. 您为什么会选择购买一般产品（多选题）？

☐ 符合个人实际需要

☐ 热爱国家，有中华优秀传统文化认同感

☐ 产品与众不同更为新奇

☐ 跟随当下潮流趋势

☐ 价格实惠，性价比高

☐ 品牌响亮，追求名贵品牌☐ 产品美观，具有艺术美

13. 您认为购买国潮产品可以增强文化认同感吗（从0~100，数值越高，认同程度越高）？

○ 0~20

○ 21~40

○ 41~60

○ 61~80

○ 81~100

14. 您对国潮产品未来发展的认同度如何（从0~100，数值越高，认同程度越高）？

○ 0~20

○ 21~40

○ 41~60

○ 61~80

○ 81~100

15. 您认为国潮产品还有哪些需要改进的地方（多选题）？

☐ 品牌宣传力度不够，知名度不高或根本没听说过

☐ 宣传形式比较普通，激发不了消费者的购买欲望

☐ 品牌或产品档次不够

☐ 风格不适合自己

☐ 功能或设计不够独创，模仿外国品牌

☐ 质量不好

☐ 售后服务不好

☐ 设计落后，不够美观

☐ 其他

参考文献

[1] 王轶群. "国潮" 文化的内涵界定及其产品分析 [J]. 人文天下，2020（18）：44-49.

[2] 欧依靓. 探析当代"国潮风"形成原因和其中透出的文化自信 [J]. 西部学

刊，2020（18）：55-57.

[3] 林波，刘鸿铭. 基于文化自信的新国潮品牌建设探析 [J]. 现代营销，2020（3）：81-83.

[4] 赵春华. 时尚传播的双轨运行机制 [J]. 青年记者，2019（5）：9-10.

[5] 黄雅馨. "国潮" 兴起的现状分析及发展建议 [J]. 全国流通经济，2021（34）：11-13.

[6] 喻镭. 浅析当下消费市场中的 "国潮文化"[J]. 明日风尚，2019（14）：5-6.

[7] 王崇. 网络消费者购买意愿影响因素模型研究 [D]. 哈尔滨：哈尔滨工业大学，2007.

[8] S SOYEON, A MARY. An online prepurchase intentions model: The role of intention to search [J]. Journal of Retailing, 2001, 77: 397-416.

[9] S ARUN. Trends in internet-based business-to-business marketing [J]. Industrial Marketing Management, 2002, 31: 77-84.

[10] 王建军，王玲玉，王蒙蒙. 网络口碑、感知价值与消费者购买意愿：中介与调节作用检验 [J]. 管理工程学报，2019, 33（4）：80-87.

[11] 汪旭晖，徐微笑，王新. 智能购物体验对消费者购买意愿的影响研究 [J]. 消费经济，2022, 38（3）：87-96.

[12] 王晓川，罗露平. "国潮" 消费者购买意愿影响机制研究 [J]. 中国经贸导刊，2021（1）：165-168.

[13] V A ZEITHAML. Consumer perceptions of price, quality, and value: A means end model and synthesis of evidence [J]. Journal of marketing, 1988, 52（3）：2-22.

[14] 杨悦. 旗袍线上场景营销对消费者行为意愿的影响 [D]. 上海：东华大学，2020.